ZHONGGUANCUN JINRONG
FAZHAN LICHENG YU MAILUO

中关村金融
发展历程与脉络

■ 中关村金融课题组　著

中国金融出版社

责任编辑：贾　真
责任校对：张志文
责任印制：赵燕红

图书在版编目（CIP）数据

中关村金融发展历程与脉络（Zhongguancun Jinrong Fazhan Licheng yu Mailuo）/中关村金融课题组著. —北京：中国金融出版社，2017.12
　ISBN 978 - 7 - 5049 - 9292 - 5

　Ⅰ.①中⋯　Ⅱ.①中⋯　Ⅲ.①高技术开发区—金融事业—经济史—海淀区　Ⅳ.①F127.3

中国版本图书馆CIP数据核字（2017）第271222号

出版
发行　中国金融出版社

社址　北京市丰台区益泽路2号
市场开发部　（010）63266347，63805472，63439533（传真）
网 上 书 店　http://www.chinafph.com
　　　　　　　（010）63286832，63365686（传真）
读者服务部　（010）66070833，62568380
邮编　100071
经销　新华书店
印刷　北京市松源印刷有限公司
尺寸　169毫米×239毫米
印张　15
字数　240千
版次　2017年12月第1版
印次　2017年12月第1次印刷
定价　40.00元
ISBN 978 - 7 - 5049 - 9292 - 5
如出现印装错误本社负责调换　联系电话（010）63263947

序言

PREFACE

改革开放以来，在中国，在北京，中关村始终是个令人振奋、令人遐想、令人神往的地方。从 20 世纪 80 年代初期的"电子一条街"起步，中关村在历经了北京市新技术产业开发试验区和中关村科技园区后，于 2009 年 3 月成为首个国家自主创新示范区。30 多年的发展历程中，金融伴随中关村逐步成长，并将持续发挥重要的支撑作用。

从中关村金融发展历程中看，中关村金融从 20 世纪 80 年代开始萌芽，金融主要以少量银行存贷款的单一化形式发展；尔后的 90 年代，金融在这里进行了诸多尝试，开启市场化的发展阶段，中关村地区的公司开始在境内外上市，第一家国营背景的风险投资公司开始运营，区域性债券市场也迅速崛起；2000 年以后，中关村金融开始走向以银行为主导、政府为引导的多层次资本市场的综合化发展道路；从 2009 年开始，中关村金融在前 30 年的基础上，逐步以科技和创新为主题，以成为具有全球影响力的科技创新中心为目标，不断集中更广范畴的金融资源，开启了创新化发展的新阶段。

作为我国科技体制机制创新和政策先行先试的试验田，中关村一直受到党中央、国务院、各级政府、研究学者的重点关注，并在科技、金融、制度、创新等多方面形成了众多具有参考意义的实践经验和成果。但综观中关村地区金融方面的研究，目前尚难找到一部系统讲解中关村金融发展脉络的书籍。人民银行中关村中心支行的年轻人在履职过程中发现了这一空白点，通过多方查找收集资料、调查研究，形成了《中关村金融发展历程与脉络》一书。

此书全面、系统地介绍了从 1980 年至 2015 年金融在支持中关村发展中的关键事件和相关重要政策，内容涵盖了各级政府、银行、证券、保险、科技型企业在中关村实践探索的脉络。通过对中关村金融发展现状、趋势和存在问题的梳理，提出中关村金融发展的中期目标和长期愿景。

此书以改革开放为主线，系统、全面地介绍了中关村金融的发展历程，梳理金融在中关村发展历程中发挥的作用，为未来中关村区域金融研究提供了一个蓝本。

当前，中关村金融正面临难得的历史机遇，希望此书能够对中关村金融的未来发展提供一些参考，能够为中关村"成为具有全球影响力的科技创新中心"作出贡献。

周学东

2017 年 6 月

目录
CONTENTS

第一篇
中关村金融发展历程

第一节 中关村战略定位的历史演进

20 世纪 80 年代，中关村地区的一大批科技人员走出科研院所和高等院校，创办民营高科技企业，自发形成了中关村"电子一条街"。经过 1984 年 6 月至 1987 年末的反复调研与酝酿，1988 年 5 月，国务院最终批准了以中关村地区为中心成立北京市新技术产业开发试验区。由此开启了中关村战略定位随国家战略与国家发展不断演进的历程，这一历程大体上分为三个阶段。

一、1988 年中关村成为中国第一个国家级高新技术产业开发区

在智力密集区或其周边地带建立科技产业开发区，是 20 世纪 60 年代至 70 年代发达国家的成功做法。鉴于此，1985 年，中共中央《关于科学技术体制改革的决定》提出："为加快新兴产业的发展，要在全国选择若干智力密集的地区，采取特殊政策，初步形成具有不同特色的新型产业开发区。"1986 年 6 月，国家科学技术委员会（以下简称国家科委）委托中国科学院等单位组成课题组，进行"全国高新技术开发区研究"，探究实施火炬计划，建立高新技术开发区的可能性。8 月 6 日，全国第一次火炬计划工作会议在北京召开，火炬计划正式出台，其日常管理工作由科技部火炬高新技术产业开发中心负责。火炬计划的出台对发展高新区意义重大，大大加快了高新区的建设速度。

中关村地区由于其智力密集的特点理所当然地受到了国家有关部门的特别关注。在基于中关村"电子一条街"的北京市新技术产业开发试验区成立之前，这一动议经历了反复的调研和酝酿。1984年6月，由国家计划委员会牵头组成了中关村开发规划办公室，起草了《中关村科技、教育、新兴产业开发规划纲要（汇报稿）》（以下简称《纲要》）。《纲要》建议在海淀区以中关村为中心划定80平方公里的地域建立"中关村科技、教育、新兴产业开发区"。其作用是形成高技术产业示范基地，组织联合攻关，开展高级科技人员的继续教育，推广、转化科技成果。《纲要》提出了15个具体开发目标和项目，要求列入"七五"计划，资金需求2亿元。1987年8月，国家科委完成了《北京中关村建立高技术开发区》的调研报告。1987年末，新华社记者夏俊生撰写的关于中关村"电子一条街"的调查报告引起了中共中央主要负责人和国务院的关注，由此组成了由中共中央办公厅牵头的7部门联合调查组赴中关村"电子一条街"进行调查。中央联合调查组根据调查，又一次提出"把中关村地区作为我国科学工业园区（或新技术开发区）的试点"的建议。中共中央主要负责人对调查报告作了批示，并将在中关村建立新技术开发区的建议提交中央财经领导小组讨论。1988年3月7日，中央财经领导小组开会讨论，认为北京中关村"电子一条街"兴办高技术产业的经验值得重视，同意在中关村地区试办高科技产业开发区。3月12日，《人民日报》全文刊登了中央联合调查组的《中关村电子一条街调查报告》，并将中共中央主要负责人的批示以"编者按"的形式刊登出来。

1988年5月10日，国务院批准成立北京市新技术产业开发试验区。5月20日，北京市政府发布《北京市新技术产业开发试验区暂行条例》，其中规定以中关村地区为中心，在北京市海淀区划出100平方公里左右的区域，建立外向型、开放型的新技术产业开发试验区，并规定在试验区内对新技术企业实行减免税收与贷款支持等优惠政策。

二、1999 年中关村定位为实施国家战略的重大措施

20世纪90年代末，面对全球科技经济新一轮的竞争浪潮和知识经济的来临，建设国家创新工程的议题被提到国家战略决策层面。北京试验区也经历了十年发展积累了一定的实力和经验。1998年6月15日，随着知识经济

的到来，以及北京市发展首都高新技术产业战略思想的确定，北京市部分开发区为更好地为首都经济发展作贡献，纷纷要求享有国家级开发区的优惠政策。为此，北京市新技术产业开发试验区管委会向北京市政府提交了《关于调整北京试验区园区布局》的请示。1999年1月8日，科技部发出《关于同意北京市新技术产业开发试验区调整区域范围》的函，同意北京市政府根据高新技术产业发展的需要，在不占用耕地、不增加总面积的前提下对试验区区域范围作适当调整。

1999年1月18日，国务院召集财政部、国家教委、国家科委等有关部委听取了北京市政府、科技部关于加快中关村建设的汇报。会议指出，建设中关村意义重大，其意义超越地区，超越北京，关系到我国21世纪发展的战略方向。1999年5月，北京市人民政府和科技部联合向国务院报送了《关于实施科教兴国战略加快建设中关村科技园区的请示》（以下简称《请示》）。6月5日，国务院批复北京市政府和科技部，原则同意《请示》中关于加快建设中关村科技园区的意见和关于中关村科技园区的发展规划，同时指出："加快建设中关村科技园区，通过科技成果和创新知识的产业化把丰富的智力资源转化为强大的生产力，对北京市产业结构调整、加快经济和社会发展具有重大意义；对实施科教兴国，增强我国创新能力具有重要作用，也是增强综合国力的重大措施。"国务院的批复把加快建设中关村科技园区放到了实施国家战略的重大措施的位置，国家领导人到中关村园区视察的人数和密度也明显增加，社会各界更是以前所未有的热情投入园区建设，园区的发展建设从此开始迈上全面发展的新台阶。1999年8月，北京市新技术产业开发试验区正式更名为中关村科技园区，试验区管委会更名为中关村管委会。

三、2011年中关村定位为具有全球影响力的科技创新中心和高技术产业基地

进入21世纪以来，尤其是2008年国际金融危机爆发以来，第四次工业革命在世界范围内悄然兴起，世界各国都在这场科技革命中奋力抢占制高点，力争赢得这场新的竞争。在此期间，中国又提出了转变经济发展方式、建设创新型国家等一系列发展战略。在这样的国际、国内大的背景下，同样也是在中关村自1988年建设北京市新技术产业开发试验区开始的20多年间

奠定的坚实基础上，党中央、国务院赋予了中关村以新的国家使命，即在 21 世纪前 20 年再上一个新台阶，把中关村建设成为具有全球影响力的科技创新中心和高技术产业基地。因此，2009 年 3 月，国务院批复同意建设中关村国家自主创新示范区，要求把中关村建设成为具有全球影响力的科技创新中心，成为创新型国家建设的重要载体，掀开了中关村发展新的篇章。

2011 年 1 月 26 日，国务院又批复同意了《中关村国家自主创新示范区发展规划纲要（2011—2020 年）》，进一步明确了中关村示范区今后十年的战略定位，即坚持"深化改革先行区、开放创新引领区、高端要素聚合区、创新创业集聚地、战略产业策源地"的战略定位。在 2011 年，国家"十二五"规划中也明确提出"把北京中关村建设成为具有全球影响力的科技创新中心"。

自从 2013 年 8 月习近平总书记提出京津冀协同发展以来，中关村示范区通过建设大数据走廊、治理生态环境、营造跨区域的创新创业生态系统等一系列动作，正向着京津冀协同创新共同体迈进。

第二节　组织和管理模式的变迁

中关村园区的情况是复杂的，它不同于国内其他园区的一个显著特征在于，它不是在一个空白的地基上形成的一个崭新的、单一的园区，而是在原有的北京市新技术产业开发试验区的基础上，整合另外几个科技园，而形成的一个复合的科技园区。并且，根据情况的变化，中关村园区的空间布局和地域范围又进一步变化，调整为目前的一区十六园。中关村园区的空间布局和地域范围，决定了这个园区在体制上存在着非常复杂的关系。自 1997 年 11 月以来，作为北京市人民政府的派出机构，市级园区管理机构——北京市新技术产业开发试验区管理委员会成立以来，中关村园区就开始了"市区两级管理"的一区多园管理体制。

一、区域调整的变迁

中关村示范区的发展布局分为两个侧重点，一是协调发展的"一区多园"各具特色的产业发展格局，包括海淀园、昌平园、顺义园、大兴—亦庄园、房山园、通州园、东城园、西城园、朝阳园、丰台园、石景山园、门头沟园、平谷园、怀柔园、密云园、延庆园十六个园区。二是加快建设"两城两带"，即中关村科学城，未来科技城，由海淀北部、昌平南部与顺义部分地区构成的北部研发服务和高技术产业带，以及由北京经济技术开发区、大兴和通州、房山的部分地区构成的南部高技术制造业和战略性新兴产业带，促进高端产业集群发展。

（一）北京市新技术产业开发试验区正式成立

1988 年 5 月 10 日，国务院批准成立北京市新技术产业开发试验区。这时规定的区域范围是以中关村地区为中心，在北京市海淀区划出的 100 平方公里左右的区域，即只包含后来所谓的海淀园部分。

（二）由"一区一园"调整为"一区三园"

由于试验区成立时的政策范围集中在海淀区的建成区内，发展高新技术产业的空间极为有限。因此，1994 年，经国家科委批准，将丰台园、昌平园纳入试验区政策范围，从此试验区形成了"一区三园"的空间格局。

（三）由"一区三园"调整为"一区五园"

随着知识经济的到来以及北京市发展首都高新技术产业战略思想的确定，北京市部分开发区为更好地为首都经济发展作贡献，纷纷要求享有国家级开发区的优惠政策。为此，1998 年 6 月 15 日，北京市新技术产业开发试验区管委会向北京市政府提交了《关于调整北京试验区园区布局》的请示。1999 年 1 月 8 日，科技部发出《关于同意北京市新技术产业开发试验区调整区域范围》的函，同意北京市政府根据高新技术产业发展的需要，在不占用耕地、不增加总面积的前提下对试验区区域范围作适当调整。截至 1999 年 6 月，北京市新技术产业开发试验区扩展为包括海淀区试验区、丰台科技园区、昌平科技园区、电子城、亦庄科技园区的"一区五园"的格局。6 月 5 日，国务院作出《关于建设中关村科技园区有关问题的批复》（国函〔1999〕45 号），原则同意《园区发展规划》。《园区发展规划》提及用地功能规划，中关村科技园区的用地功能分为三个部分，即中心区、发展区、辐射区，这实现了空间规划与功能规划的结合。

（四）由"一区五园"调整为"一区七园"

如前所述，1999 年 8 月，北京市新技术产业开发试验区更名为中关村科技园区。为了拓展高新技术产业发展的空间，同时为了使更多的园区享受国家级开发区的优惠政策，2001年，经科技部批准，第三次调整了中关村科技园区政策区域范围；2002年至2003年，在第三次调整政策区域范围的基础上新命名了位于西城区的德胜园和位于朝阳区的健翔园，100平方公里政策区域范围保持不变。至此，中关村科技园区形成了"一区七园"的空间格局。

（五）由"一区七园"调整为"一区十园"

由"一区七园"调整为"一区十园"是突破区域政策范围的一次调整。2005年7月19日，国家科教领导小组第三次会议听取了北京市人民政府《关于进一步做强中关村科技园区》的汇报。会议认为，"中关村科技园区创建以来，努力探索具有中国特色的、以自主创新为核心的高科技产业的发展道路，对北京市转变经济增长方式、调整产业结构作出了重要贡献，为全国高新技术产业开发区的发展与改革起到了重要的示范作用"。8月，国务院出台了支持做强中关村科技园区的8条政策措施。11月，为贯彻落实国家科教领导小组会议的决定，北京市人民政府制定了《关于进一步做强中关村科技园区的若干意见》，提出了"统一思想，提高认识，抓住机遇，举全市之力进一步做强中关村科技园区"的23条政策措施。12月，中关村科技园区新的规划范围通过了国家发展改革委、国土资源部、建设部和商务部的联合审查，总面积为232.52平方公里。这是中关村科技园区的区域面积第一次突破100平方公里的政策限制。

2006年1月，经国务院批准，国家发展改革委发布公告，审核确定中关村科技园区规划用地总面积为232.52平方公里。随后，国土资源部公布了中关村科技园区的海淀园、丰台园、昌平园、电子城、亦庄园、德胜园、石景山园、雍和园、通州园、大兴生物医药产业基地10个园区的规划用地范围。

（六）由"一区十园"扩展为"一区十六园"

沿着2006年调整的路线，中关村的发展格局最终覆盖了全市。2012年10月，国务院印发《关于同意调整中关村国家自主创新示范区空间规模和布局的批复》（国函〔2012〕168号），原则同意对中关村国家自主创新示范区空间规模和布局进行调整。调整后，中关村示范区空间规模扩展为488平方公里，形成了包括海淀园、昌平园、顺义园、大兴—亦庄园、房山园、通州园、东城园、西城园、朝阳园、丰台园、石景山园、门头沟园、平谷园、怀柔园、密云园、延庆园十六个园区的"一区十六园"发展格局。

（七）小结

在中关村园区 30 多年的发展过程中，随着其管理体制的变迁以及发展水平的不断提高，其空间布局渐趋合理，地域范围不断扩大，从最开始产业较为单一的"一区一园"到目前的"一区十六园"各具特色的产业发展格局，区域调整与园区发展相伴而生，有其历史必然性与合理性。

二、管理机构调整的变迁

随着中关村科技园区战略定位的发展提升与政策区域的调整扩展，其管理机构也得到相应的调整、变化，这一历程大体可分为如下三个阶段。

（一）以海淀区政府管理为主的阶段

1. 海淀区政府组建的"中关村开发规划办公室"。1984 年 6 月 19 日，原国家计委邀请国家科委、中科院、教育部以及北京市、海淀区的有关负责同志开会，讨论进一步开发中关村地区智力资源问题。会上明确先组建办公室，立即开展工作，不设领导小组，有事请各部门负责同志来开碰头会。会后，由与会 6 家单位分别抽调人员组建了"中关村开发规划办公室"，着手进行"中关村科技、教育新兴产业开发区"的研究规划设计工作。

2. 海淀区政府设立了副区级试验区办公室。随着北京市新技术产业开发试验区的建立，中关村园区设立了更为正式的管理机构。1988 年 5 月 10 日，国务院正式批准《北京市新技术产业开发试验区暂行条例》。6 月，北京市制定了《〈北京市新技术产业开发试验区暂行条例〉实施办法》，并按照该实施办法由海淀区人民政府设立了试验区办公室，作为海淀区政府的派出机构，为副区级单位，其主要职能是对试验区的发展进行全面规划并组织实施，对高新技术企业进行协调、服务、管理和引导。

3. 加强试验区领导和协调工作。1988 年 8 月，北京市政府牵头组建了由国家科委、国家教委、国家工委、中科院、海淀政府等单位参加的试验区协调委员会，副市长陆宇澄任协调委员会主任，试验区办公室兼协调委员会办公室职能。

4. 组建北京市新技术产业开发试验区管理委员会筹备组。随着北京市新技术产业开发试验区建设的不断深入，管理体制的不适应性也逐渐显现。

1990年，北京市政府研究室等6个单位经过3个月的调查研究所形成的《北京市新技术产业开发试验区发展与改革的研究报告》指出：试验区当时的管理体制所存在的问题，是缺乏必要而相对集中的调控权力；缺乏必要的经济实力。国务院批准北京市政府发布的《北京市新技术产业开发试验区暂行条例》给予的十八条优惠政策并没有完全落实，这些政策的执行权，实际上分散在中央有关部委、北京市有关委办局、海淀区、试验区办公室四个层次，试验区办公室作为直接的管理机构，仅是海淀区政府的派出机构，其层次最低，权力最小，在落实十八条优惠政策中难以从根本上理顺与各方面的关系；由于试验区的行政地位所限，它也不可能站在全市的角度对产业结构和产品结构的调整、技术进步和技术改造做出通盘规划。调查认为，"现行管理体制已经适应不了试验区发展的要求"，"原设立的北京市新技术产业开发试验区协调委员会已初步完成了它的历史使命，建议撤销；成立北京市新技术产业开发试验区管委会，其职能是对新技术产业发展和改革的重大问题进行决策、指导、协调"。

根据前期调查研究的结论与实际情况，1994年初，北京市政府致函国家科委，要求调整试验区区域范围的同时，提出了实行"一区多园，加强市级管理机构"的建议。4月25日，国家科委对北京试验区调整区域范围事宜作了复函。复函明确要求，要组建新的北京市新技术产业开发试验区管委会，下设处理日常工作的办公室，作为市政府的派出机构，享有市级经济管理等权限，对试验区进行统一规划、统一管理、统一协调。

1994年9月5日，在北京市副市长胡昭广的主持下，起草了《关于设立北京市新技术产业开发试验区市级管理机构的几点意见》，其中建议"成立管委会筹备小组"。

1995年10月11日，北京市科委向市政府呈送《关于组建"北京新技术产业开发试验区管理委员会筹备组"的报告》。10月下旬，经市政府几位主要领导批示后，成立了筹备组，组长由副市长胡昭广兼任。筹备组的主要任务是在市政府的领导下，完成北京试验区管委会成立之前的各项准备工作。

（二）确立了"市区两级管理"的"一区多园"管理体制

1. "市区两级管理"的"一区多园"管理体制的确立。为了使园区管理机构更具协调、统筹的管理职能，1996年12月30日，北京市机构编制委员会向中央机构编制委员会办公室和国务院特区办公室、国家科委报送《关于申请批准〈北京试验区行政管理体制和机构改革方案〉的请示》。

1997年3月4日，中央机构编制委员会办公室和国家科委印发通知，原则同意该方案，同时将北京试验区列为全国高新技术产业开发区行政管理体制改革首批试点单位。5月7日，北京市政府办公厅印发通知，决定设立北京市新技术产业开发试验区管理委员会。通知明确，试验区管委会是市政府的派出机构（正局级），接受市科委的业务指导；北京市新技术产业开发试验区实行"市区两级管理"和"一区多园"的管理体制；北京市新技术产业开发试验区包括北京市新技术产业开发试验区海淀试验区、丰台科技园区、昌平科技园区；各园区管理机构接受试验区管委会的业务领导，其行政隶属关系不变。

北京市新技术产业开发试验区实行"市区两级管理"和"一区多园"的管理体制，试验区管委会是北京市政府的派出机构，也是国内首个经国家主管部门批准的高新区行政管理体制改革试点单位。

2. 设立建设中关村科技园区领导小组及其办公室。1999年6月23日，建设中关村科技园区领导小组及其办公室成立。由科技部部长、教育部部长、北京市市长任组长，国务院八个部委、市政府有关部门、海淀区政府和主要驻区单位、企业家代表组成的建设中关村科技园区领导小组，在全国高新技术产业开发区领导机构中尚属首例。

3. 试验区管理委员会更名为中关村科技园区管理委员会。1999年8月，北京市新技术产业开发试验区正式更名为中关村科技园区，试验区管委会更名为中关村科技园区管委会（以下简称中关村管委会）。

（三）部门协调下的"市区两级管理"的"一区多园"管理体制

1. 由建设中关村科技园区领导小组更名为中关村国家自主创新示范区领导小组的调整。为把北京中关村建设成为具有全球影响力的科技创新中心，2009年3月，国务院批复同意建设中关村国家自主创新示范区，因此，中共北京市委、市政府决定调整"建设中关村科技园区领导小组"，并更名为"中关村国家自主创新示范区领导小组"。

随着中关村国家自主创新示范区的建立，中关村管委会与分园区管委会的关系得到进一步明确。二者关系为综合指导、统筹协调，即分园区实际由地方政府控制，宏观规划、重大项目由示范区领导小组制定和实施。中关村示范区实行"双重领导、以区为主"的领导体制。其职责划分是：管委会负责宏观管理，示范区领导小组负责宏观规划、重大项目的制定、协调及实施，分园区管委会负责具体实施。

2. 中关村科技园区建设国家自主创新示范区部际协调小组成立。随着2009年3月，国务院批复同意建设中关村国家自主创新示范区，掀开了中关村发展新的篇章。为了协调各部门在职责范围内支持中关村科技园区建设国家自主创新示范区，落实相关政策措施，研究解决发展中的重大问题，2009年7月23日，成立了由科技部牵头、国家发展改革委、教育部、科技部、工信部、财政部等21个部委组成的中关村科技园区建设国家自主创新示范区部级协调小组，协调解决中关村示范区发展中的重大问题。这是国内首个由国务院相关部门及其领导成员组成的国家级科技园区协调机构。

三、新型组织的逐步建立

（一）中关村发展集团

中关村发展集团是北京市委市政府运用市场化手段配置创新资源而组建的国有大型企业。中关村管委会通过市级财政投入资金，对中关村发展集团股份有限公司（以下简称中发展）履行出资职责，依法对其国有资产进行监督管理。中发展实质是政府的市场工具，在市级层面打破各区县分园的分立、恶性竞争格局，整合资源、搭建平台。同时，中发展代表政府提供风险投资，从事产业投资、科技金融和园区发展等主营业务。中发展统筹各园区平台发展，兼具"政府"与"公司"双重属性。各分园政府在"政企分离"背景下，成立了一些科技服务、地产公司，作为政府的市场化手段，其开发模式不尽相同。主要做法是区（县）成立这类公司，然后中发展通过与公司合作、注资成为控股股东，也有小部分区（县）的公司以注资方式成为中发展的股东。

（二）类型多样的协会组织

在中关村的发展过程中，产生了众多协会组织，它们以企业自愿加入为基础，按照市场化、专业化、民营化方式运作，以推动高新技术产业发展和创新为目标，在企业与政府之间搭建起沟通的桥梁。

1. 中关村管委会直接监管指导的协会。中关村管委会直接监管指导的协会包括中关村企业信用促进会、中关村上市公司协会、中关村境外人才创业园协会等 9 个协会。其中，与金融联系较为紧密的协会是中关村企业信用促进会。

中关村企业信用促进会是在中关村管委会的倡导下，于 2003 年 7 月，由中关村高新技术企业、为企业服务的金融机构、担保机构、信用中介机构、信用保险机构及其他机构等联合发起设立的非营利性企业信用自律社团组织。其主要职能是承担中关村信用体系建设、信用星级评定、信用报告推广和政策信息传递，负责中关村示范区企业中介服务支持资金、信用保险和贸易融资补贴资金、融资租赁补贴资金和小微企业信贷风险补贴资金等公共财政资金的使用管理。

2. 各园区管委会监督指导的协会。各园区管委会监督指导的协会包括北京中关村外商投资企业协会、北京中关村科技园区昌平园高新技术企业协会等。北京中关村外商投资企业协会于 1990 年 12 月 20 日成立，它是由中关村科技园区内的外商投资企业和港澳台同胞投资设立的企业自愿组成的非营利性社会团体，主要为中关村科技园区的外资高新技术企业提供政策咨询、专业服务，促进企业之间以及政府部门的交流沟通，是代表企业利益的社会团体。

3. 由中关村管委会与政府部门联合管理指导的协会。由中关村管委会与政府部门联合管理指导的协会包括北京中关村高新技术企业协会、中关村创业投资和股权投资基金协会等。其中，北京中关村高新技术企业协会于 1991 年 1 月成立，是由中关村地区的新技术企业、相关单位、机构等自愿组成，是经北京市科委批准、在市科委与海淀区管委会联合管理指导下的协会组织，它主要面向中关村地区的高新技术企业并提供专业服务，促进企业之间以及企业与政府部门间的交流沟通，是代表企业利益的社会团体。

4. 政府部门管理指导的协会。政府部门管理指导的协会包括北京市科技金融促进会、北京创业投资协会等。其中，北京市科技金融促进会是为发挥北京地区科技优势，促进北京地区科技、金融事业和机构相结合并共同发展，由北京市科委和在京部分金融、投资机构及科技企业联合发起，于 1995 年注册成立的社会团体。

（三）中介服务机构

中关村示范区中介服务机构涉及信用自律组织、信用中介服务、知识产权中介服务、评估服务、技术转移服务、法律服务等机构，目的是推进中关村信用体系建设，促进企业提升技术创新能力，加快科技服务业发展，有利于中关村示范区投融资体系的健康发展。

第三节　体制机制的创新

一、冲破计划经济体制的束缚

中关村"电子一条街"时期体制机制改革的特点是冲破计划经济体制的束缚，重点有三个方面：一是民营科技企业在旧体制机制中"破壳而出"，进行了以自筹资金、自由组合、自主经营、自负盈亏（简称"四自原则"）为代表的一系列企业经营管理制度的试验探索，使企业成为独立的市场主体。二是高等院校、科研院所在科技人员、科技企业的管理制度上进行改革。中科院进行了一系列促进科技成果的改革探索，其中最重要的是实行"一院两制"，即园内的计划体制和院属单位创办企业的市场机制。同期，以北京大学、清华大学为代表的高等院校和以电子工业部所属研究机构为代表的部属科研机构也出台了一些改革措施，中关村地区出现了科技人员自筹资金"下海"创办民营科技企业和高等院校、科研院所出资设立科技企业的局面。三是海淀区人民政府在传统计划经济体制之外，对民营科技企业实施了特殊的扶持政策。中共海淀区委、海淀区政府采用"碰头会"的形式，不做会议记录，不下达文件，一事一议，随时研究解决科技企业所遇到的困难。这种灵活的方式，既避免与当时现行政策的冲突，又实事求是地帮助科技企业解决初创时期的困难。

二、探索建立市场经济体制的局部环境

在北京市新技术产业开发试验区时期，体制机制改革的特点是探索建立市场经济体制的局部环境。重点有四个方面：一是打破了按照企业所有制性质分别制定管理规则和优惠政策的局限，对所有企业不分国营、集体和私

营，实行统一的管理制度和包括企业所得税政策在内的优惠政策，使各类性质企业有了公平发展的基础。二是按照高新技术企业发展的规律和科技企业创业者的要求，开始探索产权激励制度的改革。三是探索市场经济体制下政企分开的政府管理模式，改革有关企业财务会计制度、统计制度、出国审批制度等，通过设立少而精的政府行政管理部门实施集中办公和管理，向服务型政府转变。四是根据高新技术企业发展的需求，在国家政策允许的框架内，探索提供多样化的公共服务，开创了"小政府，大服务，亲市场"的新型管理机构。例如，设立财政周转金以借贷方式解决中小企业短期流动资金短缺问题，组织国家计划外的高新技术企业（包括集体企业、私营企业和部分国营企业）申报国家和北京市的各类经济计划项目，设立法制协调机构提供企业迫切需要的政法协调工作等。

三、市场经济体制改革的进一步深化

中关村科技园区时期体制机制改革的特点是市场经济体制改革的进一步深化。其重点有五个方面：一是加强政策和法制环境建设。国家税务总局、信息产业部、人民银行等发布了对中关村科技园区新的优惠政策。经北京市第十一届人民代表大会常务委员会第二十三次会议审议通过的《中关村科技园区条例》正式实施。随后，北京市人民政府及其相关部门先后印发了《有限合伙管理办法》等配套文件。二是开展了应用科研机构的企业化转制的改革工作，中关村科技园区的中国有色研究总院、钢铁研究总院等一批科研机构转制为高新技术企业。同时，联想等一批国有高新技术企业进行了股权激励制度的改革。三是加快知识产权制度建设，建立了中关村国家知识产权制度示范园区，设立了中关村知识产权巡回审理庭和计算机软件著作权登记中心。同时，完成高新技术产业国家级标准化示范区建设。四是启动政府采购中关村自主创新产品试点工作。通过政府采购，推进中关村自主创新产品在首都发展建设中的广泛应用。五是企业经营机制更趋国际化，联想并购IBM开启中关村企业向外扩张的新模式，新浪公司独辟蹊径在美国纳斯达克上市成功，北京生命科学研究所的成立使中关村出现与国际接轨的新型科研机构等。

四、启动建设国家自主创新示范区

中关村国家自主创新示范区时期体制机制改革的特点是启动建设国家自主创新示范区。一是中共北京市委、市政府出台建设中关村国家自主创新示范区的若干意见，进行体制机制创新先行先试的改革；二是建设中关村国家自主创新示范区核心区，推动中关村自主创新示范区的整体发展；三是市人大常委会通过《中关村国家自主创新示范区条例》，为中关村示范区建设提供法律保障；四是建立人才特区，探索构建与国际接轨、与社会主义市场经济体制相适应、有利于科学发展的人才体制机制；五是国务院印发《关于同意调整中关村国家自主创新示范区空间规模和布局的批复》，为中关村示范区形成"一区十六园"、各具特色的发展格局奠定了基础；六是政府采购中关村产品实现"四扩展一转变"，即从采购行政办公类用品向采购政府投资类产品扩展，从市级采购向区县采购扩展，从地方采购向军事采购扩展，从采购产品向采购技术和服务扩展，将政府采购中关村自主创新产品试点工作转变为经常性、日常性和长效性工作。截至 2012 年末，政府采购中关村自主创新产品 841 个项目，总金额达 193.2 亿元。

第四节 金融支持的渐进与深入

一、以政府部门为主线的金融支持

（一）建设良好企业金融环境

1. 试验区财政返还制度。1988 年 6 月 15 日，北京市政府印发《〈北京市新技术产业开发试验区暂行条例〉实施办法》，其中规定试验区内新技术企业所缴各项税款，以 1987 年为基数，新增部分 5 年内全部返还给海淀区，由海淀区政府专项用于试验区的开发建设。

2. 建立担保互助会。1996 年，为扶植民营科技企业并探索资助企业担保的新形式，北京市新技术产业开发试验区主任办公会决定，以财政返还款 200 万元及企业出部分资金建立担保互助会，并与中国经济技术投资担保公司合作，联手为试验区内科技企业提供担保服务。到 1998 年，担保互助会为试验区"绿伞"等十几家科技企业提供担保资金服务。此后，由于机构合并、人员调出以及企业因资金困难而未出资等原因，导致担保互助会未能继续运行。

3. 设立北京新技术企业担保风险金。1998 年 11 月 7 日，中关村试验区管委会、北京首都创业集团、北京市商业银行、中国经济技术投资担保公司 4 家单位签订了《关于设立北京新技术企业担保风险金并联合开展信用担保业务的框架协议》，这个由试验区管委会牵头并由服务中心具体实施的融资风险担保金是中关村历史上最早从事担保服务的机构。担保金首批签约担保的 6 家企业共获得 570 万元贷款。由于风险担保资金规模小运作复杂，企业担保需求较多，需要开辟融资的新渠道，建立科技园区专业担保机构成为解决企业融资的重要途径。此后，在开发区风险担保资金的基础上，中关村科技担保公司应运而生。

4. 进行企业信用制度试点。2001 年 10 月，中关村管委会发布《中关村科技园区企业信用制度试点暂行办法》，规定企业信用制度的主要任务，即建立企业信用服务体系和信用管理体系，形成比较完善的政策法规体系。中关村科技园区企业信用服务体系的组织机构，由中关村企业信用信息服务中心和信用服务社会中介机构组成。

5. 开通企业融资担保绿色通道和开设海淀区外商投资"绿色通道"。2001 年 12 月，中关村科技园区建立了针对不同群体的贷款担保绿色通道。2002 年 9 月，为外商提供投资服务的"一站式"一条龙服务体系——海淀区外商投资"绿色通道"正式开通。

（二）引导金融支持企业发展

1. 设立中关村科技园区发展专项资金。2000 年 11 月，北京市政府下发《关于对中关村科技园区建设给予政策支持的通知》，明确在市级财政建立中关村科技园区发展专项资金。中关村管委会利用该专项资金，根据企业成长的不同阶段，有针对性地设计了多种支持企业发展的扶植性资助资金，主要包括支持创业投资的专项资金、中小企业技术创新基金、支持中小企业购买中介服务专项资金、为快速成长企业提供贷款贴息的"瞪羚计划"、对留学人员创业的专项扶植资金、重点产业要素引进支持资金、重大产业化项目支持资金、企业创制标准和申请专利的支持资金、扶植园区协会组织发展的资金等。

2. 设立创业投资引导资金。2001年末，中关村科技园区初步建立了以创业投资引导资金为主要内容的风险投资促进机制和以北京产权交易所为核心的产（股）权交易促进平台。

3. 推出高新技术企业信托计划。2003年10月，在中关村管委会的组织协调下，高新技术企业信托计划相关协议签署，它是中关村园区内第一次以集合资金信托计划的方式为高新技术企业发展筹措资金，开创了中关村高新技术企业融资的新模式。

4. 进行新三板试点。2006年1月23日，中关村代办股份转让（新三板）试点正式启动，北京世纪瑞尔技术股份有限公司和北京中科软信息系统有限公司成为首批挂牌的两家企业，这是我国多层次资本市场建设的一个重要里程碑。

5. 进行中小科技型企业知识产权质押贷款试点。2013—2014年，北京保监局、北京银监局、人民银行营业管理部、北京市金融工作局和中关村管委会推进信用贷款、知识产权质押贷款、小额贷款保证保险工作，鼓励合作金融机构为信用良好的企业发放一定额度的信用贷款、知识产权质押贷款、小额贷款保证保险，给予合作金融机构风险补贴[1]或风险补偿[2]。

6. 开展中关村信用保险及贸易融资试点。2009年5月31日，中关村国家自主创新示范区领导小组印发了《关于中关村信用保险及贸易融资试点工作的意见》（中示区组发〔2009〕5号）。试点工作坚持"政府引导、市场运作、财政扶持、风险自担、信息共享、多方共赢"的原则，采取以保险促信用、以信用促融资的方式，发挥信用保险风险保障、融资推动、财务规划和市场拓展的功能，拓宽中关村科技型中小企业融资渠道，解决中小企业贸易融资难的问题。

---

[1] 中关村管委会《中关村国家自主创新示范区债务性融资机构风险补贴支持资金管理办法》（中科园发〔2014〕59号）。

[2] 北京保监局、北京银监局、人民银行营业管理部、北京市金融工作局和中关村管委会《中关村国家自主创新示范区小微企业信贷风险补偿资金管理办法（试行）》（中示区组发〔2013〕4号）。

7. 支持设立中关村示范区科技金融专营机构。2009 年 4 月 1 日，北京市政府印发《关于同意加快建设中关村国家自主创新示范区核心区的批复》（京政函〔2009〕24 号），其中表示支持商业银行率先在核心区设立专门为科技型中小企业服务的分支机构，扩大信用贷款、知识产权质押贷款试点的规模。

8. 开展认购股权贷款业务。2009 年 11 月 20 日，中国银行北京市分行与中关村管委会签订《全面战略合作框架协议》，同时还启动了认购股权贷款业务，整合投资银行资源，为科技型中小企业提供最便捷的技术与资本对接的创新服务。认购股权贷款是指针对企业发展的不同阶段，商业银行可以为企业提供普通贷款，需要时投资银行又可为同一企业提供股权投资，有效满足企业的资金需求。这是中国银行进一步整合商业银行和投资银行业务，进行金融创新的又一体现（查询中国银行网站，中国银行国内分支机构包括中银国际证券有限责任公司，笔者认为其投资银行业务应该主要由这个实体来实现；认购股权贷款不违反当时的政策，因为其商业银行业务与投资银行业务分别由两个实体实现，应该不会涉及违规）。

（三）拓展专业化运作为企业提供金融支持

1. 建立北京中关村科技融资担保有限公司。1999 年，北京市政府批准设立北京中关村科技融资担保有限公司，逐步成为中关村国家自主创新示范区科技金融政策的重要实施渠道，公司注册资本 17.03 亿元，净资产 25 亿元，资本市场主体信用评级 AA+。该公司担保客户中科技型企业占比超过 70%、中小微企业占比超过 90%，累计有超过 500 家企业在资本市场上市（含新三板挂牌），公司被形象地称为"科技创新企业孵化器、没有围墙高科技产业园、合作金融机构'防火墙'、公共信用资源倍增器、科技金融创新排头兵"。

2. 实施"瞪羚计划"。2003 年 7 月，中关村管委会开始实施"瞪羚计划"，即高成长高科技企业担保贷款绿色通道，入选"瞪羚计划"的企业可以获得中关村管委会的贷款贴息，可以进入中关村科技担保公司的快捷担保审批程序，简化反担保措施，可以进入协作银行的快捷贷款审批程序，获得利率优惠。

3. 启动"领航计划"。2007 年 4 月，位于中关村科技园区核心区的海淀资本中心发布了"领航计划"。这项计划通过金融手段对创业型企业进行辅导，目的是借力资本帮助企业实现跨越式发展，塑造行业领航企业。通过实施"领航计划"，海淀资本中心汇集了各级政府对中小企业的扶持政策，突破区域金融产业发展瓶颈，打造成为了中小企业金融服务集成创新平台。

4. 重组中关村金融服务集团。2009 年 2 月，北京中关村科技创业金融服务集团有限公司设立，作为市政府组建的中关村国家自主创新示范区建设重要载体，其主要职能是用市场化手段实现政府公共服务目标，为科技企业提供多元化、多层次、全方位的金融服务。

5. 建设国家科技金融创新中心。2012 年 8 月 3 日，国家发展改革委、科技部、财政部、人民银行、国家税务总局、中国银监会、中国证监会、中国保监会、国家外汇管理局、北京市政府联合发布《关于中关村国家自主创新示范区建设国家科技金融创新中心的意见》（京政发〔2012〕23 号），对加快建设国家科技金融创新中心提出了意见。2013 年 4 月 11 日，中关村国家自主创新示范区领导小组印发了《北京市建设中关村国家科技金融创新中心重点任务分解实施方案（2013—2015 年）的通知》（中示区组发〔2013〕1 号），以深入贯彻实施《关于中关村国家自主创新示范区建设国家科技金融创新中心的意见》，保障各项重点工作任务顺利完成。

二、以直接融资为主线的金融支持

（一）中关村企业在境内外上市融资

1992 年 12 月 8 日，北京港澳实业股份有限公司在 A 股上市，股票代码000504，是中关村示范区首家 A 股上市企业。2000 年 3 月，亚信公司在美国纳斯达克成功上市，成为第一家在纳斯达克上市的中国高科技公司。此后，2000 年 4 月 13 日，新浪在美国纳斯达克上市，股票代码 SINA.O，这也是中关村示范区最早在境外上市的企业之一。截至 2010 年末，中关村上市公司总数达 175 家，其中，境内 103 家、境外 72 家，IPO 融资额合计近 1 600 亿元，30 家公司在境内创业板上市，已形成创业板中的"中关村板块"，创业板市值最高的前三家公司均来自中关村。

（二）中关村企业发行债券融资

1. 中关村高新技术中小企业集合债券正式获批。2007 年 12 月 25 日，中关村高新技术中小企业集合债券正式取得国家发展改革委发行批准并正式发行。中小企业集合发行企业债券是我国债券市场上的标志性事件，也是一次有益的尝试，有效地拓宽了中小企业直接融资的渠道，为缓解中小企业普遍存在的融资难、担保不足的问题提供了新的解决思路，有利于中小企业利用资本市场快速成长、做大做强。

2. 中关村发展集团开展定向债务融资。国内首只人才公租房建设项目非公开定向债务融资工具——中关村发展集团 2011 年第一期非公开定向融资工具（简称私募债）2011 年 12 月 31 日在银行间交易市场成功发行。这是人才公租房建设项目与资本市场直接对接的特殊产品，是北京市充分发挥中关村发展集团示范区建设市场化集成运营平台作用、创新人才公租房建设项目融资方式的一次大胆尝试。

（三）中关村企业开始进行创投融资

1. 企业家天使投资联盟成立。2008 年 6 月 10 日，中关村天使投资联盟在京召开成立新闻发布会。该联盟由近 50 位三代中关村企业家联合发起成立，初始启动资金近 500 万元。通过运用"投资＋辅导"的模式，并采用一套完整的流程，该联盟旨在对尚属于种子时期的创业项目进行扶持，以进一步完善中关村投资产业链，并推进其真正成为中国的"硅谷"。

2. 推行"可信中关村公约"。2011 年 11 月，中关村软件协会宣布，联合百企百校组建设银行业共治委员会，发布《可信中关村公约》（以下简称《公约》），建立起一种创新人才的培养机制和模式。《公约》发挥行业协会作用，《公约》约定企业、员工、学生、学院等行业主体之间的权利义务，以德治业、文化强企、实现行业民主共治。在激活学校资源的同时，不仅为中关村百强企业培养输送可信人才，也为在校学生打开高质量就业的通道。

三、以间接融资为主线的金融支持

（一）贷款产品创新

1. 中小企业知识产权质押贷款。2006 年 10 月 31 日，交通银行北京分行与北京资和信担保有限公司、北京市经纬律师事务所、连城资产评估有限公司签署了"展业通"小企业知识产权质押贷款合作协议。由此开启了中小科技型企业知识产权质押贷款试点的大幕。

2. 文化创意产业版权担保贷款。交通银行看到了文化产业这片"蓝海"，一方面向文化创意企业提供更为完善的全方位金融服务；另一方面也妥善处理风险控制和运行效率的关系，大胆探索、勇于创新，在2007年推出了文化创意产业"版权担保贷款"。

3. "融信宝"信用贷款。2007年9月1日，北京银行与中关村管委会签订中关村科技园区中小企业信用贷款试点工作合作协议，并为此专项推出"融信宝"信用贷款产品。

（二）服务平台创新

2009年12月16日，中关村创业金融服务平台正式启动。该平台由北京中关村科技创业金融服务集团有限公司统筹负责，设立统一的中关村企业融资服务申请通道，收集中关村企业融资需求，为企业量身打造融资方案和有效融资需求培育方案。

（三）服务项目创新

1. "伙伴工程"。为拓展小企业融资渠道，搭建专业服务平台，招商银行小企业信贷中心"伙伴工程"项目2010年3月2日启动，小企业信贷中心北京区域总部成立。

2. "信贷工厂"试点。2011年5月28日，北京银行中关村分行挂牌，成为中关村自主创新示范区首家分行级银行机构。同日，北京银行启动"中小企业信贷工厂"商业模式，流水线操作贷款流程。

四、以政银企合作为主线的金融支持

（一）国家开发银行中关村金融合作模式启动

2000年12月29日，国家开发银行与北京市政府签订了《中关村科技园区建设金融合作协议》。按照《关于印发2001年中关村科技园区工作任务分解的通知》（中科办发〔2001〕4号）要求，由北京市计委牵头，中关村管委会配合，落实北京市政府和国家开发银行签署的《中关村科技园区建设金融合作协议》；2002年12月29日，双方又签署了金融合作补充协议。

（二）发行中关村高新技术中小企业集合票据

2009年11月23日，全国首只中小企业集合票据——北京市顺义区中小企业集合票据在银行间市场发行。该产品集合顺义7家中小企业，发行规模为2.65亿元，发行利率为4.08%。

（三）推出自主创新知识产权融资集合资金信托计划

2011 年 4 月 25 日，中关村自主创新知识产权融资集合资金信托计划第一期在北京正式启动，根据信托计划，阿尔西制冷工程技术（北京）有限公司等 4 家企业，以知识产权质押为主要方式共获得总规模 2 000 万元的信托贷款支持。该计划的启动，降低了科技型中小企业融资成本，扩大了受益群体，拓宽了参与范围；对担保而言，降低了担保风险，放大了担保额度，建立了资金补偿退出机制；对信托而言，增加了业务品种，开拓了科技型中小企业融资市场，增强了信誉水平，实现了资产证券化；对投资而言，拓宽了投资渠道，使民间融资合法化，可以分享科技型中小企业发展的超额收益；对政府而言，解决了科技型中小企业融资难题，改变了财政资金使用方式，减少盲目性，提高了使用效率，并且操作透明化，杜绝寻租和暗箱操作，引导产业升级转型，凸显政府服务职能。

第二篇
金融支持中关村发展的实践

中关村作为我国政策先行先试和创新创业的试验田，一直受到党中央、国务院、相关部委、各级政府、学界的持续瞩目，并在金融政策、财政政策、产业政策、人才政策、信用体系建设、科技成果转化等多方面形成了众多具有参考意义的实践成果，从历史视角梳理金融支持中关村发展的历程具有突出的现实意义。

从20世纪80年代至2015年，中关村的发展历经了中关村"电子一条街"时期、北京市新技术产业开发试验区时期、中关村科技园区时期和中关村国家自主创新示范区时期四个历史时期，金融支持中关村发展也涵盖了各级政府、银行、证券、保险、科技型企业在中关村的实践与探索。

虽然金融支持与中关村的发展在各个历史阶段的进程不尽一致，但基本保持了渐次发展、互为支撑、螺旋推进的发展态势。中关村"电子一条街"时期，中央确立科教兴国的国家战略，科研人员纷纷冲破制度藩篱在中关村地区聚集，银行机构网点也开始入驻中关村地区，提供多样的储蓄、结算、外汇等基本金融服务。北京市新技术产业开发试验区时期，作为全国蓬勃发展开发区的"领头羊"，对金融需求与供给提出了更高要求，商业银行在中关村针对性推出了特色信贷政策和产品，直接融资探索起步。中关村科技园区时期，我国经济进入快车道，金融与科技的结合更为紧密，商业银行提供了以信用贷款为代表的综合金融服务，证券市场等直接融资手段蓬勃发展，中关村社会信用体系逐步支撑了中关村经济金融发展。中关村国家自主创新示范区时期，我国经济发展进入新局面，创新发展提升到新高度，全金融要素覆盖企业全生命周期的金融支持全面落地。

当今，中关村正面临着新的历史发展机遇，全国科技创新中心和京津冀协同创新共同体建设，将对金融支持中关村发展提出新的历史使命。

第一节　间接融资支持中关村发展

一、银行信贷的支持

（一）1998 年以前贷款规模管理下的资金支持

信贷规模是中央银行为实现一定时期货币政策目标而事先确定的、控制银行贷款规模的指标，它包括存量和流量两层含义，在货币政策调控实践中，所讲的信贷规模控制，主要是指后一层含义，即为了实现一定时期内的货币政策目标而确定的新投放贷款的最高限额。1998 年以前，人民银行对各金融机构的信贷总量和信贷结构实施贷款规模管理，信贷政策主要是通过人民银行向各金融机构分配贷款规模来实现的。信贷政策的贯彻实施依托于金融监管，具有较为明显的行政干预色彩。

1. 银行网点缓慢扩充。1998 年以前，银行网点的扩充速度较为缓慢。截至 1998 年末[①]，北京市银行机构的数量还不能构成一定规模，而中关村地区的银行网点更是屈指可数，仅有工商银行海淀新技术产业开发试验区支行、农业银行海淀支行、中国银行海淀区支行、建设银行海淀支行、交通银行海淀新技术产业开发试验区支行、中信实业银行（现中信银行）中关村支行、中国投资银行苏州街支行、招商银行中关村支行、上海浦东发展银行中关村支行、广东发展银行（现广发银行）中关村支行、北京市商业银行中关村支行 11 家网点机构。其中，工商银行北京市分行 1992 年将原海淀支行改名为海淀高新技术产业开发试验区支行，以便更好地发挥工商银行网点多、资金实力雄厚的优势，为试验区各类企业的发展提供全方位的金融支持和服务。1995—1999 年，工商银行北京市分行先后向北京大学方正、亚都科技公司、清华紫光集团等 11 家重点企业和集团的 56 个项目发放各类贷款 4 亿多元。

---

① 数据来源：北京市金融年鉴（1999 年）中统计的北京市金融机构名录。

在贷款所支持的项目中，无水胶印技术改造、金融及票据处理机、电力监控保护等 14 项高新技术项目填补了国内空白；方正飞腾排版日文版、湿度传感器、湿度控制器等 42 个项目达到国内先进水平。同时，还大力开展代理、结算等中间业务，为各种网络公司、通讯公司代理收费业务，积极为企业办理银行承兑汇票和商业汇票业务，拓展了企业多样化融资渠道。据不完全统计，截至 1999 年末，全市各类金融机构发放的与各类科技企业相关的贷款余额达 60 多亿元，仅工商银行北京市分行就发放了近 20 亿元贷款。此外，为了更及时地满足科技企业的资金需求，一些金融机构还与科技企业签订了银企合作协议，承诺在给定的授信额度内，可以更方便、更简捷地获得贷款。

2. 金融产品和金融服务相对简单。1998 年以前，银行以传统的存贷款业务为主。北京市银行贷款总量在 1994—1998 年呈现连续上涨趋势，短期、中长期贷款双双呈增长态势。1999 年的《北京市金融年鉴》也指出，北京市整体的金融事业发展重点着力于各项存贷款、票据贴现业务等方面。这一时期，中关村自发成立的科技企业在产品和服务方面，能够享受到银行传统的信贷资金支持，但此时创新型的产品或服务方式寥寥无几。

3. 在信贷规模管制下，金融业尝试扶持科技企业。从 1984 年开始，人民银行明确将信贷规模作为货币政策的中介目标。在编制和组织实施的国家银行信贷计划中，首先确定信贷总规模，并通过各家专业银行总行逐级下达。从 1989 年起，人民银行把贷款规模改称为贷款最高控制限额，实行了"限额管理，以存定贷"的办法。

实行"限额管理""按季度监控"的办法，既有利于从总量上控制住贷款的增长，又有利于进一步打破信贷资金管理的"大锅饭"，促进专业银行面向社会筹措资金，把比较僵硬的信贷规模控制手段，变成有灵活性和选择性的政策工具，使人民银行能够对信贷的变化发展进行跟踪调控和反馈调节。

随着信贷规模体制的不断完善，金融业也开始逐渐尝试扶持科技型企业的发展。1983 年 5 月，中国科学院计划局和力学研究所在海淀区政府的支持下，共同创办"科海新技术公司"。农业银行北京市分行及时为其提供了一部分流动资金贷款，这是对中关村科技企业发放的最早贷款。1983 年 7 月，中国科学院计算机研究所几名科技人员和当时的农业银行下属的海淀区农村信用社联合创办了京海计算机公司。在中关村"电子一条街"初兴时，主要以信息产业为主体的科技开发与服务型企业规模都比较小，对它们来说，最匮乏的就是资金，没有启动资金，就不能将已有的科技成果投入到生产流通环节，无法完成科技成果的商品化、产业化。在这种情况下，北京市银行机构大胆尝试，将业务领域扩展到初创科技企业。虽然当时的贷款规模都比较小，但这对于刚刚起步、求助无门又急需资金的科技企业来说却是很大的支持和鼓励，调动了科技人员从事科技成果产业化的积极性。对金融机构来说，涉足风险较大的新领域，也是一次大胆的创新，这比国家有关部门正式把支持高新技术产业列入贷款计划要早三四年。随着科技企业规模不断壮大，金融机构对科技企业的资金投入量也在不断加大，以满足其科技成果产业化的资金需求。在信贷投向上，既大力支持技术上水平、产业上规模的大型高新技术企业集团，又注意着力支持一批具有创新活力的中小科技企业，为中关村高新技术产业的迅速崛起提供了强有力的支撑。

1983—1987 年，中共海淀区委两任书记为支持科技人员创办企业，运用区委、区政府部分领导"碰头会"的形式，不作会议记录，不下文件，一事一议，随时研究解决科技企业所遇到的困难。其中，在金融支持方面，通过海淀区领导出面协调，从区属单位借给华夏所 10 万元，为科海公司提供 10 万元；经与银行协商，利用银行贷款计划的余度，为科技企业解决资金问题。从 1983 年到 1987 年末，有 26 个科技企业从农业银行海淀支行贷款近 3 亿元，从工商银行海淀分理处贷款 5.3 亿元，个别企业遇到资金困难，区领导直接与较富裕的乡协商，或借钱支持，或联合办企业，优势互补。国务院于 1987 年印发《关于进一步推进科技体制改革的若干规定》（国发〔1987〕6 号）和《关于推进科研设计单位进入大中型工业企业的规定》（国发〔1987〕8 号），文件指出 1987 年科技体制改革的重点是进一步搞活科技机构，促进多层次多形式的科研生产联合，进一步改革科技人员管理制度，在信贷、风险投资、股份集资等方面予以扶植和支持，并规定有关企业向银行申请的技术开发专项贷款，可由项目实现的利润分配在税前还本付息。1988 年 1 月 22 日，在东城区科委的大力扶持下，何鲁敏等 4 名科技人员以 25% 的年息从安定门街道联社借款 5 万元，注册成立了亚都建筑设备制品研究所，即亚都科技股份有限公司的前身。研究所成立第一年就取得 20 项成果，申请专利达 29 项，其中一项获得国际大奖，一年创利 50 万元。

总体来看，金融在中关村创业之初提供了支持，但其整体发育在"电子一条街"的时期相对滞缓，政府部门、部分商业性金融机构等对中小企业信贷产品开发的重视程度、投入力度等有待强化，各方支持力量总体上处于分散局面，特别是金融机构主动提供信贷服务的系统合力没有形成，积聚效应不明显导致信贷产品开发与推广进展较慢。由于市场机制相对不是很完善，自发作用比较薄弱，同时产业起点比较低，单靠市场机制的作用很难在短期内创造足够的条件以实现高科技产业的集聚及培育地方创新网络的目标。因此，产业集聚的成长、演化还需依靠政府的扶持来完成。

（二）1999 年至 2011 年商业银行探索创新蓬勃发展

随着社会主义市场经济的不断发展，人民银行的信贷政策已经从过去主要依托行政干预逐步向市场化的调控方式转变。从 1998 年 1 月 1 日起，人民银行取消了对国有商业银行贷款规模限额管理办法，在国有商业银行中实行资产负债比例管理。这一管理办法的实施对国有商业银行深化内部经营机制改革、促进国有商业银行实现市场化经营产生了积极的影响。

1. 银行落地速度加快。随着信贷政策的不断完善，中关村地区也吸引了越来越多的银行落足。从商业银行到政策性银行，各银行纷纷设立相关部门或分支行助力中关村地区科技型企业的发展。根据《中关村发展报告 2012》显示，在中关村，北京银行、交通银行、中国银行等 14 家商业银行设立了专门为科技企业服务的信贷专营机构和特色支行。各专营机构通过实施单独的考核和奖励政策、提高风险容忍度、建立授信尽职免责制度、优化贷款审批流程、提高审批效率和放款速度等，为中关村企业提供多层次、多领域、全方位的金融服务。例如，中国银行推出"中关村科技型中小企业金融服务模式"，国家开发银行北京市分行设立了科技金融处，在中关村办公，面向中关村开展业务。

建设银行北京市分行第一家中小企业金融服务中心 2005 年在海淀支行成立，此举标志着该行中小企业业务推进工作正式启动。此后，工商银行北京市分行首家小企业服务中心——中关村小企业服务中心于 2008 年正式成立。小企业服务中心的模式可概括为"遵循一个原则，建设一支队伍，实行一个制度，打造一个品牌"。即遵循"专业化经营，属地化管理"原则，建设专职的客户经理、审查审批和贷后管理人员队伍，实行分行派驻审批人与服务中心主任双签制度控制风险，打造全方位、全产品、一站式、综合化小企业金融服务品牌。2009年10月，中关村管委会、人民银行营业管理部等部门联合印发《关于促进银行业金融机构在核心区设立为科技企业服务专营机构的指导意见》。鼓励银行业金融机构在示范区核心区内设立专门为科技型中小企业服务的信贷服务机构，通过贷款风险补偿等多种方式支持各专营机构在示范区、核心区开展科技金融创新试点。中国银行、工商银行、光大银行、华夏银行四家银行在中关村设立的中小企业服务专营机构举行了揭牌仪式。

中国银行北京市分行中小企业部2009年正式对外挂牌成立，专门服务中小企业的专业贷款机构，中国银行北京市分行成为北京地区第一批拥有小企业信贷专业部门的金融机构。同时，中国银行北京市分行还推出中小企业服务专属品牌——中银信贷工厂。2009年3月，国家开发银行北京市分行专门成立科技金融处，重点为中关村示范区科技型企业提供优质的金融服务。此后，招商银行小企业信贷中心、农业银行北京市分行中小企业金融服务中心也纷纷落足中关村。2010年3月，招商银行小企业信贷中心北京区域总部成立，该中心是银监会批准成立的国内首个拥有经销企业信贷业务专营资格的金融机构。2010年11月，农业银行北京市分行中小企业金融服务中心（海淀）暨中小企业信贷广场在中关村地区挂牌成立，这是农业银行系统率先设立的分行级中小企业专营机构。为创新管理模式，全面提升在中关村地区的服务效率和质量，2011年7月，中国银行北京市分行在中关村一区多园内建立了朝阳支行、昌平支行、商务区支行、东城支行、海淀支行、丰台支行、开发区支行、大兴支行、顺义支行、通州支行、中关村中心支行共11家中小企业金融服务中心。此举是该行继在中关村示范区推出"中关村模式"后，支持中关村科技型企业发展的又一重要举措。

截至2010年末，已经正式营业的11家信贷专营机构和特色支行共为871家企业提供授信额度133.3亿元，实际发放贷款126.4亿元，其中2010年新发放贷款96.2亿元。虽然银行已看到中关村的金融需求，但面对整个中关村拥有的2万多家企业，14家商业银行仍然只是杯水车薪。

2. 信贷政策纷纷涌现。

（1）信用贷款试点。

一是试点政策正式启动。为促进科技金融改革创新试点，进一步缓解园区中小科技型企业贷款难问题，2007 年 9 月 1 日起，中关村科技园区管理委员会人民银行营业管理部、北京银监局在中关村科技园区联合开展中小科技型企业信用贷款试点工作。

中关村信用贷款工作正式启动以来，从银行参与度来看，截至 2012 年初，包括北京银行、交通银行在内的 27 家银行已经与中关村缔结了信用贷款合作关系，与 2010 年 16 家合作银行相比，增加比例达到 69%。从信用贷款规模来看，2007 年 9 月到 2009 年 3 月，参与信用贷款试点的银行累计为 47 家企业提供信用贷款 65 笔，授信额度达 4.7 亿元，实际发放 4.06 亿元；2009 年 4 月到 2011 年 8 月，合作银行总共为 208 家企业提供信用贷款 423 笔，授信额度增至 95 亿元，实际发放 89.6 亿元；截至 2012 年 4 月，各银行共为 280 家企业提供 567 笔信用贷款，授信额度为 135.1 亿元，实际发放 124.3 亿元，无一违约行为。

可见，信用贷款虽然占贷款总规模的幅度很小，但是其总体上呈现出良好的发展态势：参与信用贷款的银行在逐步增加，银行对于信用服务的关注度与参与度也在不断加强；同时，获得信用贷款的科技企业数量以及科技企业获得信用贷款的规模均是大幅增加。随着信用体系建设的日益完善和科技企业信息的可获得性的逐步提高，信用贷款融资渠道对科技企业的支持还有很大的发展空间。通过聚焦"瞪羚企业"和信用良好企业群体，信用贷款试点工作集成相关政策措施，形成合力，促进了讲信用企业的健康快速发展。不但丰富了中小科技型企业融资渠道，缓解了中关村科技园区众多无抵押、无担保的中小科技型企业取得商业银行流动资金贷款难问题，而且还增强了企业的信用意识，体现了企业自身的信用价值，促进企业自身的信用建设。

为落实国务院关于建设中关村国家自主创新示范区的批复精神和《中共北京市委 北京市人民政府关于建设中关村国家自主创新示范区的若干意见》中关于深化科技金融改革创新试点工作的要求，中关村科技园区进一步加大了信用贷款试点工作力度。自 2009 年 1 月 1 日起，新修改的《中关村科技园区企业贷款扶持资金管理办法》开始施行，信用贷款试点企业门槛由年销售收入 1 亿元以下（含）调整至年销售收入 2 亿元以下（含），百家创新型企业全部纳入信用贷款试点企业，且还本付息后直接享受 40％ 的贷款贴息支持。

二是试点银行机构范围继续扩大。试点工作不仅激发了试点银行机构大力拓展科技型中小企业信用贷款业务的热情，也激发了其他银行机构迫切参与科技型中小企业信用贷款试点的热情。为此，试点工作逐步扩大试点银行机构范围，加快了信用贷款业务的发展速度，基本实现北京辖内银行机构全面开展科技型中小企业信用贷款业务的局面。

三是稳步放开试点企业的选择范围。试点政策对于申请信用贷款的中小企业进行了严格的资质限定，对于有效控制信用风险发挥了重要作用。为进一步扩大受益企业的范围，为更多规模中小科技企业提供融资政策支持，试点企业的范围进一步放开。

四是积极尝试政策创新。针对园区内规模中小科技企业难以得到银行贷款的真实现状，中关村科技园区发挥了信用信息对称优势，制定针对该类规模企业融资的优惠政策，引导商业银行积极开展各类金融业务创新。例如，企业信用＋知识产权质押的金融业务创新以及信托等非银行金融机构与商业银行信用风险分层的金融业务创新等。

五是努力搭建政府部门间的合作平台。逐步建立和完善形式多样的政府部门间合作机制，包括共同出资设立贷款风险补偿基金等，为科技型中小企业多样化融资需求的满足提供政策支持。2010 年 3 月 31 日，中关村国家自主创新示范区举办银行专营机构金融创新产品推介会，活动中举办了"信贷创新中关村系列活动"启动仪式、推介银行信贷专营机构创新业务产品、认股权贷款签约仪式等。

（2）知识产权抵押贷款。为深化中关村科技金融创新试点，缓解科技创新创业企业融资难的问题，北京市科委、北京市知识产权局、北京市财政局、北京市金融局、北京市经济和信息化委员会、北京市工商局、北京市版权局、人民银行营业管理部、北京银监局、北京保监局、中关村管委会等单位在中关村国家自主创新示范区联合开展知识产权质押贷款工作，为保证工作规范有序、稳步推进，于 2010 年制定了《关于加快推进中关村国家自主创新示范区知识产权质押贷款工作的意见》。中关村知识产权质押贷款工作的实施原则是政府引导、市场运作；财政扶持、风险分担；信用激励、组合推动；资源聚集、风险补偿。为做好此项工作，专门建立了北京市政府相关部门参加的中关村知识产权质押贷款工作联席会议制度，负责重大事项协调，办公室设在中关村管委会，负责日常工作。同时，从搭建知识产权质押贷款服务平台、完善知识产权资产评估工作、创新知识产权质押贷款方式、培育知识产权质押物流转市场体系、健全知识产权质押融资保障机制等方面加强组织实施，全面推进工作。根据该意见，政府部门对获得质押贷款的企业给予利息补贴，对担保机构和小额贷款机构给予一定的风险补贴，引导企业通过多种方式实现知识产权市场价值，提高企业和银行的积极性。同时，鼓励信贷机构开展知识产权质押贷款，鼓励担保机构和银行开展担保融资业务，推动建立再担保机制。此外，支持搭建知识产权投融资公共服务和交流合作平台，设立知识产权质权处置周转金和知识产权投资基金，支持开展知识产权评估、鉴定、转让交易等业务。

截至 2011 年 9 月末，多家银行累计为 489 家中关村科技企业发放知识产权质押贷款 1 288 笔，累计 76 亿元。其中，2011 年新增 142 笔，共计 13 亿元。2012 年，中关村知识产权投融资服务联盟成立，引导创业投资、担保、银行、保险等机构为知识产权的孵化、经营、转让、许可等提供组合式的创新金融服务。2013 年，中国银行、建设银行、光大银行等 7 家银行签订《中关村知识产权融资战略合作协议》，为中关村企业提供总授信额度达 260 亿元的知识产权融资支持，北京银行和普天信息技术研究院达成 2 亿元的知识产权融资授信。

3. 传统经营模式发生转变。近些年来，商业银行都在力图改变依靠单一信贷业务发展的传统经营模式，将视线逐渐转向新的盈利模式。金融危机发生以来，银监会逐步提高了银行业的最低资本要求，并对核心资本补充和发行长期次级资本债务提出更高要求，资本充足率标准实际上已经提高到 10%以上。从"后危机"时代国际银行业资本监管的趋势分析，我国银行资本监管标准的提高今后不但不会停止，还将继续加强。近年来，各商业银行的资本充足率和核心资本充足率都出现了下降的趋势。一方面，信贷超常规激增迅速稀释了商业银行的资本金；另一方面，由于利差逐步收窄，使得商业银行通过盈利留存补充资本的速度，远难匹配风险加权资产的增速，商业银行无法通过内源资本遏制资本充足率的进一步下降。此外，拨备覆盖率的提高也挤占资本金，使得补充资本充足率的资金受到挤占，进一步恶化了商业银行资本充足状况。新的发展环境和自身资源都说明了信贷业务将逐步萎缩，一般银行存款对个人客户的吸引力下降。因此，商业银行不得不将视线转向新的盈利模式。

我们应该看到以下问题，一是我国商业银行盈利的信贷依存度依然偏高，非信贷依存度仍显不足。尽管2006—2008年，全国银行业金融机构中间业务年均增长55.2%，但占总收入的比重依然徘徊于10%左右，这中间还不排除一些商业银行片面追求中间业务发展，将利息收入转化为非利息收入的可能。二是盈利模式仍然相对单一，利润综合调控能力有限。由于高度依赖信贷，因而在存贷款利差收窄和银行议价能力下降等不利因素下应对能力下降。三是管理的个人资产中大部分仍然是储蓄，也显示了商业银行财富管理业务还处于萌芽阶段。四是商业银行综合经营的收入以及境外资产和收入占比依然较低，表明我国商业银行综合化、国际化还处于初级阶段甚至起步阶段。

4. 信贷支持成为中关村企业融资的最主要渠道。随着科技企业规模不断壮大，银行类金融机构对科技企业的资金投入量也在不断加大，以满足其科技成果产业化的资金需求。在信贷投向上，既大力支持技术上水平、产业上规模的大型高新技术企业集团，又注意着力支持一批具有创新活力的中小型科技企业，是中关村企业融资的最主要渠道，为中关村高新技术产业的迅速崛起提供了强有力的支撑。

工商银行北京市分行与北京经济技术开发区土地整理储备分中心于2003年签署金融合作协议，为该中心提供60亿元综合授信额度，支持开发区二期扩区基础设施工程建设。2004年，农业银行北京市分行为中国电信北京分公司提供公开授信金额10亿元，为中国电子信息产业集团公司提供综合授信12亿元。2005年，农业银行北京市分行与中国中钢集团公司签署战略合作协议，为中钢集团及其所属企业提供总额为50亿元的人民币意向性信用额度，并在信用、结算、代理、现金管理、财务顾问等领域开展全面合作。2009年9月，北京经济技术开发区管委会分别与农业银行、兴业银行、中国银行、建设银行、交通银行、光大银行、上海浦发银行、北京农村商业银行

8家银行签署战略合作协议。根据协议，8家银行合计向开发区提供意向性授信额度1 150亿元，重点支持区内高科技、医药制造等产业建设。

（三）2012年至今商业银行与其他金融机构协同发展支持中关村

根据中关村指数资料显示，除去2010年由于国家宏观调控造成银根紧缩、暂时影响到科技企业银行贷款融资小幅下滑之外，随着近年来政策引导力度加大，中关村企业银行贷款额总体上呈现快速增长态势，基本保持20%以上的增长速度。

1. 特色专营机构的成立。银行业是向科技企业提供债务性融资的主力军，多家银行在中关村设立了专为科技企业服务的信贷专营机构或特色支行，北京银行和建设银行设立了中关村分行，针对科技企业的特点不断创新金融产品和服务，面向市场推出多种科技金融产品。五家大型商业银行对科技企业的金融支持力度与股份制银行、中小银行等相比虽然仍然较弱，但近年来随银行业竞争加剧，其科技金融产品和服务创新增强。工商银行为满足科技型企业多样化的金融需求，推出了包括投资银行、融资、结算、现金管理等在内的全面金融产品分别服务于创业阶段的企业、快速成长阶段的企业、具备上市条件的成熟企业和已上市公司。股份制银行应变灵活、资金较为雄厚，重视科技型企业的发展，具有较强的金融服务创新能力，相对于五家大型商业银行来说，其为科技型企业提供相关金融服务的意愿更强。城市商业银行及其他中小型银行科技金融创新动力强劲，能提供多样化的科技金融产品满足科技各生命周期阶段企业的需求。例如，科技型中小企业已经被北京银行纳入支持重点，截至2012年10月末，其已为超过7万家中小微企业提供了金融服务，占首都中小微企业的1/4，累计发放贷款超过8 000亿元，存量中小微企业贷款超过1 800亿元。2012年11月，还发布了《北京银行科技金融三年规划》，探索针对中小微科技企业贷款的金融新模式，加大对中小微科技企业的支持力度。

2012年2月，建设银行北京市分行在京首家二级分行——中关村分行正式挂牌成立。中关村分行整合了建设银行原中关村海淀园区内13个支行和18个储蓄所。作为全功能银行，中关村分行除与政府合作开展传统银行业务之外，主要根据中关村园区内高科技中小企业集聚的特点，开展有针对性的服务，并与区内各类金融企业及中介机构开展合作，同时为高端客户人群提供私人银行服务。

虽然各类银行和金融机构都在试图创新，改变以传统贷款为主帮助科技企业融资的局面，但就现状来看，传统贷款依旧是整个中关村企业最主要的债务融资源来源，信用贷款、担保融资等新兴贷款手段所占比例依旧较小且发展不足，不过值得肯定的是这些新兴债务融资份额也在逐渐扩大。

北京银监局统计数据显示，截至2015年末，中关村示范区内共有银行网点808个，包括3家中关村分行及100余家银行科技或小微金融服务特色机构，网点密度为北京市平均密度的7倍以上。

为进一步提升全辖中小企业业务的服务能力，解决当前基层专职中小客户经理短缺等不利于中小企业深化服务、不利于业务持续发展等问题，中国银行北京市分行决定在辖内推行经营性支行中小业务SBU建设工作，2015年10月，中国银行北京市分行首家中小企业SBU"中银中小企业知春路服务中心"揭牌。首批选定海淀、朝阳、丰台和中关村中心支行作为试点行，开展相关工作。2015年12月，农业银行北京市分行经农业银行总行、银监局审批同意，将知春路支行升格为中关村分行（处级二级分行）。农业银行中关村分行的成立，标志着农业银行在中关村地区的发展进入一个新的历程，使中关村园区内的各类优质企业，尤其使科技型企业、社会公众和重大基础设施项目、科技创新配套项目的金融支持更上一个台阶。

2.零信贷小微企业金融服务拓展活动正式启动。企业注册的难易程度和获取创业资金的难易程度，是影响创新创业的两个关键要素。为促进技术和资本高效对接，缓解企业融资难问题，中关村国家自主创新示范区近年来进行了积极探索，初步形成了"一个基础、六项机制、十条渠道"的科技金融服务体系，推动实施了包括"展翼计划""瞪羚计划"在内的一系列以信用为基础的中小企业融资解决方案，吸引金融机构和中介组织在中关村聚集发展。

对于各类创新创业科技企业来说，相较于各类风险股权投资，银行信贷的支持规模较大，可获得率较高。在北京市近年来持续推动科技金融大力发展的情况下，获得银行信贷与获得风投、在新三板上市等"时髦"融资方式一道，成为科技型企业间接融资和直接融资的"两条腿"。

2012年3月，建设银行北京市分行系统暨中关村分行首笔股权投资选择权服务合同正式签约。该协议为北京宝铭汇通科技有限公司额度授信 1 500 万元，首笔发放半年期、500 万元"订单通"融资贷款。8 月，建设银行北京中关村分行为北京四方继保自动化股份有限公司办理 100 万元 6 个月知识产权质押担保的"知贷通"新型信贷产品贷款，即建设银行北京市分行系统首笔知识产权质押贷款。

2013 年末，人民银行营业管理部与中关村管委会联合启动"中关村零信贷小微企业金融服务拓展活动"，旨在进一步推动银企对接，引导和鼓励银行、担保等机构帮助科技型小微企业迈出"首贷"第一步。人民银行营业管理部相关负责人表示，作为推动解决小微企业首次融资难题的重要探索，此次活动对于扩大金融服务覆盖面，提高小微企业贷款覆盖率、服务覆盖率和申请贷款获得率具有重要意义。根据工作方案，此次活动计划通过 6 个月的时间，推动各银行及担保公司以名录内企业为目标客户，加大业务拓展力度。方案同时就人民银行营业管理部、中关村管委会、各家银行、担保公司等在活动中的职责分工做了详细部署，人民银行营业管理部积极发挥了窗口指导作用，与中关村管委会合力搭建银企、银政对接平台，为各银行办理业务提供"绿色通道"；中关村管委会则发挥财政杠杆作用，对银行和企业给予政策倾斜；各银行将对信贷业务与结算业务、国际业务、投资银行业务进行有效衔接，为企业提供差异化的金融综合服务，进一步加大产品、组织、机制创新力度，有针对性地开展无贷款卡名录内企业的营销业务；各担保、再担保、评估、征信、信用评级等中介机构为无贷款卡名录内企业贷款优先提供服务。

作为此次活动的承办机构，北京银行积极寻找零信贷企业，并迅速为两家零信贷企业提供了首笔融资支持。针对企业所处的创业、成长、成熟、腾飞四个发展阶段特点，北京银行以创业贷、信用贷、智权贷、股权质押等产品为核心，为中关村零信贷企业量身定制专属金融服务方案，并建立"绿色通道"审批机制，力求为企业提供高效、便捷、优质的金融服务。总的来看，北京银行主要通过六项措施为中关村零信贷中小微企业提供金融支持。一是北京银行与人民银行营业管理部合力推进，在北京银行中关村分行落地设立北京市第一家贷款卡办理点，搭建中关村企业贷款卡办理快捷通道，推动小微企业跨越首次融资障碍；二是在中关村示范区内设立小微企业融资服务专营机构，对中小微企业的信贷投放量将不低于 500 亿元；三是以北京银行网点为阵地，辐射中关村一区十六园，开展小微企业诚信大讲堂系列宣讲，培育企业信用意识；四是面向创新型孵化器内的企业创始人发放"创业卡"，持卡人可享受创业企业专属金融方案等在内的多项服务；五是为科技型企业量身定做产品；六是根据科技型中小微企业不同发展阶段，以信贷业务为抓手，将结算业务、国际业务、投资银行业务有效衔接，为科技型企业提供差异化的综合性金融服务。

2014 年 1 月，中国银行北京市分行联合中关村管委会共同启动"中国银行中关村零信贷小微企业金融服务拓展活动"暨"中关村携手中国银行助力企业走出去"系列专题讲座。此次活动旨在通过积极创造条件，推动银企对接，帮助科技型小微企业了解银行金融服务，迈出"首次授信"的第一步，进而推动园区企业的创新创业。12 月，在人民银行营业管理部与中关村管委会联合开展的"零信贷"活动中，中国银行北京市分行通过各项金融服务工作，帮助小微企业解决缺少信用记录的客观难题，跨越首贷障碍，被人民银行营业管理部和中关村管委会共同评选为"中关村零信贷小微企业金融服务拓展活动"先进单位。

2014 年 6 月，工商银行北京市分行与北京中关村科技融资担保有限公司合作，推出了"结算贷"小微信贷产品，用于支持科技型小微企业，满足科技企业短期融资需要。2014 年 6 月 25 日，中国银行北京上地支行通过"中征应收账款融资服务平台"与小微企业客户北京某科技有限公司成功叙作一笔 400 万元的应收账款项下融资业务，成为平台试运行以来北京地区的首笔融资，有效满足了小微企业的实际用款需求。

工商银行北京市分行中关村小微金融业务中心于 2015 年正式成立，并同时发布了科技行业"创业通"产品，进一步加大对小微企业金融服务支持。"创业通"产品由工商银行与中关村科技担保、北京市再担保合作推出，主要针对北京创业基地、孵化器、中关村示范区内的创业企业，是工商银行为初创企业量身打造的一款信贷产品。

在银行大力推进科技金融创新的情况下，政府引导科技金融服务的重要性也凸显出来。"北京地区金融机构为包括科技企业在内的小微企业提供的融资产品超过 300 种，但是企业仍然感觉不解渴，这就需要政府解决信息不对称的问题。"北京市金融工作局副局长栗志刚说。

对此，北京市各金融服务与监管部门加大对科技金融服务的护航力度。2015 年，北京银监局积极推动北京银行业提升科技金融服务水平，印发了北京银行业加强科技金融创新的意见，推动组织体系、产品服务等"六项创新"，并组织科技金融主题系列培训会。

面对经济下行的压力，北京中关村这片科技创新的宝地，实际上也成为银行等金融机构争夺的热土。从部分传统大型银行高管加入到筹备中关村银行的细节可以感受到，未来如果民营银行能够在中关村破土而出，将进一步刺激传统银行在科技金融领域的投入和创新。

3. 人民银行特批首家跨行政区域中心支行设立。在实行传统的管理体制的基础上，人民银行特批首家跨行政区域中心支行设立。2015 年 3 月，人民银行中关村中心支行正式对外履职。2015 年 12 月，人民银行中关村中心支行印发《关于开展中关村科技金融专项监测工作的通知》，要求中关村核心区内部分银行定期报送贷款及利率变动情况等数据及热点问题，以便准确、及时地掌握中关村科技领域的金融支持情况，进一步发挥金融支持新兴产业和高新技术企业发展的导向作用。中关村中心支行对纳入监测范围的商业银行科技金融专营机构在专营机构评估工作中予以直接加分。此举创新了原有的银行管理体制，通过定期监测、不定期走访等方式，重点监测银行业金融机构和新兴金融业态等为中关村高新技术企业提供金融服务的机构在金融产品、金融服务以及内部机制建设方面取得的创新情况。

4. 信贷相关试点方案、框架协议纷纷涌现。近年来，银行对于科技企业融资的服务政策在不断创新和细化，很多中小科技企业的信贷获得率在上升。截至 2015 年末，中关村国家自主创新示范区高新技术企业贷款余额 3 056.03 亿元，当年累计向 5 350 户次示范区高新技术企业发放贷款 3 724.37 亿元，创新中小微和科技企业金融服务产品 159 种。

2012 年 2 月 28 日，北京市科委、人民银行营业管理部、北京银监局共同主办召开了"金融激励试点方案 2011 年发布会"。北京市银行业协会、北京市经济和信息化委员会、北京市食品药品监督管理局等有关单位负责人以及工商银行、建设银行、招商银行、北京银行、浦发银行、中关村担保等金融机构主要负责人出席了活动。"金融激励试点方案"自 2010 年启动以来成效显著。在政府、商业金融机构、信用评级机构、风险投资公司等多方共同推动下，通过财政引导、信贷支持、资本直接投资等多种手段，形成了以"金融激励试点方案"为契机，引导金融机构大力支持北京生物医药产业的良好金融环境，实现了金融资源与实体经济的结合。北京生物医药行业贷款总额由 2009 年实施前的 9.6 亿元增加到 2011 年的 34.2 亿元，平均增幅达到128%，两年累计发放 61 亿元贷款，先后共支持了 172 家生物医药企业，为"G20 工程"2010 年突破 500 亿元、2011 年达到 700 亿元的产业目标给予了有力的金融支撑。发布会上，工商银行、北京银行、招商银行、浦发银行获得"金融激励试点方案 2011 年度最佳商业银行"称号；北京中关村科技担保有限公司获得"金融激励试点方案 2011 年度最佳融资性担保机构"称号；德福投资有限公司获得"金融激励试点方案 2011 年度最佳投资机构"称号。

2012 年 4 月，工商银行北京市分行与中关村管委会共同举办"信贷创新中关村"工商银行专场暨中小企业科技金融服务走进中关村活动仪式，双方签订了《战略合作框架协议》。工商银行北京市分行意向授予中关村示范区高科技企业 500 亿元授信额度，并现场与 6 家企业达成了合计 5 亿元的授信意向。活动仪式上，工商银行北京市分行发布了工商银行科技型中小企业金融服务方案，该方案包括"创业之路""成长之路""上市之路""卓越之路"系列金融产品，内容涵盖个人金融、私人银行、电子银行等综合金融服务。6 月，中关村管委会、人民银行营业管理部、北京市经济和信息化委员会在北京世纪金源大饭店联合举办"信用中关村"系列活动暨 2012 中关村信用双百企业表彰大会。会上，表彰发布了 2011—2012 年 103 家"最具影响力信用企业"和 107 家"最具发展潜力信用企业"，以及 599 家"中关村信用星级企业"。中关村企业信用促进会与合作信用服务机构、金融机构共同签署《信用与科技金融服务企业融资发展合作协议》，北京银行、工商银行、民生银行、中国银行、招商银行与 10 家企业签署了总额近 1 亿元的信用贷款协议。10 月，德胜科技园新政策发布暨科技金融合作签约仪式在京举行。中国银行北京市分行出席签约仪式并与中关村科技园区德胜科技园管委会签署 100 亿元人民币战略合作协议。2013 年 7 月，中国银行北京市分行应邀参加了中关村知识产权服务业联盟成立大会暨知识产权融资战略合作签约仪式。中国银行北京市分行等 7 家银行与北京市知识产权局签署了 50 亿元知识产权融资战略合作协议。此次战略合作协议的签署，标志着知识产权质押贷款进入了一个全新阶段。

建设银行北京中关村分行于 2014 年 6 月为北京锐安科技有限公司发放担保方式为知识产权质押的科技发展贷款 1 000 万元。2015 年 3 月，该分行清华园支行成功完成清华控股有限公司 2015 年首期 10 亿元超短期融资债券发行工作。2015 年 4 月，该分行辖内上地支行成功办理了建设银行试点区外债业务，以内保内贷模式为用友网络科技股份有限公司开立融资性备用信用证，通过建设银行亚洲发放境外贷款 2 570 万欧元。2014 年 9 月，平安银行北京分行向中关村国家自主创新示范区产业集群项目授信 100 亿元，其中首期有效额度 5 亿元。2015 年 6 月，工商银行举办科技金融主题签约暨工银启明星品牌发布会，正式推出"工银启明星"科技金融服务品牌，工商银行北京市分行与中关村管委会签订《战略合作协议》，在未来三年内，工商银行北京市分行将为中关村示范区企业发展、产业园区建设等方面提供不少于人民币 1 000 亿元的意向性综合授信额度支持，促进示范区经济持续协调发展。

（四）小结

作为中国的"硅谷"，中关村科技金融改革与创新具有重要的启示作用。通过对中关村从"电子一条街"时期到示范区时期的金融发展历史，我们发现银行信贷基本贯穿于中关村整个发展历程，对中关村的金融支持起到关键性作用。回顾商业银行在中关村扮演的角色和发挥的作用，我们认为，还需要不断提升中关村示范区金融综合服务水平，加强区域内金融机构之间的交流、合作与自律，进一步加大对中关村示范区的资源投入力度，不断开展产品创新、提升服务质量，从而将中关村示范区金融服务打造成北京市乃至全国科技金融服务的标杆。

二、信托的支持

相较于银行信贷，中关村在信托市场的发展起步较晚，科技园区时期才逐渐发展起来。当然，这与我国信托业的发展历程密不可分。新中国成立之初，新政府在接管、没收、清理国民党政府经营的信托机构，整顿民营信托机构的同时，曾试图创设新的信托机构。但由于新政府很快决定建立高度集中统一的计划经济体制，信托机构也就被放弃，陆续关门停业。自此以后，信托在近30年间从中国销声匿迹，几乎完全被遗忘。直到1979年10月，中国国际信托投资公司在北京宣告成立，这标志着中国信托业的正式恢复。

（一）信托业的发展历程

从1979年我国信托业恢复，到2000年之间的二十年间，是属于我国信托业的探索时期。这一时期，中央部委、银行以及地方政府纷纷设立信托投资公司，信托机构最多时达到600多家，信托业成为仅次于银行的第二大金融部门，与银行业、证券业、保险业一起，成为我国的四大金融支柱之一。在探索时期，信托业经历了多个发展历程。

1. 清理整顿阶段。1982年至1995年，信托业共经历了4次清理整顿，总结前四次整顿的主要特点，一是以堵为主。信托公司从1986年开始放开手脚经营资金委托业务和资金信托业务，1988年由于大量办理假资金委托业务，资金信托业务被纳入规模管理，截至1990年资金委托业务也被纳入规模管理。1992年信托公司又开始大量拆借，1993年清理乱拆借，信托公司的银行资金来源被堵死。截至1997年末，国家要求证券业与信托业分离。二是由于对信托业的功能定位不清晰，一直没有对信托业的功能定位进行适当调整，深层次的问题未得到解决。当时的信托模式是在中国金融体制改革的过程中历史地形成的，出现种种问题的最重要原因是没有根据经济环境的变化，从制度上及时调整信托业的功能、地位和业务发展方向，使信托公司始终游离于财产管理等本源业务之外。1999年3月，《国务院办公厅转发〈中国人民银行整顿信托投资公司方案〉的通知》（国办发〔1999〕12号，以下简称《通知》）下发，标志着改革开放后信托业恢复发展以来最彻底的一次制度再造式改革正式启动。《通知》明确规定了这次整顿的目的，即通过整顿，实现信托业与银行业、证券业严格的分业经营、分业管理，保留少数规模较大、管理严格、真正从事受托理财业务的信托投资公司，规范运作、健全监管，切实化解信托业金融风险，进一步完善金融服务体系。这次整顿于2001年基本结束。通过整顿只保留了60多家信托公司，我国信托业步入了规范发展时期。

2. 规范发展阶段。2001年4月28日，在信托发展历史上终于迎来了一件具有里程碑性质的大事——《中华人民共和国信托法》（以下简称《信托法》）正式通过。经过8年酝酿的《信托法》，最终将源自普通法系的信托引进了经济快速增长的中国，它的颁布和实施是建立我国信托制度的基石，为我国信托业回归信托本源业务提供了根本的制度保障，极大地促进了信托功能在我国的发挥和应用。在《信托法》实施后，2002年《信托投资公司管理办法》和《信托公司资金信托管理暂行办法》相继由人民银行发布实施，上述三个文件被称为信托的"一法两规"。"一法两规"的颁布实施，是我国为了打破信托业的路径依赖所作的强制性制度变迁，对于实现信托业回归本业，促进信托机构按照需求尾随型的金融发展模式走市场化道路，大力进行信托创新，发挥了基础性的、重要的规范和引导作用。"一法两规"的出台，标志着中国信托业从探索时期步入了规范发展时期。

3.转型提高阶段。信托"一法两规"相继颁布实施后，我国信托业进入了规范发展阶段，取得了令人瞩目的进步。但由于类银行化的业务积习甚久，信托公司在经营过程中暴露出若干问题，尤其是回归信托本源业务的进程相对缓慢。为解决这些问题，中国银监会重新制定了《信托公司管理办法》和《集合资金信托计划管理办法》（以下简称"新两规"），于2007年3月1日起正式实施，取代了原有的《信托投资公司管理办法》和《信托投资公司资金信托管理暂行办法》。"新两规"着重引导信托公司对信托本源的回归，与其他一系列监管文件共同构成了信托业较为完整的法规体系，为信托业的健康发展提供了有力的制度保障。"新两规"颁布实施后，我国信托业进入了健康快速发展的阶段。信托主业突飞猛进，信托财产规模快速扩张，行业回归本源的步伐显著加快。"新两规"的实施标志着中国信托业进入了转型和提高发展阶段。

（二）中关村信托业发展新突破

1.中关村开创高新企业融资新模式。受我国信托业整体发展缓慢的影响，中关村的信托业起步也相对较晚，从科技园区时期才开始崭露头角。随着中关村科技园区进入快速发展阶段，园区内一批批的高新企业蓬勃发展，尽管中央银行的信贷政策鼓励商业银行增加对中小科技企业的贷款，但出于安全性考虑，各商业银行往往集中力量抓大客户而不愿向中小科技企业放贷，由此导致大企业锦上添花有余、中小科技企业雪中送炭不足的现象。同时，虽然这些企业拥有自主知识产权，拥有独立的销售网络和科学管理体系，且资产负债率很低，有广阔的发展空间。但因为这些企业规模比较小，融资量少，很难在资本市场上进行直接融资，因而融资问题成为制约这些企业发展的"瓶颈"。2003年12月，中关村管委会成功发行"中关村高新技术企业融资信托计划"，第一期发行金额为8 000万元，这是国内科技园区第一次以信托计划的方式为高新技术企业筹措发展资金，开创了高新技术企业直接融资的新模式。2004年12月，由北京市商业银行独家代理了第二期的代销发行，募集资金5 000万元。截至2014年末，由中关村管委会协调组织，成功发行了两期"中关村科技园区高新技术企业信托融资计划"，为园区企业筹集资金1.3亿元信托资金支持。中关村高新技术企业集合信托融资计划使中小科技企业能够运用直接融资方式筹措用于发展的资金，以进一步推动高新技术企业发展，这标志着拓展园区企业多元化融资渠道的开通。值得一提的是，中关村科技担保公司在此次信托发行中功不可没，同时也开创了信托、担保合作发行信托计划的先河。

2. 创新信托贴息政策与信托产品不断涌现。2003年12月17日至2004年1月16日，作为中关村信托计划的发行商中信信托投资有限责任公司对外公布了中关村科技园区高新技术企业生产经营贷款项目，并进行了信托产品推介活动。2004年12月13日，中关村管委会正式下发《中关村科技园区"瞪羚计划"贴息和担保补贴支持资金管理办法》（中科园金发〔2004〕5号）。办法规定，获得"瞪羚计划"支持的企业和发行中关村高新技术企业信托计划的企业，可享受"瞪羚计划"贴息和担保补贴支持资金的资助；中关村高新技术企业信托计划原则：发行中关村高新技术企业信托计划的企业可获得信托贷款利息（含社会筹资利息、信托管理费和担保费）20%的贴息。2009年12月，北京国际信托有限公司与北京中小企业信用再担保有限公司联合推出了京城首个中小企业系列化信托产品。该信托产品采取滚动发行的方式，旨在为中小企业发展提供信托融资支持，拓宽中小企业融资渠道。首批主要面向怀柔区内三个重点中小企业，信托规模为4 100万元。

（三）利用信托计划支持企业做大做强

1. 中关村发展集团公司成立。中关村发展集团公司于2010年4月1日成立，注册资本为100亿元，该公司主要负责引进重大项目和统筹产业布局，通过引进战略投资、发行中期票据及企业债、信托计划、上市等方式增强集团融资功能，支持企业做大做强。2010年6月30日，中国技术交易所、北京国际信托有限公司、北京中关村科技担保有限公司和北京中小企业信用再担保有限公司共同发起中关村科技成果转化信托计划，帮助汉铭通信融资 500 万元，与汉铭通信一同受惠的还有北京至清时光环保工程技术有限公司、标旗世纪信息技术（北京）有限公司。

2. 首期中关村自主创新知识产权融资集合资金信托计划在京启动。2011年 4 月 25 日，中关村自主创新知识产权融资集合资金信托计划第一期在京正式启动，根据信托计划，阿尔西制冷工程技术（北京）有限公司等 4 家企业，以知识产权质押为主要方式共获得总规模 2 000 万元的信托贷款支持。该计划的启动，对信托而言，增加了业务品种，开拓了科技型中小企业融资市场，增强了信誉水平，实现了资产证券化。根据《中关村国家自主创新示范区企业担保融资扶持资金管理办法》，对发行企业债券和获取信托计划的企业，中关村管委会给予社会筹资利息、信托或债券管理费和担保费等综合成本 20% 的费息补贴。该信托计划得到中关村管委会的大力扶持。此后，中关村的高科技企业无须固定资产抵押，以知识产权质押、个人保证、股权质押等方式就能实现知识产权的经济价值。

三、民间借贷的支持

民间借贷作为一种常见的经济现象，在我国已经有至少三千年的历史。早期的借贷活动表现为实物借贷，如中国古代粮食借贷极为盛行。随着生产发展，社会分工扩大，剩余产品出现，产生商品交换，贸易、商业活动开始繁荣起来，货币应运而生。借贷活动遂以货币作为中介，货币借贷行为逐渐多起来，实物借贷活动则逐渐式微，这一趋势延续至今。严格来讲，民间借贷是一个模糊的概念，是对"非常规"融资活动的概括，其出现就是为了满足一种以不改变所有权为条件的财富调剂的需要。借贷行为的发生，在私有财产出现之后。有时穷人为了维持基本的生产或生活，须向富人借贷，最早的借贷活动也就出现了。

（一）利用非制度化措施扩大经营规模

由于我国早期正规的民间融资服务体系欠缺、民间融资手段不足，而对民间借贷机制的需求却十分强烈，在正规金融制度无法及时提供的情形下，诱导性的民间借贷机制逐步产生和发展起来。在全国经济体制改革进程中，中关村科技园区内的融资服务始终伴随着园区企业的成长而发展。在融资服务领域，20 世纪 80 年代中关村"电子一条街"的企业创业初期，当自有资金的积累赶不上经营规模的扩大时，民间借贷现象迅速发展起来。1983 年 4 月，北京华夏新技术开发研究所因资金困难从海淀区工业公司借了 10 万元资金作为启动资金。1983 年 5 月 4 日，中国科学院北京市海淀区新技术开发中心从海淀区借 10 万元开办费，在 3 间平房里开办了公司。1986—1987 年，北京大学理科技术公司、北京亚都建筑设备制品研究所、用友财务软件服务社也陆续利用民间借款的方式筹借了资金创办公司。

受早期的金融配套体系欠缺、正规金融制度尚未明确等因素影响，中小企业难以从正规金融机构获得资金的状况，因此极大地推动了民间借贷的快速发展。民间借贷既缓解了中小企业创办初期的资金问题，也在一定程度上对中关村的发展起到了积极的推动作用。

（二）民间借贷日趋规范

利用民间借贷资金创办企业的方式，是在国家金融体制尚未实施全面改革的前提下所采取的非制度化的措施。随着我国金融改革的深化和金融监管的加强，民间借贷的发展受到一定程度的抑止，且小额民间借贷和有限的财政周转金远不能满足园区企业快速成长的需要，靠民间借贷办企业的事例已鲜为人知了。到 2005 年，随着中关村创业投资机制的完善，中小企业融资渠道的畅通，公司股权结构的改革，采用民间借贷资金开办企业已成为历史。

尽管以民间借贷资金开办企业的形式已逐渐消失，但民间借贷活动，特别是生活性的民间借贷和合会、互助会的组织形态始终在民间广泛存在。我国改革开放经历的时间并不长，现阶段我国中小企业大部分规模小，技术较落后，竞争能力弱，还处在资本积累阶段，通过自筹的方式来获取企业发展所需要的资金的可能性较低。尽管证券市场发展较为迅速，但现阶段对企业上市的要求极为严格，而中小企业其自身条件也无法达到资本市场上市标准，所以通过直接融资来获得资金也难以实现。综合各个方面来看，银行贷款理应成为企业主要的融资渠道。但因我国处于体制和经济结构转型期，加之金融危机的影响，国家当时制定了较严格的贷款条件，同时商业银行为了追求风险最小化，往往更加愿意将资金贷给信用较高的国有企业或者大型股份制企业，并不愿意贷款给中小企业。在中小企业难以获得银行贷款的同时，我国民间充足的资本则能够充分满足中小企业的用款需求，自然而然地催生了我国民间借贷的迅速发展。

民间借贷有其特殊竞争优势：一是民间借贷活动以企业和个人的自有资金为主，是在个人与个人、个人与企业、企业与企业之间发生的借贷关系，这种借贷关系日趋发展迅速；二是民间借贷成本低，交易手续简捷，交易过程快捷，可以针对不同的借款人提供借贷服务；三是具有特殊的风险防范机制和灵活的贷款催收方式。民间借贷除个人和企业借款外，企业集资、私募基金、和会或抬会、小额贷款公司、典当行、担保公司、自发性金融与产业协作组织以及近两年迅速发展的 P2P 等机构大量地参与到民间借贷活动中，在一定程度上缓解了中小企业的资金困难，增强了经济运行的自我调整和适应能力，并在一定程度上填补了正规金融不愿涉足或供给不足所形成的资金缺口。但是，民间借贷游离于正规金融之外，存在着交易隐蔽、监管缺位、法律地位不确定、风险不可控，以及容易滋生非法融资、洗钱犯罪等问题，需要制定相应的法规予以引导和规范。2008 年，我国金融管理部门为规范民间借贷和解决民间借贷过程中出现的问题，开始起草有关制度，希望通过国家立法的形式对民间借贷作出规范，但截至目前仍未出台。

（三）当铺扎堆中关村

在中关村商圈，汇集着数家典当门市，甚至不少典当行内的知名连锁企业都在中关村设有分公司。面对在这里生存的中小型科技公司所产生的巨大的融资需求，目前通过典当方式获取用于短期周转的资金，已经成为中关村中小企业的融资手段之一。作为一个为中小企业快速融资的平台，这两年典当行也已经为中关村的上千家企业提供了几亿元的资金周转功能。而需求旺盛的中关村市场，也不断吸引着典当行业的知名连锁企业纷纷进驻。

目前，在经济因素的影响下，一些中关村的经销商的流动资金减少，有些也会把库存的一些商品换成资金周转。尽管典当行可以典当电脑、数码产品等设备，但是典当行对这类物品的估价一般都很低，由于它们成为"绝当"的风险较高，在库存过程中贬值的速度也比较快，因此在典当的过程中，不仅服务费用高，全新产品的典当金往往最多也只有估价的 40%，除了一些比较好卖的品牌产品外，几乎无一例外。对中关村的中小经销商来说，通过典当方式融资虽说具有效率高、手续简单的优势，但是代价大、收费高的问题也同样困扰着他们。作为一种获取短期救市资金的方法，这恐怕是目前中关村商户唯一能抓到的"稻草"，然而如果市场短期内动力不足，盲目采用"典当"融资反而可能让中小经销商完全失去发展的资本。除了方便快捷的融资优势之外，典当行和银行毕竟存在本质上的不同，它们作为商业机构往往没有"救市"的义务。另外，如果中关村市场对典当的需求下降，它们也还有传统业务可以开发，所以寄希望于市场的自主调节显然也不现实。而对于极易陷入资金循环泥沼中的中关村中小企业来说，典当融资似乎是需要越来越谨慎了。

对于中小经销商来说，民间借贷已经成为他们融资的一条重要渠道，除了典当之外，通过担保等中介机构进行借贷也是融资的方式之一。但是，正规的民间担保中介机构普遍存在服务费用高、借贷期限短的问题。据了解，目前第三方担保机构的费用高达企业贷款额度的 3%~5%，而且申请资料和手续也没有典当方式便捷。因此，这类成本高、价值小的信贷方式，并不被中关村中小企业所接受。在各种民间融资的方式中，更大的问题还有可信度差，利用信贷陷阱骗取企业钱财的事件也非常普遍。除了典当等需要抵押的融资形式之外，目前一些号称能为中小型企业办理无抵押贷款的中介机构也非常多，但是其中也存在以无抵押作为诱饵获取不义之财的"骗子"公司，专门吸引那些顾虑于典当和担保成本的中关村小商户"上钩"。尽管近年来国家不断出台各种对中小企业贷款的扶持政策，但一旦落到实处，各家银行依旧还是站在各自的经营立场上考虑放贷尺度，这也是让银行借贷很难走入民间的重要原因。特别是信贷紧缩后，这条路恐怕走下去会更难。

（四）小结

中关村的飞速发展吸引了大批的科技人员创立民营企业，但与企业数量迅速增长不相适应的是金融体制改革的滞后，滞后的金融体系严重制约了民营中小企业的发展，同时也为民间借贷的发展提供了广阔的空间。导致早期的民间借贷现象较为频繁，但随着金融体制的不断改革与完善，民间借贷的地位也在不断弱化，发展日趋正规。总体来说，民间借贷是一把"双刃剑"。一方面，民间借贷游离于正规金融体系之外，加上民间借贷具有自发性，缺乏外部约束，一旦发生资金链断裂等事故，往往会引发连锁不良反应，严重时会危害社会安定，因而具有很大风险，是官方重点的管理对象。另一方面，民间借贷确实对中关村早期的经济发展，特别是对民营企业、中小企业、科技企业的成长起到了相当大的促进作用，其灵活、方便、利高、融资快的优点，对社会游资有较大吸引力，可吸收大量社会闲置资金，充分发挥资金的效用，弥补了正规金融机构的缺陷，这在中关村企业创立初期资金短缺的情况下，无疑是一有效集资途径。

第二节　直接融资支持中关村发展

一、债券市场的支持

我国债券市场的历史最早可追溯到 1950 年，早在 1950 年，为支援解放战争，迅速统一全国，以利于安定民生，恢复和发展经济，我国发行了一种以实物为计算标准的公债——人民胜利折实公债。之后，为了加速国家经济建设，我国从 1954—1958 年，连续五次发行"国家经济建设公债"，累计发行 39.35 亿元，至 1968 年全部偿清。此后 20 余年内，由于特殊的历史原因，国债被迫暂停，我国经历了一段"既无外债，也无内债"的空白期。

（一）债券市场的初期探索

中国债券市场自 1981 年恢复发行国债以来，经历了曲折的探索和快速发展阶段。改革开放以后，我国债券市场才开始真正发展起来。经过多年的发展，我国债券市场已经成为我国金融市场的重要支柱，也逐渐在国际市场上占有一席之地。这期间，债券市场的交易由柜台交易为主发展到以银行间市场交易为主；债券的发行主体由国家、政府、大型国有企业、金融机构扩展到民营企业、中外合资企业、外资企业；债券的交易主体由以银行为主覆盖到其他金融机构、非金融机构；债券的品种由以国债为主丰富到地方政府债、企业债、公司债、金融债等。而伴随着国家债券市场的恢复和迅速发展，中关村地区早期的债券市场也开始了酝酿和萌芽。

一是中关村企业开始集中发行融资券、科技券。1988 年 3 月，试验区进入紧张的筹备阶段，《人民日报》全文刊登了中央联合调查组的《中关村电子一条街调查报告》。报告中专门阐述，短期内需筹办中关村科技投资公司，该公司除了由各专业银行划出一块专款支持外，也可以由各公司投股，或向社会发放科技企业债券。1988 年 5 月，北京市人民政府颁布了《北京市新技术产业开发试验区暂行条例》，条例规定，每年给试验区安排发行长期债券的一定额度，用于向社会筹集资金，支持新技术开发，新技术企业向社会发行债券，须经人民银行北京市分行批准，发行的债券不得超过批准的额度。1989 年，人民银行下发《关于发行短期融资券有关问题的通知》(银发〔1989〕45 号)，肯定了各地为弥补短期流动资金贷款的不足而发行短期融资券的做法。由此，20 世纪 80 年代末至 90 年代初[①]，由于发行企业债券所规定的门槛较低，科海集团等 3 家企业发行了企业债券。其中，1989 年 3 月，农业银行海淀支行与北京科海高技术集团公司合作发行 3 年期定期保值、保息有奖储蓄 3 324.9 万元；1991 年，时代集团公司一次发行 500 万元企业债券；进入 21 世纪，北京大学方正集团等具有较大规模的企业再次通过发行企业债券融资。整理《北京市金融年鉴》资料后我们发现，1992 年 1 月 30 日，人民银行北京市分行同意亚都人工环境科技公司发行短期融资券 500 万元；1992 年 2 月 20 日，北京国际信托投资公司代理北京亚都人工环境科技公司发行企业短期融资债券 500 万元，这是北京市的企业首次公开向社会集资，在社会上引起了很大的反响。1992 年，人民银行北京市分行同意北京百龙绿色科技所、北京时代机电新技术公司等 5 家公司发行短期融资券共计 6 800 万元，同意北京实创高科技发展总公司发行科技债券 3 000 万元。1992 年 7 月，国家计委、人民银行联合印发了《关于发行一九九二年科技企业债券有关问题的通知》，文件提出，为推动我国高新技术开发及其产业化进程，重点支持高新技术开发区的建设，应国家科委的要求，在 1992 年中央企业业债券中安排了 2 亿元科技企业债权，附件"一九九二年科技企业债券发行企业名单和计划分配方案"中，对北京市新技术产业开发试验区中北京实创高科技发展总公司计划提供 3 000 万元资金。1998 年 5 月，人民银行发布《关于发行一九九七年中国高新技术产业开发区债券的函》，同意科技部统一发行 3 亿元"一九九七年中国高新技术产业开发区债券"。中关村核

---

① 参见《中关村科技园区》。

心区企业北京海龙商贸集团作为发债人之一，获得债务额度为 2 000 万元人民币。

二是三乱现象发生，短期融资券退市。1993—1994 年社会上出现了乱集资、乱提高利率、乱拆借的三乱现象，最终导致短期融资券退市。短期融资券的出现改善了当时企业流动资金贷款不足、直接融资与间接融资的比重严重不平衡的局面，但大量的未兑付短券使商业银行的信贷资金流失，政策运行的结果与预期完全相反，这些都表明制度的设计未能完全适用于当时市场，且制度未能贯彻落实，使运行结果与初衷违背。

（二）债券融资发展多元化

一是受"327 国债事件"的影响，1995 年 8 月，国家正式停止一切场外债券市场，证券交易所变成了中国唯一合法的债券市场。到 1996 年，记账式国债开始在上海证券交易所、深圳证券交易所大量发行，随着债券回购交易的展开，初步形成了交易所债券市场体系。1997 年，商业银行退出上海证券交易所和深圳证券交易所的债券市场。

二是 1997 年银行间债券市场成立，中国债券市场就此形成两市分立的状态。1998 年 5 月，人民银行债券公开市场业务恢复，以买进债券和逆回购投放基础货币，为商业银行提供了流动性支持，促进了银行间债券市场交易的活跃。1999 年开始，随着银行间债券市场规模的扩大，场外债券市场已渐渐演变为中国债券市场的主导力量。

三是直到 2002 年 10 月中央银行允许非金融机构法人加入银行间债券市场后，债券品种不断丰富起来。2005 年 5 月 24 日，中央银行发布了《短期融资券管理办法》《短期融资券承销规程》《短期融资券信息披露规程》，再度恢复了短期融资券的发行，允许符合条件的企业在银行间债券市场发行短期融资券。新制度的特征是采用备案制，摒弃审批制；发行利率由市场决定；不需要银行的强制担保，但必须按规定进行信息披露。此后，中关村企业再次启动短期融资券的大量发行。2005 年 11 月，清华控股有限公司发行 9 亿元短期融资券，北京大学方正集团有限公司首期 15 亿元融资券在银行债券市场发行，截至 2005 年末，北京大学方正集团成功发行了两期短期融资券，金额合计为 30 亿元。

四是园区内已初步形成了多元创投机构活跃，多家政策性贷款担保机构支撑，企业债券、信托计划等多种金融工具灵活运用的融资服务新局面。2007年10月，第一只公司债面世交易所市场。2008年4月，中期票据问世，其吸取了短期融资券的经验，实行注册制，在期限上丰富了企业债券品种，期限一般为1~10年。2008年12月，国务院办公厅印发了《关于当前金融促进经济发展的若干意见》（国办发〔2008〕126号）以下简称《意见》。《意见》指出，要落实对中小企业融资担保、贴息等扶持政策，稳步发展中小企业集合债券，开展中小企业短期融资券试点，推进上市商业银行进入交易所债券市场试点。2009年11月，我国首只中小非金融企业集合票据正式发行成功，进一步完整了企业债品种。公司信用债券的推出，拓宽了企业融资渠道，改善了融资结构。2014年1月28日，北京股权交易中心首只中小企业私募债成功发行。本次债券发行人为北京艾莱发喜食品有限公司，发行规模为1亿元，期限为2年，票面年利率为7.5%，由北京银行承销。本期债券完成认购并在北京股权交易中心所属的北京股权登记管理中心集中登记后，可以在北京股权交易中心进行转让交易。2014年11月，国务院办公厅印发《关于促进国家级经济技术开发区转型升级创新发展的若干意见》（国办发〔2014〕54号），要求创新投融资体制，允许符合条件的国家级经济开发区、运营企业依照国家有关规定上市和发行中期票据、短期融资券等债券产品筹集资金。

（三）小结

总体来看，中关村地区的债券市场发展集中体现为企业发行短期融资债券。科技企业发行债券主要有两种形式：第一种为企业单独发行债券，这类企业通常是处于成熟期且规模较大的科技企业，如瑞泰科技等上市企业就成功发行了短期融资债券或者公司债券；第二种更适应于中小科技企业，即通过"统一冠名、统一申报、统一利率、统一担保、统一评级、统一发行、分别负债"的中小企业集合债券方式发行债券。2010年，包括北京百奥药业有限责任公司等在内的13家中关村中小企业便以该种方式联合发行"2010年中关村高新技术中小企业集合债券"。

伴随中国债券市场的发展，中关村地区先后经历了1989年短期融资券首次推出，受三乱现象影响短期融资券退市及2005年短期融资券再度重现。早期的短期融资券和科技债券极大限度地解决了当时高技术企业难求资金的困境，拓宽了融资渠道、改善了融资环境、降低了融资成本。总的来看，相对于我国已经逐渐走向成熟的股票市场，债券市场发展仍较稚嫩，对科技企业的扶持力量还没有完全释放出来，但 2005 年以后，债券融资发展步伐加快，债券品种不断推陈出新，整体上已经呈现出较好的发展势头，不仅由简单的业务模式向多元化发展，而且规模也实现了较大幅度的增长。

建设中关村科技园区所需的巨额资金，仅靠银行间接融资是不可能的，必须要扩大企业融资渠道。应针对不同的经营主体、投资主体和资金需求主体，开发、设计和运作新的债券融资工具，不断实施债券融资创新。对于具有良好信誉和较强实力的高新技术企业，可以适当放宽其发行企业债券的条件限制，允许其发行部分项目融资债券及中长期企业债券，增加企业长期、稳定的资金来源。一方面可以满足投资者随时变现的需要，从而提高债券的流动性和投资价值，扩大投资者的范围；另一方面也有利于企业通过市场交易灵活地调整自身的资本结构，降低其负债比率和利息负担。

二、证券市场的支持

我国证券市场从 20 世纪 90 年代初开始起步，不断发展壮大，对中关村公司上市的支持也随着证券市场的逐步规范与深化而不断加深，不仅促进了中关村优质公司发展，更支持了中关村经济发展。

（一）证券市场支持中关村公司发展的历程

第一阶段是 1990—1997 年的"初步创建"，"两所两网"初创支持中关村高新技术企业上市融资。

一是两所建成，主板市场诞生，中关村高新技术企业上市。20 世纪 80 年代，股份制经济的兴起、间接融资困境、财税体制改革、债券流通需求推动了证券市场的诞生。经国务院授权、人民银行批准，上海证券交易所于 1990 年 11 月 26 日正式成立，并于 1990 年 12 月 19 日在上海开业。这是中华人民共和国成立以来在大陆开业的第一家证券交易所。我国第二家证券交易所深圳证券交易所也于 1991 年 7 月 3 日正式开业。1992 年 12 月 8 日，中关村第一家高新技术企业北京港澳实业股份有限公司在 A 股上市，股票代码 000504，是中关村示范区首家 A 股上市企业。该公司于 2000 年 12 月更名为北京赛迪传媒投资股份有限公司，该股现已退市。

二是两网初创，早期场外市场形成。为改善国有企业经营状况，我国进行了股份制改革。为了防止国有资产流失，有关部门设立了法人股，专门向企业法人和内部职工进行定向募集，但却限制这些股份在二级市场上进行交易。为了解决股份流转困难，1992 年 7 月，国家经济体制改革委员会批准全国证券交易自动报价系统（STAQ）为指定的法人股流通市场。1993 年 4 月 28 日，NET 法人股市场正式在北京开通。STAQ 与 NET 系统一起，构成了当时中国的场外交易市场，被称为"两网"。截至 1993 年末，STAQ 系统有上市公司 10 家，NET 系统有上市公司 7 家、会员公司近 500 家，开户的机构投资者约有 32 000 人，累计交易金额达 220 亿元。

三是"两所两网"迅猛发展，但混乱百出，场外市场进入萧条期。一方面主板市场迅速发展，但市场漏洞显现。随着公司法颁布、证监机构的统一，主板上市公司数量也从 291 家发展到 852 家。但由于尚未形成完善的供求机制和市场监控机制，高速发展的股市立即出现了许多问题，股市价格暴涨暴跌，投资者尚未树立正确的投资理念，投机之风盛行，黑市行为大量滋生等问题。另一方面场外市场随主板疯狂一时，随即持续静默。"两网"虽然体量不大，但也伴随两市的火爆与下跌出现了类似的问题，上涨幅度一度高达 74%（1993 年 5 月 5 日），中国证监会"暂缓审批新的法人股挂牌流通"的通告，而后与主板市场背离的发生了持续下跌。

第二阶段是 1998—2004 年的"立体规范"，两网停运、三板市场雏形形成，开始大力支持科技型企业上市融资。

一是引导并支持中关村科技型企业上市融资。1997 年 9 月 1 日，北京市科协发布《关于印发贾庆林、金人庆同志在"推动北京民营科技产业发展"科学技术季谈会上的讲话的通知》（京科协发〔1997〕50 号）。文件印发了贾庆林同志和金人庆同志在以"推动北京民营科技产业发展"为主题的北京市第十四次科学技术座谈会上的讲话内容，鼓励民营科技型企业采取上市、风险担保基金等方式多渠道筹集资金，加快自身发展，为中关村首批科技型民营企业在资金方面提出了建设性意见。1998 年 5 月 9 日，"高新技术产业与证券市场"研讨会召开，时任北京市证券监督管理委员会主席孙家骐发表演说并提出发展高新技术企业与资本运作相结合的五条思路：其一是支持高新技术企业多渠道上市；其二是构筑发展高新技术的资本运营载体；其三是加强高新技术产业与其他传统产业的嫁接；其四是吸收中央在京上市公司进入开发区；其五是设立高新技术发展基金。2000 年第 5 期《投资与合作》上，孙家骐主席再次回顾了这五项措施，并提出当前发展所面临的新机遇：其一是扩展国际融资渠道；其二是支持高新技术企业上市的政策；其三是强调力度，勇于创新，扬长避短，确立精品意识。1999 年 5 月 26 日，北京市政府、科技部向国务院报送了《关于实施科教兴国战略加快建设中关村科技园区的请示》（京政文〔1999〕35 号）。请示中介绍了中关村高新技术产业区域优势，提出建设中关村科技园区的战略意义、建设目标、发展规划和拟在中关村科技园区实行的有关政策，拟在中关村科技园区设立以民间资本为主的高新技术投资基金和风险管理公司，设立为高新技术企业融资服务的担保公司，对中关村科技园区的高新技术企业上市给予更有力的政策支持，条件成熟时，建议国务院优先考虑在中关村设立适合高新技术企业发展的二级交易市场。6 月 5 日，国务院印发了《关于建设中关村科技园区有关问题的批复》（国函〔1999〕45 号），同意《关于实施科教兴国战略加快建设中关村科技园区的请示》中关于加快建设中关村科技园区的意见；并提出，中关村科技园区的建设要认真总结过去高新技术产业开发区的经验和教训，充分发挥中关村地区高等学校、科研院所和高科技企业的整体优势，推进产学研结合，把中关村地区建成良好的现代化科技园区。

二是"两网"停运，三板市场雏形形成，为中小企业融资奠定基础。1998 年，在亚洲金融危机爆发的背景下，在中国证券市场开展了大整顿，"两网"被停运。2001 年 4 月，中国证监会正式启动退市机制。2001 年 6 月，中国证券业协会发布《证券公司代办股份转让服务业务试点办法》，对证券公司以其自有或租用的业务设施为非上市公司提供股份转让服务业务进行了规范，指定申银万国等 6 家证券公司代办原 STAQ 系统和 NET 系统挂牌公司的股份转让业务，于 2001 年 7 月 16 日正式启动，由此形成的证券公司代办股份转让系统正式开通运行，三板市场的雏形基本形成。自 2002 年 8 月起，沪深证券交易所市场退市的公司也纳入代办股份转让系统。2003 年 12 月，科技部与北京市政府联合向国务院上报了《关于中关村科技园区非上市股份有限公司进入证券公司代办股份转让系统进行股份转让试点的请示》，并于 2005 年 10 月得到国务院批准。

三是中关村企业开始尝试境外上市融资。2000 年 4 月 13 日，新浪在美国纳斯达克上市，股票代码 SINA.O，是中关村示范区最早在境外上市的企业。2001 年 5 月 18 日，北京用友软件股份有限公司在上海证券交易所交易市场上市交易，证券简称"用友软件"，创下首家采用核准制发行并上市的股票、发行价最高的股票、沪市股价拆细以来的第一只百元股、新股上市首日开盘价最高等纪录。

第三阶段是 2004—2008 年的"固本清源"，中小板、新三板推出支持中小高新技术企业融资。

一是中小企业板的建成，支持了中关村企业上市。1998 年，全国人大常委会副委员长成思危代表民建中央在当年两会上提交了《关于借鉴国外经验，尽快发展我国风险投资事业》的提案，提出规范和发展主板市场，推进风险投资和创业板市场建设，该提案被列为政协一号提案，开始了我国创业板市场建立的历程。2000 年 5 月，国务院原则同意建立创业板股票市场的方案，并授权中国证监会组织实施。深圳证券交易所在 2000 年 10 月之后停止了主板的 IPO 项目，筹建创业板。然而，随着 2001 年初纳斯达克神话的破灭，香港创业板也从 1 200 点跌到最低 100 多点，且国内股市丑闻频传，创业板的建立被搁置。2002 年 8 月，《中小企业促进法》出台后，深圳证券交易所在国内学术界、业界对创业板纷争不已的情况下，果断调整思路，选择了第三条路，将自己定位于为中小企业服务。成思危也提出创业板"三步走"建议，中小板作为创业板的过渡。2004 年 5 月 17 日，中国证监会同意深圳证券交易所设立中小企业板块。至此，我国创业板市场的雏形——中小企业板块终于得以投入运作。2005 年 11 月 6 日，深圳中小企业板建立"绿色通道"，优先支持中关村科技园区具有自主创新能力、成长性好的企业上市融资。

二是中关村"新三板"正式推出。从 2003 年末北京市政府与科技部联合向国务院上报《关于中关村科技园区非上市股份有限公司进入证券公司代办股份转让系统进行试点的请求》算起，新三板紧锣密鼓地策划筹备了两年多，到 2006 年 1 月 17 日股份报价转让试点办法的发布标志着新三板正式推出。新三板的正式名称为中关村科技园区非上市股份有限公司进入证券公司代办股份转让系统进行股份转让试点（以下简称中关村股份转让试点）。之所以称为新三板，首先是因为中关村股份转让试点从推出开始就利用代办股份转让系统的现有技术系统和市场网络，为投资者转让园区公司股份提供报价服务，从而与老三板有着千丝万缕的关系；但又因为其不隶属于主板和中小板市场，而且挂牌企业均为高科技企业，不同于原代办股份转让系统内的退市企业及 STAQ 系统、NET 系统挂牌公司，因而称为新三板。2006 年 1 月 26 日，两家中关村高新技术企业世纪瑞尔（300150）和北京中科软（430002）进入代办股份转让系统挂牌交易，标志着新三板市场的正式形成。截至 2011 年 12 月 2 日，北京九尊能源技术股份有限公司等 6 家中关村示范区企业在深圳证券交易所中关村代办股份报价转让系统集体挂牌，至此，中关村代办股份报价转让系统挂牌企业突破 100 家，达到 101 家，标志着试点工作取得阶段性成果。中关村股份转让试点在支持一批中关村示范区高新技术企业创新发展的同时，也为建设统一监管下的全国场外交易市场积累了经验，奠定了基础。2011 年，中关村管委会分别与纳斯达克、纽约泛欧交易所、香港交易所、上海证券交易所签署战略合作协议，建立长期战略合作伙伴关系。合作双方将通过建立固定工作机制，强化全面合作，大力推动中关村国家自主创新示范区企业上市，借助资本市场加快发展、做强做大。中关村示范区境内外上市公司总数达到 200 家，其中，境内 122 家、境外 78 家。境内上市公司中，主板市场 50 家、中小板市场 28 家、创业板市场 44 家。

三是中关村公司境外上市浪潮开启。2005 年，中关村高新技术企业 6 家企业登陆纳斯达克，它们是华友世纪通讯有限公司、德信无线通讯科技有限公司、百度在线网络技术（北京）有限公司、北京源德生物医学工程有限公司、北京奥瑞金种业股份有限公司、中星微电子有限公司。至此，中关村在纳市的公司总数达到 13 家，占据中国在纳斯达克上市公司 25 家的半壁江山。上述公司创造了中国大陆企业在境外上市的五个第一：第一家中文搜索引擎企业——百度，百度还是美国资本市场 213 年来首发日涨幅最大的外国公司，是第一家股价超过 100 美元的中国公司；第一家手机设计企业——德信无线公司；第一家农业生物技术企业——奥瑞金种业公司；第一家高端医疗设备企业——源德生物公司；第一家芯片设计企业——中星微电子公司。2006 年 9 月 7 日，新东方教育科技集团在纽约证券交易所成功上市，成为我国首家在境外上市的职业教育企业。2006 年，中关村有

7 家企业在境内外证券市场上市，上市公司总数已达 86 家，其中在纳斯达克上市的公司总数达到 14 家，占在纳斯达克上市的中国大陆企业总数的一半。2007 年，中关村科技园区在境内外新增上市公司 20 家，为历年最多，上市公司总数达到 106 家，IPO 总融资额折合人民币近 1 000 亿元。上市公司超百家是中关村发展历程中一大标志性突破，意味着中关村科技园区的企业开始进入规模化发展阶段，园区和企业的投资价值受到境内外资本市场的广泛认可和青睐。

第四阶段是 2009 年至今的"开拓创新"，创业板、区域股权市场推出，新三板向全国场外市场全面迈进。

一是创业板正式推出，中关村板块形成。2007 年 8 月 22 日，《创业板发行上市管理办法》获得国务院批准。2008 年 3 月 21 日，中国证监会正式发布创业板规则征求意见稿和征求意见稿起草说明。2009 年 3 月 31 日，中国证监会正式发布《首次公开发行股票并在创业板上市管理暂行办法》。2009 年 7 月 1 日，中国证监会正式发布实施《创业板市场投资者适当性管理暂行规定》。2009 年 10 月 30 日，创业板在深圳证券交易所挂牌交易，首批登录创业板的 6 家北京企业中，有 5 家来自中关村国家自主创新示范区，数量居全国之首。中关村创造了创业板上市上报材料数量第一、受理企业数量第一、过会企业数量第一、首批挂牌企业数量第一四个第一的纪录，创业板中的"中关村板块"初步形成。2010 年，中关村新增上市公司 39 家，创历史新高。其中，境内上市 26 家，包括主板 3 家、创业板 16 家、中小板 7 家；境外上市 13 家，包括美国纳斯达克 4 家、美国纽约证券交易所 9 家；已公开发行的 34 家企业融资额合计 445 亿元。2010 年末中关村上市公司总数达 175 家，其中，境内 103 家、境外 72 家，IPO 融资额合计近 1 600 亿元，30 家公司在境内创业板上市，已形成创业板中的"中关村板块"，创业板市值最高的前三家公司均来自中关村。

二是新三板全面升级，全国中小企业股份转让系统正式推出。为提升新三板服务中小企业直接融资的功能、响应国家关于加快发展和完善多层次资本市场体系的号召，2012 年 8 月 3 日，中国证监会宣布扩大非上市股份公司股份转让试点。2012 年 9 月 7 日，中国证监会与北京市、上海市、天津市、湖北省四地政府分别签署了《新三板扩大试点合作备忘录》。至此，北京中关村科技园区、上海张江高科技园区、天津滨海高新技术产业开发区、武汉东湖新技术开发区四个高新技术园区的企业均可在新三板挂牌报价转让。2012 年 9 月 20 日，全国中小企业股份转让系统有限责任公司在国家工商总局登记注册。2013 年 1 月 16 日，股转系统公司正式揭牌运营，这是全国场外市场建设的标志性事件，也是全国场外市场建设从试点走向规范运行的重要转折。从此新三板的正式名称由中关村股份转让试点变更为全国中小企业股份转让系统，全国性场外市场运作管理机构也从原来的中国证券业协会变为股转系统公司，原先在新三板挂牌的公司全部由股转系统公司承接。2013 年 12 月 14 日，国务院正式发布《关于全国中小企业股份转让系统有关问题的决定》(国发〔2013〕49 号)，标志着全国中小企业股份转让系统正式扩大至全国范围，不限地域、不限行业、200 人以下股东不审批。

三是北京区域性股权市场推出。自 2008 年起，为破解中小微企业融资难题，各地陆续设立了一批区域性股权市场。2011 年 11 月和 2012 年 7 月，针对地方各类交易场所出现的违法违规行为，国务院和国务院办公厅相继出台《关于清理整顿各类交易场所切实防范金融风险的决定》(国发〔2011〕38 号) 和《关于清理整顿各类交易场所的实施意见》(国办发〔2012〕37 号)，决定对包括区域性股权市场在内的各类交易场所进行清理整顿，并明确底线要求。此后区域性股权市场发展近于停滞。2013 年 8 月，国务院办公厅出台《关于金融支持小微企业发展的实施意见》(国办发〔2013〕87 号)，首次提出要在清理整顿的基础上，将区域性股权市场纳入多层次资本市场体系，激发了区域性股权市场活力。2013 年 12 月 28 日北京区域性股权市场自正式启动。2015 年 5 月 8 日，原北京股权交易中心(北京区域性股权市场、四板市场)正式更名为中关村股权交易服务集团，全面融入中关村科技金融体系。更名后北京四板市场正在努力打造交易中心、登记中心和投资中心三大平台，服务于首都双轮驱动战略和中关村中小微企业发展。中关村股权交易服务集团还与邮储银行、北京银行以及天使汇、36 氪等 10 家中关村创新型孵化器进行了战略合作协议签约。

自此，我国以中关村代办股份报价转让系统、创业板、中小板及主板为主体的多层次证券市场体系日趋完善，一个有助于中关村创新型企业和高新技术产业发展的资本市场体系正在形成。

（二）小结

证券市场对中关村公司的支持在不断的修正前进，从最初的"两所两网"到中小板、创业板、三板、新三板、区域股权市场，从 1992 年 12 月 8 日，中关村第一家高新技术企业北京港澳实业股份有限公司在 A 股上市开始，到现在中关村 A 股、新三板、境外上市企业均不断壮大。证券市场为中关村企业发展融入了国内外一定规模的资金，改善了中关村企业信息环境，促进了企业各生命周期的发展，也为中关村企业提高国际影响力提供了舞台。截至 2016 年 6 月末，中关村 A 股上市公司总数达到 181 家，其中，在创业板上市 94 家。中关村新三板挂牌企业由最初的 6 家上升至 840 家，占全市挂牌企业数的 72.5%，在全国 83 个高新区中总挂牌数、交易股份总量、营业收入总量、净利润总量均排名第一，远远高于武汉东湖和上海张江高新区。中关村境外上市企业总数达到 105 家，其中在美国纳斯达克上市的有 37 家，在纽约证券交易所上市的有 22 家，在香港证券交易所上市的有 38 家，分别在美国融资 65 亿美元、香港融资 650 亿港元。

三、风险投资的支持

我国风险投资最早可以追溯到 20 世纪 80 年代，当时风险资金的投入主要是沿袭传统政府拨款式的投资机制，只是将财政拨款改为投资，从严格意义上说，与真正意义上的风险投资有一定差距。直到 1998 年民建中央向全国政协提交"一号提案"之后，我国的风险投资才真正进入到快速发展的阶段。而北京（中关村）地区风险投资的发展，也与我国风险投资历史发展有着较强的关联。

（一）中关村风险投资发展的历史

第一个时期是酝酿时期。

我国风险投资业始于 20 世纪 80 年代，1985 年，中共中央发布了《关于科学技术体制改革的决定》（中发〔1985〕6 号）的文件，指出"对于变化迅速、风险较大的高技术开发工作，可以设立创业投资给以支持。"根据这一决定，1985 年成立了我国第一家以从事风险投资实业为目的的风险投资公司——中国新技术创业投资公司，这是中国在探索风险投资事业过程中一次有益的尝试，为后来的风险投资实践提供了重要的借鉴。1988 年 3 月，中关村试验区进入紧张的筹备阶段，《人民日报》全文刊登了中央联合调查组的《中关村电子一条街调查报告》，报告中专门阐述了运用资金支持高技术产业发展，从长远来看，需建立发达的资金市场，并建立风险投资公司。

20 世纪 90 年代中期，境外创业资本开始进入中国并投资于中关村园区企业，美国国际数据集团（IDG）是其代表之一。1992 年，IDG 投资 2 000 万美元，在中国投资成立了第一个风险投资基金——太平洋技术风险投资基金（后更名为 IDG 技术创业投资基金，简称 IDGVC），是最早在中国从事投资的美国公司，主要投资于互联网、通讯、无线、数字媒体、半导体和生命科学等高科技领域企业，并在北京、上海、广州、波士顿、硅谷等地均设有办事处。1993—2005 年，IDGVC 在中关村地区投资了包括搜狐公司、8848 公司、百度公司、3721 公司、亿美软通公司等高科技企业在内的 80 多个项目。IDGVC 大规模的投资是从 1998 年之后开始的，涉及中关村 IT 行业各个领域的一大批企业，如连邦软件公司、慧聪公司等得到 IDG 风险资金的支持。后期则主要集中在互联网领域，其中包括天极网、易趣网、腾讯网、中国万网、美商网、当当网等企业。

第二个时期是兴起时期。

1996 年 8 月，张朝阳依靠美国的风险投资创办了搜狐的前身爱特信信息技术有限公司，这是第一家以风险投资资金建立的互联网公司。1997 年 9 月，中关村地区第一家由民营科技企业募股、民营资本为主的北京中关村科技投资有限公司正式成立，注册资金为 5 000 万元，这标志着民间资本开始介入中关村风险投资领域。1998 年 10 月，北京高新技术产业投资股份有限公司（后更名为北京高新技术创业投资股份有限公司）成立，注册资本为 3.1 亿元，由北京市综合投资公司、国家开发投资公司、北京市国有资产经营公司、首钢总公司和清华同方股份有限公司共同发起设立。这是北京市第一家风险投资公司，也是中关村科技园区首家内资风险投资企业，主要投资领域是信息科学技术、生命科学技术、新能源与可再生能源技术、环保高新技术、新材料技术及空间新技术等。

截至 2000 年 11 月，海淀园管委会向风险投资公司、上市公司等投资机构推介的北京九州计算机网络有限公司获得风险投资 2 000 万元，北京全日通新技术有限公司获得上市公司投资 1 000 万元，北京天融信网络安全技术有限公司获得上市公司上海强生投资 1 500 万元，北京悟能科技有限公司获得中信国安信息产业股份有限公司投资 8 500 万元；此外，还有北京大学方正科技发展有限公司、北京施美乐科技发展有限公司等企业也获得投资，共计约 3.7 亿元。

第三个时期为发展时期。

一方面，政府出台的办法促进了风险投资业发展。2001 年 1 月 1 日，《中关村科技园区条例》正式施行，这是首部引入风险投资内容的科技园区条例。在条例第三章"促进与保障"的一节中，专门对风险投资机构在中关村园区内开展风险投资业务、组织形式、注册资本和回收方式四个方面作出了规定。2001 年 3 月，北京市人民政府颁布了《有限合伙管理办法》，旨在促进和规范中关村科技园区有限合伙制风险投资机构的发展。4 月，联想投资公司成立，代表着从中关村园区成长起来的科技企业家加入了创业投资行业。2001 年，中关村管委会设立中关村科技园区"创业投资引导资金"，对经认定的创业投资机构投资于园区企业给予一定比例的跟进投资资金支持，该项政策的出台，为中关村地区创业投资发展起到推动作用。2002 年 1 月，北京高新技术创业投资股份有限公司与北京市新技术产业发展服务中心、清华大学企业集团以及清华大学王作英教授等自然人，共同出资组建北京天朗语音科技有限公司，注册资本金为 3 700 万元。在投资过程中，中关村管委会以北京市新技术产业发展服务中心名义跟进投资 100 万元，成为北京市第一个获得中关村管委会创业投资引导资金的企业。2005 年 11 月，为了引导和促进中关村科技园区创业投资的发展，进一步促进园区的创新和创业，中关村管委会制定了《中关村科技园区创业投资企业风险补贴暂行办法》。

另一方面，中关村风险投资业发展逐渐壮大。截至 2005 年末，中关村园区内初步形成了多元创投机构活跃，银行对基本建设项目大规模贷款，多家政策性贷款担保机构支撑，企业债券、信托计划等多种金融工具灵活运用的融资服务新局面。2006 年初，新的《公司法》和《证券法》修订并实施，极大地鼓励了科技创业活动和吸纳科技企业上市。2006 年，《创业投资企业管理暂行办法》正式颁布实施，对创业投资企业实行备案管理，并推出政策扶持，包括引导基金扶持、税收优惠、完善退出体系等。2006 年 4 月底，

《合伙企业法》修订草案首次提交审议。这是这部 1997 年制定的法律实施 9 年来的首次修订。此次提交审议的修订草案主要增加了有限合伙人这种新企业形式，对有限合伙制度的重新界定为创业风险投资的身份认定提供了更高位的法律保障，它改变了传统合伙下合伙人之间的无限连带责任规则，仅要求合伙人就自己的不当行为引发的赔偿承担无限责任，不对其他合伙人的过错承担连带责任。接下来的 2006—2007 年，我国风险投资呈现出快速增长，2007 年的风险资本总量比 2006 年增长 1 倍以上。2008 年全球出现金融危机，中国的风险投资机构投资趋于谨慎，投资金额和项目数均略有下降，2009 年 10 月创业板的推出之后，2010 年风险资本募集和投资的规模都再创新高。风险资本市场的发展，为我国经济注入了新的活力，有利于我国的经济转型。

（二）小结

中关村地区一直被人视为"中国硅谷"，是我国最好的人才资源高度密集地区，是中国最密集的知识创新区，是中国最具创业活力的区域。创新、创业的文化氛围加上坚实的研发聚集基础，使得中关村的核心区域成为全球风险投资最为关注的区域之一。百度、搜狐、中星微等一批企业在海淀创业、成长，利用国际资本上市融资，成为国际化的创新型企业代表。可见，中关村地区在北京市及全国的风险投资发展过程中都占有较高的比重，也与我国风险投资历史发展进程有着较强的相似性。

早期，中关村地区得天独厚的优势引起大量国内外创业投资机构的注意，大批的境外机构、港台地区的资金非常希望能够进来，国内民间资本、上市公司、证券公司等也纷纷以各种方式进入这个领域。但在当时，由于中关村投资的保障机制不足，包括法律制度、税收政策等还需要进一步完善，中介组织的行为需要加强规范，加之当时创业投资机构自身的管理能力以及外部环境和条件等所限，大量的创业投资机构处于等待观望状态，真正将资金投向高新科技成果转化产品的仍然是少数。

一直到 2000 年前后，北京地区成立了大批的创业投资机构，其中位于中关村地区的占大多数。紧接着 2001 年《中关村科技园区条例》《有限合伙管理办法》的出台，中关村"创业投资引导资金"的设立，以及新三板、创业板的陆续推出，中关村风险投资出现了较快的发展。中关村地区作为全国创新创业示范区的一个缩影，纵观其风险投资的发展历史，风险资本的退出机制尚未完全解决、欠缺有关法律法规的政策保障、缺乏具有高度专业的风险投资人才等问题，一直以来都是中关村风险投资发展中值得关注的问题。

四、互联网金融的支持

近几年来，互联网金融如同国内金融业的一场创新盛宴，以第三方支付、P2P、众筹、互联网理财门户等为代表的各种新兴模式风起云涌，聚焦了业界、学界、监管部门乃至社会各界的目光。从互联网金融的发展历程看，早在20世纪90年代中期，互联网金融的雏形开始出现，全球首家网络银行——安全第一网络银行（SFNB）于1995年10月18日在美国亚特兰大开业。继美国之后，欧洲、日本以及亚洲其他地区的互联网金融开始兴起。相比较而言，中国互联网金融发展历程要晚于欧美等发达经济体。郑联盛在《中国互联网金融：模式、影响、本质与风险》一文中曾说，"截至目前，中国互联网金融大致可以分为三个发展阶段：第一个阶段是20世纪90年代至2005年左右的传统金融行业互联网化阶段；第二个阶段是2005—2011年前后的第三方支付蓬勃发展阶段；第三个阶段是2011年以来至今的互联网实质性金融业务发展阶段"。互联网金融在前两阶段并没有实质性的进展，自第三个阶段迅速发展起来并掀起互联网金融的浪潮。此后，学术界、地方政府、金融机构、风险投资界、互联网公司以及创业者纷纷参与到互联网金融的大发展当中。

（一）经济发展催生互联网金融

1. 各行业纷纷涉足互联网金融领域。2008年12月，马云曾在一次论坛中说："如果银行不改变，我们改变银行，我坚信这一点。"当时，银行业风头正劲，淘宝等电商平台正忙于颠覆线下渠道，并未介入金融业务，也看不到介入金融业务的契机和入口。但近年来，随着互联网金融从无到有、从星星之火到燎原之势，尤其随着阿里巴巴等互联网巨头的介入和成功示范，金融业务门槛大大降低，越来越多的大型企业伴随着"互联网+"转型而介入金融业务，互联网金融迅速发展起来。

一是互联网公司涉足金融业。最先涉足金融业的互联网公司是中关村的企业"搜狐"。2002年4月17日，搜狐宣布与国联证券有限责任公司联合成立合资公司，致力于在线金融证券交易技术服务。该合资公司注册资金为5 000万元，搜狐拥有51%的股份。由于受到当时互联网技术水平、金融监管等方面的制约，该合资公司后来没能真正运作和发展起来。但对于互联网公司来说，这是一次有意义的探索。2013年，搜狐开始重新探索、谋划在新的环境条件下拓展网上理财产品营销等互联网金融业务[①]。腾讯、京东、百度、新浪等其他互联网公司也纷纷开始互联网金融领域新布局。

二是传统产业涉足互联网金融业。在BAT的示范和引领作用下，国内传统产业纷纷触网，参照BAT的运营模式，深挖自身运营过程中积累的用户和商户大数据，在此基础上，不断丰富平台内容，推出与O2O场景紧密结合的金融服务产品，切入金融业务，在"互联网+"的基础上开展"金融+"转型，从方方面面侵蚀着传统银行的用户基础和业务模式。至此，早期互联网金融的星星之火已渐成燎原之势。

三是P2P行业迅速发展。中小微企业得不到银行支持被迫寻求其他融资渠道支持，并接受更高的融资成本这一现象，一方面催生了民间借贷和信托融资的繁荣，另一方面，也为专注于小微企业和个人业务的P2P企业提供了机遇，这段时间内，国内P2P企业如雨后春笋般发展起来，P2P行业进入快速发展阶段。

四是券商涉足互联网金融业。证券公司是国内最先开展互联网金融业务并形成一定规模的金融机构。早在20世纪90年代，国内证券行业便开始利用互联网打造交易系统。现在，互联网已经成为客户交易证券、获取信息的主要方式。

五是银行业加紧布局互联网。在互联网金融的倒逼下，银行已逐渐认清形势。2012年，商业银行的各项经营指标均迎来拐点，16家上市银行当年贷款增速同比持平，利润增速同比下降12个百分点，银行不良率也开始触底回升。2012年以后，商业银行在原先广泛运用互联网技术的基础上，不断探索互联网金融发展的新模式。根据大智慧的统计，2013年中国五大行个人网银用户突破5亿人、手机银行用户破3.5亿人。由此可见，传统银行从最

---

① 郑联盛.中国互联网金融：模式、影响、本质与风险[J].国际经济评论，2014（5）.

初的利用互联网改造服务流程模式，已经逐步拓展到电子银行、网上银行、手机银行及电子商务，银行在互联网金融方面已经迈开了坚实的步伐。

六是基金业涉足互联网金融业。原先名不见经传的天弘基金是当前基金界最大的互联网金融赢家。对于天弘基金来说，余额宝的推出使公司的品牌知名度、管理基金的规模、客户数量、公司的管理费收入以及人员素质等都上了一个新台阶。

七是保险公司拓展互联网金融业务。平安保险是"领头羊"：2000 年 8 月 18 日，平安保险着手打造 PA18 网络销售平台；2012 年 9 月，平安保险投资 4 亿元人民币创办了陆金所；2013 年 4 月 16 日，平安保险与支付宝合作，为快捷支付用户提供保险服务；平安保险携手阿里巴巴、腾讯等成立众安在线等。

2. 我国金融环境为互联网金融发展创造空间。长期以来，我国的正规金融未能有效地满足中小企业的金融需求，民间金融因其内在局限性而导致风险事件频频发生；经济结构调整产生了大量消费信贷需求，其中有很多不能从正规金融那里得到满足。同时，证券、基金、保险等产品的销售受制于银行渠道，因此各类金融机构纷纷拓展网上销售渠道。当前中国中小企业融资面临三重门：融资难、融资贵、融资险。在这样的背景下，互联网与民间金融相结合，出现了 P2P、众筹等，从而产生了突破性、爆炸性的效果。

互联网金融爆发的第一个原因是传统金融"门槛高"。以购买理财产品为例，如果去传统的商业银行购买，这些理财产品的购买起步价一般是 5 万元起，如果买信托产品通常 100 万元起，根据 2014 年波士顿咨询公司全球财富管理数据库的统计，财富水平较低（金融资产少于 10 万美元）的家庭数量占中国家庭总数的 94%，这一比例在美国仅为 49%，在中国香港仅为 42%，在日本甚至不到 15%。这些数据说明，中国财富较低的家庭占比很高。从 2013 年 6 月余额宝推出以来，不到一年时间便拥有 1 亿数量的庞大客户群，没有任何一个银行可以做到这么短时间内拥有这么多客户，余额宝的理念是不设门槛，在这样一种普惠金融精神的照耀下，广大民众更愿意享受平等获得金融服务的资格。

互联网金融爆发的第二个原因是国内存在巨大的金融投资市场。中国银行业巨额的存款数据表明，大量的民间资金以极低的收益存放在银行。受制于中国的社会保障体系，为了有充足的资金对抗各种各样突发而来的风险，如疾病、意外事故、失业等，老百姓普遍把大量资金存放在银行，不敢轻易大量花钱，导致中国民间有非常高的储蓄率。但由于存款利息收益很低，而中国民间有很强劲的理财需求，以致民间非法集资现象层出不穷。在这样的环境下，P2P、众筹纷纷诞生。正规的、合法经营的网络贷款公司可以让民间借贷信息化、阳光化。民间旺盛的理财需求也借此搭上了互联网金融这辆特快列车。

互联网金融爆发的第三个原因是国内存在巨大的小微金融服务市场。一般而言，规模较大的企业资金实力雄厚，对资金渴求程度并不一定高，而且这些资金雄厚的大型企事业单位融资渠道众多，并不局限于传统银行的间接融资。相反，数量众多的中小企业、创新型企业资金缺口极大，需要大量的资金来支持发展，然而，处于创业期或发展期的这些企事业单位或个人由于缺乏可供担保的资产往往难以得到银行的贷款，同时又极度缺乏其他融资渠道，使得国内数量最大的中小企业生存艰难，创业企业更是因为缺乏资金支持无法开展。

中国经济的快速发展催生了大量的小微企业、创业企业，但保守的金融环境又使得大量企业无法获得金融资本支持，这些旺盛的金融需求无法得到满足，客观上创造了巨大的小微金融服务机遇。一旦该部分金融需求得以满足，将释放出巨大的经济活力。

（二）中关村助力互联网金融发展

互联网金融的内涵就是运用互联网的思维和互联网的技术所提供的金融产品和金融服务。举例来说，某打车软件刚推出的时候，给出租车司机、乘车人大量补贴，甚至相当于请全国人民免费打车。打车软件既未通过广告收费，也未向司机或者乘客收取佣金。打车软件公司收集出租车的出行信息，积累较长时间后，就知道北京、上海、广州等城市中，打车人经常出行的路段、打车人的信用等信息。通过大数据分析后便可得知，哪些地方是人们最常去的，据此进一步分析什么地方最适合布置餐馆、宾馆、商户等，甚至将这些打车数据转化为实施交通路况。因此，这些数据才是无价之宝。从互联网金融背后可以寻找到许多增值途径，在推动金融发展的同时也为科技进步、大数据平台的搭建打下良好基础。

2013 年 12 月 25 日，中关村国家自主创新示范区领导小组印发了《关于支持中关村互联网金融产业发展的若干措施》(中示区组发〔2013〕4号),大力支持互联网金融企业在中关村注册设立,引导互联网金融企业在中关村聚集发展,加强对互联网金融企业的孵化和服务,鼓励互联网企业开展科技与金融相结合的技术创新和商业模式创新,鼓励和推动金融机构通过互联网开展业务创新,完善支撑服务体系,优化互联网金融发展环境,加强信用体系建设,完善风险控制和信用评价机制,发挥行业协会的作用,推动行业自律和规范发展,探索监管新模式,有效控制风险,加强组织推动,形成政策合力。

2014年2月20日,中关村大数据交易产业联盟成立暨中关村数海大数据交易平台正式启动。中关村大数据交易产业联盟是在中关村管委会指导下,由工业和信息化部电信研究院、中关村互联网金融协会、京东商城、亿赞普、拉卡拉等50余家单位参与组建的国内首个面向数据交易的产业组织。中关村数海大数据交易平台是在中关村管委会等部门支持下,由中关村大数据交易产业联盟负责承建的国内首个重点面向大数据的数据交易服务平台。该平台将按国家法律法规要求,在确保数据不涉及个人隐私、不危害国家安全,同时在获得数据所有方授权的前提下,为数据所有者提供大数据变现的渠道,为数据开发者提供统一的数据检索、开发平台,为数据使用者提供丰富的数据来源和数据应用。中关村管委会还出台了《加快培育大数据产业集群推动产业转型升级的意见》,根据该意见,中关村示范区将从加快培育中关村大数据产业集群、提升大数据对经济社会发展的带动作用等六个方面大力推动大数据技术和应用创新,打造全球大数据创新中心,促进传统产业转型升级。

2015年3月2日,中关村科技金融街正式开街。科技金融街位于中关村西区,以海淀中街为纵轴线,丹棱街为横轴线,北起北四环,南到海淀南路,东至中关村大街,西临苏州街。在中关村科技金融街建设过程中,遵循"政府引导、市场化运作"的总体思路,营造良好的发展环境,积极引入高端科技金融机构,中关村科技金融街已推出中关村金融大厦、中关村互联网金融中心大厦等科技金融聚集载体。开街后,深圳证券交易所中关村上市基地、蚂蚁云金融、中关村互联网金融研究院、中关村互联网金融服务中心、融360、拉卡拉、有利网等一批科技金融行业领先机构入驻街区。

（三）规范化管理互联网金融

20世纪90年代中期以来，随着互联网金融的快速发展，我国互联网金融监管体系逐渐形成对传统金融机构互联网金融业务的监管由传统金融机构的对应监管部门监管，对新兴互联网金融机构相关业务的监管由人民银行出台具体管理办法这一监管体系。应该说，这一体系在互联网金融发展的初期能够满足互联网金融发展的需要的。但其后，特别是自2013年以来，随着互联网金融的快速发展，这一监管体系却暴露出了诸多问题。例如，当前我国出现了因对银行主导型的网络融资监管过多、对非银行主导型的网络融资监管者不足，以及由此导致的商业银行贷款无法创新、大量的非银行网络融资风险巨大的问题等。这些问题的出现必然会对我国互联网金融的健康稳定发展形成制约。

随后，为规范互联网金融的发展，一些与互联网金融相关的行业组织、自律组织纷纷成立。2013年8月9日，京东商城、当当网、拉卡拉等第三方支付企业，天使汇、融360、人人贷等互联网金融平台机构共33家企业发起成立了中关村互联网金融行业协会。2015年4月，互联网金融风险防范论坛在北京召开，主办方为中国政法大学金融创新与互联网金融法制研究中心，由该中心作为主要发起人的互联网金融风控实验室正式揭牌成立，是国内首家互联网金融风控实验室。

为进一步解决新兴互联网金融模式所存在的"三无"现象（无准入门槛、无行业规范、无监管机构）以及问题平台日增、风控机制不全、信用体系隐患等问题，2015年7月18日，中国人民银行等十部委联合发布了《关于促进互联网金融健康发展的指导意见》（银发〔2015〕221号，以下简称《指导意见》）。按照"依法监管、适度监管、分类监管、协同监管、创新监管"的原则，确立了互联网支付、网络借贷、股权众筹融资、互联网基金销售、互联网保险、互联网信托和互联网消费金融等互联网金融主要业态的监管职责分工，落实了监管责任，明确了业务边界。《指导意见》的主旨在于"鼓励创新、趋利避害、防范风险、健康发展"，即互联网金融的基本格调不会因为一些问题企业而改变。一个企业的格调往往取决于"领头羊"的境界，而一个行业里的龙头企业则会对同行业的其他企业产生深刻的影响力、号召力以及引导和示范作用。互联网金融不仅需要分类指导、加强监管，也需要组建以龙头企业为代表的行业自律协会，明确自律惩戒机制，提高行业规则和标准的约束力，强化守法、诚信、自律意识，树立服务经济社会发展的正面形象，营造诚信规范发展的良好氛围。《指导意见》从监管层面充分肯定了互联网金融的发展，给互联网金融制定了一个明确的边界和身份。这一类似互联网金融行业"基本法"的纲领性文件，终结了互联网金融的"野蛮生长"，首次明确了不同性质的互联网金融业态，规范了监管职责的划分。尽管后续仍有待各项配套监管细则的出台，但未来互联网金融发展的格调与格局已初现端倪。

（四）小结

互联网金融是一个新兴概念，其本源是金融科技（FinTech）的一种表现形式，互联网金融发展壮大代表了技术革新下的新型金融业态正在改变现有金融版图，科技正在重塑金融，由于互联网金融的展开基于大数据平台，所以其在一定程度上消除了融资过程中的信息不对称，减少了包括科技企业在内的各类企业对于融资渠道的搜寻成本和金融机构提供融资的风险。

前文提及的中关村在银行信贷、发行债券、信托等方面的探索，都是同步并伴随于我国金融的整个发展历程。但在互联网金融的发展上，中关村企业可以说是站在时代的最前沿。中关村众多互联网公司，如百度、京东、融360等均为互联网金融的发展作出了巨大贡献。

今后，互联网金融的发展仍然面临各种机遇和挑战，但作为新兴事物，互联网金融的发展是大势所趋。中关村地区作为新兴事物的发展试验田，将不断探索互联网的各类金融活动，从各类互联网金融产品到形成行业内部规范，从P2P、众筹到大数据金融、供应链金融、分享经济……都将成为中关村地区互联网企业、互联网行业自律组织探索、学习和前进的方向。互联网金融将会持续推动中国产业的转型，开创中国金融的全新格局。

第三节　政府支持及环境建设

一、中关村信用体系建设

中关村管委会从2000年初开始研究信用问题，通过研究逐步认识到要建设好中关村科技园区，实现10年把中关村建设成国际一流园区的目标，最重要的工作就是要充分发挥中关村区域经济的市场化作用，也就是说要建立一个和国际接轨的市场经济的环境，这其中有一项重要的内容便是建立中关村科技园区的信用制度。信用制度大体上分为两块内容：一是个人信用，二是企业信用体系。中关村要建立的主要是企业信用体系。

（一）中关村信用体系建设的意义

中关村的发展，需要政府行为的改革。政府在进行宏观经济管理的过程中，最重要的一条任务是维持社会秩序。通过信用制度的建立，通过社会各个方面对失信行为的惩罚和对守信行为的奖励，守信会逐渐成为每个企业的行为准则。从这个角度上讲，中关村要建立信用制度和其他地区的目的是一样的。但是，中关村作为高科技园区，建立信用制度还有其特殊目的。这个目的在于中关村是一个高科技发展区，其重要的发展手段之一就是利用风险投资，使技术和资本充分结合。21世纪初，中国的风险投资刚刚开始，大批的风险投资来自国外，如果能够将这些资金吸引到中关村，对于中关村的发展将会起到巨大的推动作用。但吸引风险投资的前提就是区内企业的诚实可信。所以，建立信用体系是改善投资环境的重要环节。

（二）中关村信用体系建设历程

在建立信用制度过程中，中关村管委会采取了循序渐进的方式。中关村管委会首先建立了一个信用服务体系，而不是直接建立信用制度。建立服务体系最重要的内容有两点：一是扶持中介机构的发展，尤其是征信机构、评级机构、咨询机构等，通过中介机构的发展来提供信用产品，形成社会需求；二是协调政府掌握的数据并向社会开放。

1.制度建设开端。

一是开启信用制度试点。2001年11月27日，中关村管委会发布《中关村科技园区企业信用制度试点暂行办法》（以下简称《暂行办法》），明确自2001年12月1日起，在中关村科技园区进行企业信用制度试点；规定企业信用制度的主要任务是，建立企业信用服务体系和信用管理体系，形成比较完善的政策法规体系。中关村科技园区企业信用服务体系的组织机构，由中关村企业信用信息服务中心和信用服务社会中介机构组成。

二是推广企业信用报告。2002年8月，中关村科技园区发布《关于推行中关村企业信用报告的实施办法》，自2002年9月1日起，根据《暂行办法》，中关村科技园区在辖区内正式推行中关村企业信用报告。中关村企业信用报告是为了满足社会各界了解企业信用档案和其他信用信息的需要，经企业自愿申请，由信用服务中介机构在有效整合企业相关信息和实地考察的基础上，为企业提供的一种信用产品。2002年至2003年，中关村管委会先后认定大公国际资信评估有限公司、联合资信评估有限公司、北京新华信商业信用咨询公司、华夏国际企业信用咨询公司、北京信用管理公司、中诚信国际信用评级有限责任公司作为园区信用服务中介机构，并与这6家信用中介机构分别签署承诺书。信用报告是由中关村管委会参照国际通行准则，认定资质较好的信用服务中介机构负责出具的。这既利用了政府整合的基础信息系统，又利用了信用服务中介机构的专业调查及评估能力，开创了一条确保"诚信"的新路。经中关村园区认定的高新技术企业可凭信用报告向北京市商业银行申请贷款，向中关村科技担保公司申请贷款担保，向北京市科委申请国家科技型中小企业创新基金以及其他相关金融资源。

三是信用中介组织助推信用体系建设。2003年7月13日，北京中关村企业信用促进会成立，该协会是由中关村高新技术企业、金融机构、信用中介机构及其他机构联合发起设立的非营利性企业信用自律社团组织。信促会的主要意义和作用是带动整个园区信用环境的改善和各项建设事业的发展，树立"信用中关村"品牌。同时，中关村管委会开始实施"瞪羚计划"，即高成长高科技企业担保贷款绿色通道，入选"瞪羚计划"的企业可以获得中关村管委会的贷款贴息，可以进入中关村科技担保公司的快捷担保审批程序，简化反担保措施，可以进入协作银行的快捷贷款审批程序，获得利率优惠。

2. 政府部门开始合力助推信用体系建设。

一是国家层面的支持。2003年9月29日，国家发展改革委批复同意将北京市等城市作为小企业信用服务体系建设试点城市。二是中关村管委会的落实。2005年6月2日，中关村管委会发布的《关于推行中关村园区企业征信报告的实施办法》开始实施，正式启用企业征信报告，包括深度征信报告和标准征信报告，丰富了园区信用服务产品。6月7日，中关村管委会发布《关于进一步推进园区信用体系建设加大信用产品使用力度的通知》，明确规定凡涉及申请中关村科技园区发展专项资金资助的企业，必须使用园区信用评级报告和征信报告。6月29日，由中关村企业信用促进会主办，中关村管委会支持，召开企业信用工作会议，发布最新的园区信用产品——《征信报告》。三是政府部门的合力。人民银行营业管理部与中关村管委会合作开展中小企业信用体系建设可以追溯到2006年，2006年8月21日，人民银行营业管理部与中关村管委会签署了中关村科技园区中小企业信用体系建设全面合作协议。到2006年末前，首批2 000家中关村中小企业进入中央银行企业征信系统。

3. 信用体系建设进一步深化。

一是明确了中关村科技园区企业信用体系框架。自2004年人民银行营业管理部征信管理处正式成立后，始终密切关注并积极推动中关村示范区信用体系建设，与中关村管委会建立了密切的合作关系。2007年6月13日，中关村管委会印发《促进中关村科技园区企业信用体系建设的办法》，明确了中关村科技园区企业信用体系是指以企业信用自律为基础，政府通过信用激励政策和专业机构的配套服务，推广和鼓励企业使用园区信用产品，搭建企业信用信息数据库和信息共享平台，加强企业信用监督和信用管理，建立和完善企业与金融、担保机构的绿色通道，缓解企业融资难问题。2015年，人民银行中关村中心支行正式成立，标志着人民银行营业管理部与中关村国家自主示范区合作的全面深化与升级。二是为了进一步缓解中小企业融资难问题和推动信用建设。2007年9月1日，人民银行营业管理部会同中关村管委会、北京银监局联合发布《关于在中关村科技园区开展中小企业信用贷款试点工作的通知》（中科园发〔2007〕42号），推出了信用贷款试点工作优惠政策。北京银行、交通银行、浦发银行、北京农村商业银行与中关村管委会签订协议，正式启动了中关村科技园区中小企业信用贷款试点。三是信用贷款试点升级。2009年5月31日，中关村国家自主创新示范区领导小组印发了《关于扩大中关村信用贷款试点的意见》（中示区组发〔2009〕4号），对试点工作的原则、试点企业的范围、银行发放信用贷款、设立信用贷款风险补贴资金等提出了相关意见。四是为了提高信用数据和企业信息的使用效率。2009年12月11日，人民银行营业管理部与中关村管委会签署合作协议，双方将共同推动建立人民银行企业和个人征信系统与中关村企业信用信息公共服务平台的数据交换和信息共享机制，引导园区企业参与信用评级，强化信用评级机构及其从业人员的市场准入，推动中关村信用体系建设。双方还将继续推动中关村信用贷款、信用保险和贸易融资等工作，拓宽科技型中小企业融资渠道。五是信用贷款的推广同样得到了政府扶持资金的支持。2010年8月1日，中关村管委会发布《中关村国家自主创新示范区科技型中小企业信用贷款扶持资金管理办法》（中科园发〔2010〕38号），其中规定：合作银行对有信用企业提供的无抵押、无担保的信用贷款；企业通过将合法拥有的专利权、商标权、著作权等知识产权作为主要质押物，从合作银行获取的知识产权质押贷款；企业通过信用保证和知识产权质押组合获取的贷款；可获得中关村信用贷款扶持资金。

二、政府财政资金支持

（一）早期财政投入

1989年，北京市新技术产业开发试验区从税收返回款中拨出500万元建立扶植新技术企业财政周转金，向试验区内民营企业发放借款，部分缓解了试验区内民营企业资金短缺困难，促进了一批民营企业的发展。1990年初，中关村地区民营企业四通公司出现资金周转困难局面，向北京市试验区申请周转金支持，以缓解资金短缺之急。试验区财政所根据四通公司的申请经有关政府部门审核批准，试验区与四通公司签订了借款协议书。按照协议书的约定，北京市试验区财政所向四通公司发放财政周转金60万元，借款利率为0.75%，借款期限为6个月。借款资金到位后，及时解决了四通公司经营资金紧张的状况。1991年7月，四通公司按协议约定将该笔财政周转金的本金和利息全部归还给北京市试验区。1992年，联想集团出现生产资金周转困难，向北京市试验区申请财政周转金借款。北京市试验区与联想集团签订了借款协议书。按照协议约定向联想集团提供100万元财政周转金借款，借款利率为0.75%，借款期限为6个月。联想集团在领到这笔周转金后，促进了产品的研发、生产及销售，为企业创造了效益。按照协议规定，联想集团按期归还了借款本息。1995年，北京市试验区财政周转金已增加到7 500万元，向试验区内企业累计借款4.5亿元，中关村地区受益企业达200余家。其中，有150家企业生产规模得以扩大，如联想集团、四通集团、时代集团、亚都集团等十余家民营企业已成为年收入上亿元的大中型企业或上市公司。

（二）早期财政性风险投资

中关村地区作为我国高科技企业的发源地，从 20 世纪 80 年代初期创建高技术产业时就开始了风险资本在我国的最初尝试和探索。由于那时我国尚处于计划向市场转轨的初期阶段，不具备风险投资发展的必要条件，从象牙塔中冲出的第一代创业者们探索出了具有鲜明时代特征的筹资模式。据一项调查表明，中关村企业的创办资金中，上级拨款占 41.6%，个人出资占 20.4%，借款占 17.8%。以本地区现有的四通、北京大学方正、联想为例，四通是中国科学院的 7 名科技人员向四季青乡借款 2 万元创办的；联想集团则是通过中国科学院计算所以预算外资金方式投入的 20 万元起家的；相比之下北京大学方正起步条件较为优越，其前身北京大学理科技术公司从北京大学得到的 40 万元创业资本加上从玉渊潭乡农工商总公司得到的 440 万元成为北京大学方正事业发展的最初基础。这些尝试与探索都可以视为当地财政向企业提供的一种风险投资。

（三）财政性担保支持

一是财政性担保的初建。2001 年 2 月，北京市财政局印发《中关村科技园区信用担保机构建立风险准备金和财政有限补偿担保代偿损失制度的暂行办法》，其中有关财政有限补偿担保代偿损失制度的规定有，财政在预算安排的中关村科技园区发展专项资金中设立"财政有限补偿担保代偿损失专项资金"。政府出资设立的信用担保机构发生贷款担保代偿损失时，可申请财政资金补偿担保代偿损失。市财政局将根据宏观经济状况、信用担保机构的担保规模、资产结构以及经济效益和社会效益情况，在每年初核定当年担保代偿损失率，最高不超过 6%。发生的担保代偿损失，信用担保机构用风险准备金抵补，不足部分由市财政给予资金补助。超过核定担保代偿率的损失部分，由信用担保机构在税后收益中弥补或由各出资方按出资比例抵减担保资金本金。因此，中关村科技园区内政府出资设立的信用担保机构发生贷款担保代偿损失时，可申请财政资金补偿。

二是财政性担保的完善。2014 年以后，中关村管委会对合作担保机构、融资租赁机构新增业务总额的 1% 给予风险补贴，给予合作银行按照为企业提供的特定贷款规模 2%~3% 的风险补贴，其中对小额贷款机构风险补贴支持累计最高30万元。对中关村企业信用促进会成员企业购买信用中介服务、认证中介服务、知识产权中介服务、评估服务、技术转移服务、法律服务给予50%相应费用的补贴支持，单家企业合计最高补贴10万元。在营改增政策施行后，北京市中小企业信用担保机构自备案日起可享受3年免征增值税[①]。

（四）引导基金支持

一是引导基金初步建立。2001年1月1日，《中关村科技园区条例》（以下简称《条例》）正式施行，这是首部引入风险投资内容的科技园区条例，在《条例》第三章的"促进与保障"一节中，专门对风险投资机构在中关村园区内开展风险投资业务、组织形式、注册资本和回收方式四个方面作出了规定。2001年12月，中关村管委会设立中关村科技园区创业投资引导资金，该资金采取"跟进投资"方式，即与在中关村园区对中小企业投资的风险投资公司或上市公司签约，只要上述签约公司对园区中小企业投资，"引导资金"就跟进投入一定比例的资金；该投入资金所占的股权委托签约公司代管，收益也与代管公司分享。该项政策的出台，对中关村地区创业投资发展起到推动作用。

二是引导基金应用的推广与修正。至2002年末，中关村管委会已经同23家创业投资机构签订了投资合作协议，投资合作队伍进一步扩大。为进一步带动创业投资机构的投资热情，中关村管委会在原有方案的基础上进行调整，即跟进投资比例由5%、20%提高到5%、30%；单笔投资额由10万~100万元提高到30万~300万元；投资机构的项目投资额由50万~2 000万元提高到100万~6 000万元；投资合作伙伴的队伍范围由创业投资机构及相关机构扩大到上市公司。2003年1月，包括北京高新技术创业投资股份有限公司、IDG公司、联想投资公司在内的30家境内外知名投资机构与中关村管委会签约。到2005年，北京高新技术创业投资股份有限公司共投资17个项目，投资额为2亿多元，实现投资收益3 000多万元。该公司投资的17个项目均为高科技项目，其中有14个在中关村科技园区注册，每年为中关村

---

① 北京市经济和信息化委员会发布《关于全面推开营改增试点后中小企业信用担保机构免征增值税有关事项的通知》，2016年8月。

科技园区创造大量税收。

三是引导基金制度的升级。2005 年 11 月 28 日，为了引导和促进中关村科技园区创业投资的发展，进一步促进园区的创新和创业，中关村管委会制定了《中关村科技园区创业投资企业风险补贴暂行办法》。2006 年 10 月 31 日，中关村管委会、北京市发展改革委、北京市财政局、北京市科委和人事局联合印发《关于鼓励中关村科技园区创业投资发展的试行办法》，明确了发挥政府创业投资引导资金的放大作用，扶持创业投资机构的设立和发展；通过参股方式，引导社会各类资金，共同设立创业投资企业，主要投资于中关村科技园区的高新技术企业；采取跟进投资方式，与合作的创业投资机构共同投资于中关村科技园区的高新技术企业。具体实践而言，2007 年 3 月 20 日，由中关村管委会主办的"中关村科技园区创业投资政策信息发布会暨合作意向签约仪式"在清华科技园举行。仪式上，中关村管委会分别与中国光大控股有限公司、联想控股有限公司、启迪控股股份有限公司、中海创业投资公司和联华控股有限公司签约，并以这 4 家企业为主要发起人，设立 4 家创业投资企业，总规模为 5.5 亿元，分别为 2 亿元、1 亿元、1.5 亿元和 1 亿元。中关村管委会共出资 1.65 亿元，引进外部资金 3.85 亿元，主要投资园区内电子信息、集成电路、通信和网络等重点产业领域的初创期企业。在选择创业投资项目方面，将采用种子资金、跟进投资、以参股方式设立创业投资企业 3 种方式。2007 年 8 月 1 日，中关村创业投资中心、启迪控股股份有限公司和北京中海创业投资有限公司三方签署投资协议，正式成立启迪中海创业投资有限公司。该公司是中关村创业投资引导资金参股设立的公司制人民币创投基金的第一家公司。公司拥有基金规模为 1.5 亿元人民币，主要投资支持中关村科技园区 TMT（信息技术、媒体和电信）领域的企业。

四是引导基金的进一步完善与深化。2014 年以后，中关村管委会完善了引导基金制度，规定引导基金在天使基金和创投机构的出资比例不高于 30%，风险补贴资金不超过其在中关村示范区企业总投资额的 10%~15%；对天使基金单笔补贴最高为 45 万元，且每年补贴总额不超过 150 万元；对创投机构的单笔最高补贴为 100 万元，对一家创业投资企业每年的补贴金额最高为 200 万元。

三、金融监管机构的政策支持

（一）《关于中关村国家自主创新示范区建设国家科技金融创新中心的意见》

2012 年 8 月，国家发展改革委等部委与北京市政府联合发布了《关于中关村国家自主创新示范区建设国家科技金融创新中心的意见》（京政发〔2012〕23 号，以下简称《意见》），《意见》强调，强化金融对建设具有全球影响力的科技创新中心的支撑作用，抓住互联网金融发展的机遇，支持中关村互联网金融产业发展，推动中关村成为中国互联网金融创新中心。为此，制定以下措施：一是大力支持互联网金融企业在中关村注册设立；二是引导互联网金融企业在中关村聚集发展，加强对互联网金融企业的孵化和服务；三是鼓励互联网企业开展科技与金融相结合的技术创新和商业模式创新；四是鼓励和推动金融机构通过互联网开展业务创新；五是完善支撑服务体系，优化互联网金融发展环境；六是加强信用体系建设，完善风险控制和信用评价机制；七是发挥行业协会的作用，推动行业自律和规范发展；八是探索监管新模式，有效控制风险；九是加强组织推动，形成政策合力。《意见》指明了中关村示范区建设首个国家科技金融创新中心，完善科技企业信用体系，建设信用首善之区，完善知识产权投融资体系、创业投资体系和多层次资本市场这一方向，为 2020 年初步形成具有全球影响力的中关村科技金融服务体系提出了总体规划。

（二）信贷快车、零信贷、信保融资

1. 信贷快车试点。2007 年 9 月，人民银行营业管理部会同中关村管委会、北京市银监局共同推出了中关村园区中小企业信用贷款计划，也称"信贷快车"。"信贷快车"以"政府引导、市场运作、财政扶持、风险自担、持续经营、多方共赢"为基本原则，鼓励中关村中小企业建立信用档案、购买合格信用评级机构的信用评级产品，试点银行对符合条件、信用良好的企业发放一定额度的信用贷款，无须抵押和担保。园区管委会为试点工作提供专项资金，对获得信用贷款并按期还本付息的企业提供贷款贴息；对试点银行按贷款规模给予风险补贴；对参与试点的信用中介机构给予评级补贴。"信贷快车"通过聚合政府部门的行政资源、人民银行的政策资源、商业银行的信贷资源

和评级机构的信用评估资源，以信用建设贯穿项目始终，开创了"建立信用档案—开展信用评级—发放信用贷款"的融资模式。

2. 零信贷金融服务。2013 年末，为帮助科技型小微企业迈出"首贷"第一步，人民银行营业管理部与中关村管委会联合启动了"中关村零信贷小微企业金融服务拓展活动"。建立贷款卡审批绿色通道，缩短贷款卡办理时间；启动"贷款卡服务办理点"，提供差异化的金融综合服务；定期筛选公布"零信贷"企业名录并不断更新，为银行拓展业务提供潜在客户；组织 5 期银企对接专题活动，提升金融服务的覆盖面；针对中关村科技型小微企业推出专项再贴现并予以优先审核；为名录内企业贷款优先提供担保服务。通过试点活动，无信贷历史记录的企业获得了银行定向的金融服务，银行提高了科技型小微企业的贷款覆盖率和服务覆盖率。

3. 信保融资。信保融资是指企业将应收账款投保信用保险后，将应收账款增级至银行可接受水平，银行可对每笔应收账款配套融资。其优点是：无须抵押担保，利用未来收入，加快资金周转，可以获得政府补贴、成本可控等。由中国出口信保、人保财险、平安保险、中银保险、大地保险 5 家保险公司和北京银行等十多家银行参与试点的中关村信用保险及贸易融资服务联盟对提高中关村资金运转效率带来了明显效果。自从 2009 年 3 月 13 日，国务院作出了《关于同意支持中关村科技园区建设国家自主创新示范区的批复》之后，由人民银行营业管理部、北京保监局、北京银监局、北京市金融工作局、中关村管委会联合试点开展在企业信用基础上，由信用保险公司提供保险，银行提前支付企业应收账款的信用保险贸易融资创新，突破了以往银行要求抵（质）押物或第三方担保的制约，为中关村企业盘活应收账款带来了明显效果。截至 2011 年 2 月底，试点信用保险机构及银行已累计为 40 家高新技术企业提供了 91.2 亿元的信用保险和 4.4 亿元的贸易融资贷款。与此同时，中关村单个企业获得信用贷款的额度大幅增加，从最初的几百万元增加到上亿元，一批具有持续增长潜力的新兴领域创新型企业得到各家银行的竞相支持。

四、外汇管理体系建设

外汇在中关村整个发展历史阶段中的作用尽管不如银行信贷、股权债券融资等对中关村发展起到直接的推动作用，但也从政策支持、调剂优惠、便民服务以及先行先试政策等方面间接助推了中关村的稳步发展。梳理整个中关村金融的发展历史后可以发现，中国外汇市场从 1980 年起步至今，始终从政策扶持、服务水平、试点政策等各方面为中关村金融工作的稳步推进奠定良好基础，尽管分量、比重不比直接融资、间接融资市场，但却走在市场前端，成效显著，切实拓宽了高新技术企业境外融资渠道。

（一）外汇调剂优惠

我国外汇发展起源于 1980 年外汇调剂市场的萌芽，可以说与中关村的起步阶段基本一致。外汇调剂市场的发展满足了当时改革开放起步阶段的需要，对于整个外汇市场的进一步发展具有深刻影响。但严格来说，外汇调剂市场并不是真正意义上的外汇市场，只是不同市场主体之间的外汇使用权的有偿转让，仅能称作是一种外汇市场的萌芽。1986—1993 年，外汇调剂市场的框架逐渐形成，外汇调剂市场的发展进入了一个新的阶段，这一时期外汇调剂业务由中国银行移交给国家外汇管理局办理，在国家外汇管理局的统一领导和管理下，各省、市、区分别设立了外汇调剂中心，办理本地区外汇额度和现汇的调剂业务，在北京市设立了全国外汇调剂中心。到了 1992 年，又开通了 26 家地方调剂中心组成的联合报价网络，建立了调剂价格及成交情况的信息网络，大大提高了外汇调剂交易的透明度。

早在中关村"电子一条街"时期，国务院曾印发《关于进一步推动横向经济联合若干问题的规定》。同年，北京市人民政府印发了《关于推动科研生产横向联合的若干规定的通知》，文件特别提到，对联合体要在外汇方面给予优惠，对联合体中出口创汇好，地方财政可根据情况，给予贴息。1987 年 3 月 10 日，海淀区政府进一步印发《关于进一步推动横向联合的优惠办法》，结合海淀区具体情况，在联合的范围形式等方面做了更加灵活的规定。试验区成立初期，北京市人民政府在《北京市新技术产业开发试验区暂行条例》中提到，对外向型的新技术企业，应优先提供外汇贷款，新技术企业的出口所创外汇，三年内全部留给企业。1988 年 10 月，北京市人民政府发布《关于集体、个体科技机构管理的补充规定》，指出集体、个体科技机构在调剂外汇及出口创汇留成方面，享受与全民所有制科研单位同等待遇。但从《中关村科技园区志》的一段描述中，我们发现，早期的民营企业在外汇额度的获取上确实也存在一定困难。"1991 年，信通公司出现走私问题，北京海关在中关村高技术企业中调查走私问题，在试验区内企业中引起波动。调查发现，在大企业中涌动着一种极不稳定的情绪，企业的营业额明显下降。12 月，试验区办公室在《情况反映》中，重申了试验区企业的特殊性，说明新技术企业基本是计划外企业，其一无进出口自营权，其二无进出口许可证，其三无外汇额度。由于企业对进口零部件的刚性需求，很多企业采取国内买断的办法，在境内购买别人已进口的零部件，把外贸转为内贸。该《情况反映》说明试验区企业的套汇行为，一方面是由于属于国家计划外的企业难以通过计划渠道获得迫切需要的生产资料；另一方面却有相当一部分国有企业握有批件、外汇指标，却生产不出可在市场上销售的产品。"

1992 年 3 月，国务院生产办公室、财政部、中国人民银行、国家税务总局、海关总署联合印发了《关于印发〈推进企业技术进步的若干政策措施〉的通知》。文件提出，国家每年拿出一定的国拨外汇用于引进技术，改造现有企业，大力引进国外先进技术。引进项目批准的国拨外汇额度，当年不能成交的，可以结汇使用。1994 年 10 月，外经贸部、国家科委、国家经贸委、财政部、中国人民银行、国家税务总局联合转发《国务院关于加快科技成果转化、优化出口商品结构问题的批复》，同意实行有利于技术和成套设备出口发展的信贷政策，每年安排固定数额的人民币与外汇贷款，专项用于技术和成套设备出口的买方信贷与卖方信贷。同时，在外汇、税收等方面给予支持，全面促进贸工技结合并有效加快科技成果的转化。

1994—2005 年，我国的外汇发展进入到了市场化、规范化的银行间外汇市场阶段。这一时期统一了人民币市场汇价，改变了以前各地调剂市场分割带来的人民币市场汇价不统一的局面，有利于企业的经营运作和进一步利用外资。从交易载体上看，1994 年 4 月 4 日，中国外汇交易中心正式成立运行，它通过计算机网络与全国各地的分中心和调剂中心实行联网交易，使全国的外汇交易通过银行结售汇体系和代理交易全部纳入全国银行间外汇市场，保证了外汇资源在全国范围内根据市场信号合理流动。应该说，1994 年的外汇体制改革是我国外汇市场发展过程中的重要里程碑。1996 年 10 月，国家外汇管理局印发了《关于交通银行北京分行海淀新技术产业开发试验区支行申请开办外汇业务的批复》，同意该行在本地区范围内开办外汇业务，批准其办理的外汇业务包含外汇存贷款、汇款、外币兑换以及贸易、非贸易结算等，并要求国家外汇管理局北京分局对上述外汇业务的经营和管理情况进行监管。1999 年 8 月，为贯彻落实国务院批复精神，进一步加快中关村科技园区建设，促进高新技术产业的快速发展，北京市政府向中国人民银行报送了《关于恳请在中关村科技园区内实行优惠政策的函》，1999 年 10 月，中国人民银行印发了《关于在中关村科技园区内实行优惠政策的复函》，同意对中关村科技园区内的所有企业在外汇方面给予优惠政策，适当放宽科技园区内的经常项目外汇账户管理政策。凡在中关村科技园区的企业均可开立经常项目外汇结算账户，开立经常项目外汇结算账户的企业由外汇局核定其外汇限额，中资企业可按上一年度进出口额的 15% 核定限制开立外汇结算账户。账户的收入是经常项目的外汇收入。凡限额之内的外汇，均可保留现汇，在限额内的支出可用于经常项目及经批准的资本项目。2000 年 8 月，国家外汇管理局北京外汇管理部印发《关于发布实施〈中关村科技园区外汇管理实施细则〉的通知》，该细则对科技园区内的境外归国创业人员、高科技中资企业、跨国公司研发机构、外商投资企业的外汇结算账户、外债结汇、购付汇等进行了详细的规定。2001 年 4 月，国家外汇管理局北京外汇管理部印发了《关于中关村科技园区外商投资比例低于 25% 的企业开立外汇账户问题的复函》，文件提出，中关村科技园区部分外商投资比例低于 25% 的高科技企业可以开立外汇账户，但必须满足两个条件：第一，在中关村科技园区注册；第二，经北京市科技委员会及其授权机关批准，符合园区规定条件。

（二）外汇便民服务

外汇体制改革以后，中国告别了计划经济色彩较浓、地区分割的外汇调剂市场，形成了全国统一的外汇市场。随着改革开放的不断深入，我国外汇管理体制相继进行了一系列重大的改革，1994 年我国已开始实行人民币在经常项目下"有条件"的可兑换，并已取消了国际货币基金组织规定中的绝大多数限制，如歧视性货币措施或多重汇率安排已完全废除，而绝大多数经常项目交易的用汇和资金转移也不再受到限制。

1996 年 4 月 1 日开始实施的《中华人民共和国外汇管理条例》，消除了若干在 1994 年后仍保留的经常账户下非贸易非经营性交易的汇兑限制；1996 年 7 月 1 日，我国将外商投资企业也全面纳入全国统一的银行结售汇体

系，从而取消了 1994 年外汇体制改革后尚存的经常项目汇兑限制。1996 年
11 月 27 日，人民银行正式致函国际货币基金组织：中国将不再适用《国际
货币基金组织协定》第 14 条第 2 款所规定的过渡性安排，并正式宣布：自
1996 年 12 月 1 日起，我国将接受《国际货币基金组织协定》第 8 条第 2 款、
第 3 款和第 4 款的义务，实现人民币经常项目可兑换，从此不再限制不以资
本转移为目的的经常性国际交易支付和转移，不再实行歧视性货币安排和多
重汇率制度。

2001 年 11 月 17 日，时任人民银行副行长、国家外汇管理局副局长郭树
清指出，根据中美 1998 年签订的有关协议，中国承诺将扩大人民币弹性。
因此，如果现在中国选择钉住其他币种或采取一揽子货币联系汇率制度，不
但会违背承诺，还是一种后退。增加汇率弹性是现实的选择。中国现阶段仍
将以稳定汇率为主，同时用足每日 3‰的汇率浮动区间，使市场逐渐适应汇
率波动。今后将采取措施，提高人民币汇率生成机制的市场化程度，如有效
利用银行间市场汇率浮动区间；调整银行结售汇周转头寸管理政策；进一步
完善结汇制度。2003 年 3 月 18 日，国家外汇管理局北京外汇管理部在北京
市经济技术开发区设立办公点，为区内企业提供进出口核销服务。

2005 年以后，我国外汇市场进入了向市场化、自由化方向发展的新阶
段，交易工具日益丰富，功能不断完善，多种交易方式并存、分层有序的外
汇市场体系正逐渐确立。中关村的外汇发展也从早期的政策支持、外汇调剂
等逐步发展成以向企业提供优质便捷的外汇服务为目标。2007 年 8 月，国
家外汇管理局正式发文取消境内机构经常项目外汇账户限额，以此为标志，
我国的强制结售汇制度终于被意愿结售汇制度所取代。意愿结售汇制度的出
现，意味着人民币汇率制度走向市场化。2015 年 2 月 13 日，国家外汇管理
局印发《关于进一步简化和改进直接投资外汇管理政策的通知》，在全国范
围内进一步简化和改进直接投资外汇管理政策，一是取消境内直接投资项下
外汇登记核准和境外直接投资项下外汇登记核准两项行政审批事项，已经取
得外汇局金融机构标识码且在所在地外汇局开通资本项目信息系统的银行可
直接通过外汇局资本项目信息系统为境内外商投资企业、境外投资企业的境
内投资主体办理直接投资外汇登记；二是进一步简化部分直接投资外汇业务
办理手续，促进和便利企业跨境投资资金运作，规范直接投资外汇管理业

务，提升管理效率。6月26日，国家外汇管理局又印发了《关于外汇管理行政审批有关工作事项的通知》，进一步深化行政审批制度改革，优化国家外汇管理局对外服务水平。

此外，我国外汇市场在资本项目可兑换进程中也始终坚持不断探索和推进。《中华人民共和国国民经济和社会发展第十三个五年规划纲要》提出："有序实现人民币资本项目可兑换，提高可兑换、可自由使用程度，稳步推进人民币国际化，推进人民币资本走出去。"展望未来，人民币国际化的基础设施将进一步完善，经常项目人民币跨境使用将进一步扩大，人民币跨境投融资渠道将进一步拓宽，双边货币合作将继续稳步开展，人民币作为储备货币规模将进一步增加。

不论是在经常项目可兑换的开放、直接投资等业务不断下放还是在行政审批业务的简化办理手续以及资本项目可兑换进程持续推进的过程中，中关村园区内企业都享受到了外汇给予的有力的便民服务。《思考中关村》一书的开篇中曾提到，国家外汇管理局为中关村发展所作出的贡献不单单是从单纯地给予特殊政策的角度给予中关村发展以强有力的政策支持，更是积极地从解决局部区域存在的共性问题的角度寻找突破口。比如，国家外汇管理局同意在中关村科技园区高新技术企业工作的持有永久居留权的留学生资本和劳务所得可以自由汇兑；再比如，同意中关村科技园区25%以下外放股权的合资企业可以开设资本金账户等。这些支持并不完全是优惠政策，但却从解决共性和实际问题的角度出发，对中关村的发展产生了深远影响。

（三）先行先试政策

随着外汇服务水平的不断提升，国家外汇管理局开始在中关村地区开展试点业务的"试水"工作，境外并购试点、外债宏观审慎等试点政策先后在中关村落地。2015年国家外汇管理局在中关村地区设立了中心支局，中关村地区也成为各项外汇政策的试验田，随着中心支局的成立以及试点业务的不断推进，海淀园区内大部分企业纷纷表示新政有效地解决了以往融资难等问题。

2013年5月，中关村管委会向国家外汇管理局北京外汇管理部发出了《关于对〈支持中关村示范区企业境外投资和并购工作方案（修订稿）〉征求意见的函》，方案中提出要构建支持中关村企业境外投资和并购的信贷和保险等综合金融支持体系、要设立中关村境外投资和并购引导基金等金融支持措施。5 月 23 日，国家外汇管理局北京外汇管理部发出《关于〈支持中关村示范区企业境外投资和并购工作方案（修订稿）〉征求意见的复函》，对方案中涉及外汇管理的内容无异议。

2013 年 9 月，海淀区政府印发了《关于报送外汇管理试点政策实施方案的函》，海淀区结合近期国家外汇管理局正在研讨外汇管理改革方向的探索创新，特申请将中关村示范区和新区作为外汇管理政策先行先试的试点区域，并报送了试点工作方案。国家外汇管理局北京外汇管理部高度重视，经过深入调研，陆续出台了一系列涉及中关村示范区的境外并购外汇管理、外债宏观审慎的政策。2014 年 1 月 3 日，国家外汇管理局北京外汇管理部印发《关于〈中关村国家自主创新示范区境外并购外汇管理试点操作方案〉备案的报告》，北京外汇管理部认为，在中关村国家自主创新示范区开展境外并购外汇管理政策试点条件已成熟，于 2014 年 1 月 6 日正式开始试点，并将《操作方案》和《操作细则》报国家外汇管理局备案。具体内容包括试点企业可先境外并购后取得境外直接投资主管部门核准或备案，延长并购资金境外留存期限最多 8 个月。

2015 年 3 月 2 日，人民银行营业管理部、国家外汇管理局北京外汇管理部印发《人民银行营业管理部关于设立中国人民银行中关村国家自主创新示范区中心支行（国家外汇管理局中关村国家自主创新示范区中心支局）的通知》，国家外汇管理局中关村国家自主创新示范区中心支局成立。3 月 10日，根据《国家外汇管理局关于在部分地区进行外债宏观审慎管理试点的批复》《国家外汇管理局关于发布〈外债登记管理办法〉的通知》等规定，国家外汇管理局北京外汇管理部印发《中关村国家自主创新示范区核心区外债宏观审慎管理外汇改革试点实施细则》，整合了现有外汇管理部门外债管理相关规定，详细规定了试点企业资格管理、外债签约登记、提款、结汇、还本付息和注销登记等全流程操作，并制定了相应的风险防范措施。企业通过比较境内外融资方式，自主决定融资币种、期限、方式，拓宽了企业的融资渠道，降低了企业的融资成本，优化了企业的融资结构，有效改善了高新技术企业及初创期企业融资难、融资贵问题。

2015 年 8 月 14 日，北京外汇管理部向国家外汇管理局提出了关于微调中关村外债宏观审慎管理外汇改革试点政策的请示，2015 年 12 月 19 日，国家外汇管理局北京外汇管理部修订印发《中关村国家自主创新示范区核心区外债宏观审慎管理外汇改革试点实施细则》，修订了企业借用外币外债资金的结汇后的用途、最低外债额度等。

2015 年 3 月 18 日，中国银行北京市分行与布鲁塞尔分行密切联动，成功为中小企业新模式客户北京绿色金可生物技术股份有限公司发放流动资金贷款 50 万欧元，完成北京地区首笔中小微企业外债宏观审慎管理外汇试点业务。

外债试点业务开展以来，中关村中心支局积极对外债宏观审慎管理试点升级版政策进行宣传推广，及时了解银行和企业的问题，并为企业提供咨询服务和政策辅导。外债试点政策的推出受到了中关村高新技术企业的高度支持，成效显著。试点既有利于加快实现人民币资本项目可兑换，深化外汇管理改革，又可以促进中关村科技型企业投融资便利化，便利中关村核心区企业与全球低成本资金"牵手"，缓解企业融资难、融资贵的问题，更好地支持中关村建设具有全球影响力的科技创新中心。试点首次允许中资企业借入外债并结汇，有利于打造公平竞争的营商环境，给予内外资企业平等的国民待遇，中关村核心区内 1 万余家企业会直接受益。

第三篇
金融支持中关村的路径思考

第一节　金融支持中关村发展的特点与问题

一、金融支持中关村发展的现状

2016 年，中关村不断进行供给侧结构性改革探索，加快要素升级，加强制度创新，中关村企业创新能力和发展活力持续增强。经济运行整体企稳，"高精尖"产业助推转型升级；新业态蓬勃发展，新动能逐步形成；双创服务体系不断完善，银行业金融机构不断开拓科技金融服务模式，并购和投融资等资本供给不断加码，天使创投等新金融成为民间投资的生力军，为助力中小企业发展、促进科技成果转化提供资金支持。

（一）金融支持中关村高新技术企业力度有所加强

2016 年上半年，北京银行业金融机构累计向 2 965 户次中关村高新技术企业发放信贷 1 683.11 亿元。截至 2016 年 6 月末，北京银行业机构在中关村国家自主创新示范区内设立银行网点 823 个、中关村分行 3 家、特色支行近百家，银行网点密度超过全市均值 7 倍以上[1]。2016 年上半年，中关村管委会高新技术企业名录内共有 18 536 家企业，其中有近 6 000 家企业获得了金融机构贷款，到上半年末，中关村高新技术企业的贷款余额达到 6 928 亿元，同比增长 11.1%，同比多增 238.4 亿元。

---

[1]　数据来源：北京银监局。

（二）科技金融专营机构数量不断增长，范围基本覆盖中关村示范区"一区十六园"

2016 年初，中关村辖区内 16 家商业银行的 47 家科技金融专营机构参加了人民银行中关村中心支行首次科技金融专营机构评估，专营机构数量较 2015 年 4 月摸底调查时增长 17.5%。到 2016 年上半年末，科技金融专营机构数量再度增加，新增了 4 家银行的 6 家专营机构，机构数量达到 20 家银行。从专营机构类型看，国有商业银行的专营机构 24 家，占比为 45.3%，其中，工商银行 11 家，中国银行 10 家，农业银行、建设银行、交通银行各 1 家；股份制银行的专营机构 18 家，占比为 34.0%，其中，民生银行 5 家，浦发银行 5 家，华夏银行、招商银行各 2 家，光大银行、平安银行、浙商银行、渤海银行各 1 家；城市商业银行的科技金融专营机构 10 家，占比为 18.9%，其中，北京银行 4 家，天津银行 2 家，包商银行、锦州银行、杭州银行、南京银行各 1 家；还有一家为中国邮政储蓄银行设立的专营机构。从专营机构的分布情况看，中关村核心区（海淀园）内的专营机构 31 家，占比达到 58.5%，其余专营机构主要分布在东城、西城、朝阳、丰台、石景山、亦庄、顺义、昌平等园区。

（三）对高新技术企业信贷支持力度不断提升，贷款余额和户数稳步增长

2016 年上半年末，中关村辖区内 53 家科技金融专营机构支持高新技术企业贷款余额 700.5 亿元，较 2015 年末增加 94.1 亿元，其在全部企业贷款中占比为 25.5%；贷款增速 15.5%，高于全部企业贷款余额增速 3 个百分点，比全市高新企业贷款增速高 11.3 个百分点，比全市金融机构人民币贷款增速高 4.8 个百分点。高新企业贷款存量贷款户数为 1 881 户，较年初增加 308 户，高新技术企业存量贷款户占企业存量贷款户数的 40%。多家科技专营机构积极拓展从未获得过信贷支持的高新技术企业，2016 年上半年总拓展户数达到 126 户。

（四）汇聚多方科技金融资源，促进中关村金融资源整合升级

中关村科技金融工作得到了政府部门、金融机构的广泛支持，促使多家商业银行对区内的金融机构整合升级，进一步聚集了优质科技金融资源。一是在政府部门支持方面，2015 年辖区内 5 家科技金融专营机构获得中关村管委会、北京市科学技术委员会和北京市海淀区金融服务办公室等政府部门信用风险补贴、科技金融业务补助金、创新产品奖励等总计938.5万元。二是在金融机构支持方面，辖区科技金融专营机构中，超过15家专营机构设立了科技金融相关部门，20家专营机构组建了专门团队，11家专营机构设置了专项经理。另有，农业银行等调整中关村地区机构设置，设立中关村分行；华夏银行和兴业银行分别设立中关村管理部；中国银行调整其中关村支行的管辖范围。

（五）对接多层次资本市场，满足高新技术企业多样化的融资需求

金融机构通过票据池融资、利率互换、外债融资、理财直投、投贷联动、股债联合、对接资本市场等多种方式满足高新技术企业多样化的融资需求。一是中关村A股上市公司融资规模持续上升。截至2016年6月末，中关村上市公司总数达到286家，其中，境内上市181家、境外上市105家，在创业板上市94家。截至2015年末，中关村A股上市公司从上市以来募集资金流量共计27 578.6亿元，直接融资和间接融资占比分别为25.0%和75.0%。在直接融资中，首发、股权再融资、债券融资占比分别是21.8%、50.9%、27.3%。二是新三板支持中关村高新技术企业融资力度加强。截至2016年6月末，中关村新三板挂牌企业已有840家，占全市挂牌企业数的72.5%，在全国83个高新区中总挂牌数、交易股份总量、营业收入总量、净利润总量均排名第一位，远远高于武汉东湖和上海张江高新区。截至2015年末，中关村新三板公司从上市以来募集资金流量共计593.9亿元，直接融资和间接融资占比分别为34.8%和65.1%。三是创业投资活跃。中关村地区股权投融资活跃，每年发生的创业投资案例和投资金额均占全国的1/3左右。

（六）企业并购持续高涨

2016年上半年，中关村整体并购延续了火热的态势。目前，中关村核心区已完成设立前期300亿元的中关村并购母基金及相关政策落地，并将在年内成立"中关村并购资本中心"，汇聚国内外并购金融机构、资源，服务数万家科技企业。上半年，示范区企业发起并购交易案例数282起，较2015年同期增加61起，并购金额为1 202.3亿元，同比增长24.7%；其中，境外并购案例达24起，并购金额为165.8亿元，涉及12个地区、8个领域。并购助推企业掌握技术制高点和创新主导权。例如，京东斥资 98 亿元收购沃尔玛旗下的 1 号店，并与沃尔玛达成深度战略合作，共同打造全球领先的融合线上、线下的零售商业模式。途家并购蚂蚁短租补齐 C2C 业务，强化短租业务板块。中文在线 860 万美元收购 ATA 股权，助推在线教育平台建设，加速公司的国际化布局。清华控股收购硅谷芯片商 MarvellTech（MRVL）股权，布局全球存储产业。

二、金融支持中关村发展的趋势特点

由于中关村 A 股上市公司是中关村的龙头企业，在反映金融支持中关村发展历程中具有较强的代表性，因此，我们以中关村 A 股为中关村的缩影，分析了金融支持中关村发展历程中的趋势特点。

（一）中关村 A 股的基本情况

中关村 A 股上市公司样本以中关村管委会提供的中关村 A 股上市公司名单和中关村 A 股的 156 只权重股名单为主要研究对象，共计 195 家。其中，主板 71 家、中小板 41 家、创业板 83 家，截至 2015 年末，在职员工 100.1 万人，营业收入 13 270.2 亿元，净利润 657.4 亿元。

从园区分布看，北京市 190 家和外省市 5 家，北京市海淀园 96 家、丰台园 21 家、朝阳园 17 家，占比分别为 49.2%、10.8%、8.7%，分位列前三，最少的是通州园、密云园和怀柔园。

从公司性质看，公司主要集中在民营企业和国有企业，其中，民营企业 122 家、中央国有企业 44 家、地方国有企业 14 家、公众企业 8 家、外资企业 1 家。

从公司规模看，公司员工人数规模主要集中在千人和百人，分别占 54.3%、35.9%；公司营业收入规模主要集中在百亿级和十亿级，分别占 50.3%、36.4%。

从证监会门类行业看，公司主要集中在制造业、信息传输软件和信息技术服务业、建筑业，占比分别为 49.2%、27.2%、5.1%。从证监会更细的大类行业看，制造业中计算机通信和其他电子设备制造业、专用设备制造业、医药制造业、非金属矿物制品业占比较高，分别占 32.3%、13.5%、11.5%、10.4%。信息传输软件和信息技术服务业中软件和信息技术服务业占

83.0%。

（二）中关村募集资金总额呈指数倍数攀升

随着中关村 A 股上市公司逐步上市，融资量成指数倍数攀升。其间接融资一直占据主体地位。只有在 2006 年、2010 年、2015 年附近直接融资占比达 40%。虽然中关村 A 股募集资金总额呈上升趋势，远小于沪深 300 公司，但远大于中关村新三板企业。间接融资占总融资的比例与沪深 300 公司相似，但变动幅度大于沪深 300 公司（见图 1 至图 4）。

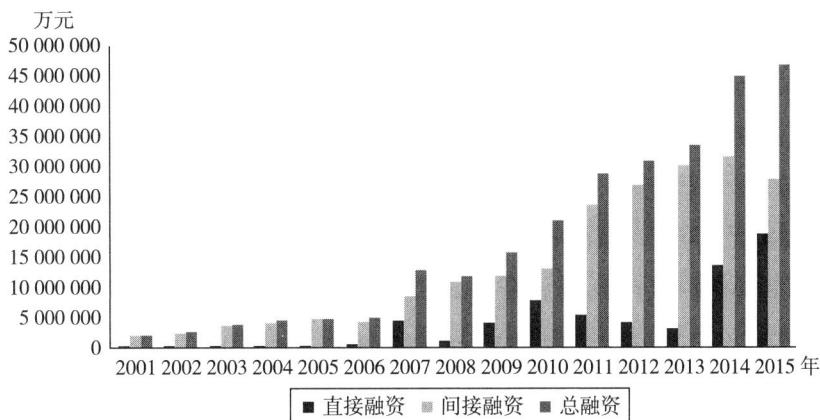

数据来源：Wind 资讯。

图 1　中关村 A 股募集资金总额

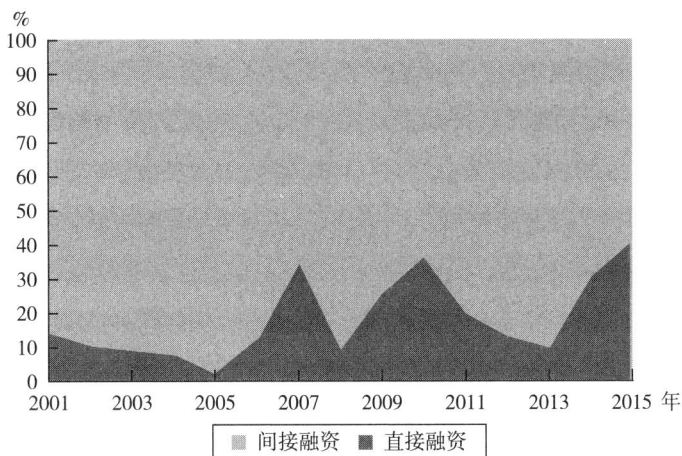

数据来源：Wind 资讯。

图 2　中关村 A 股直接融资占比和间接融资占比

万元

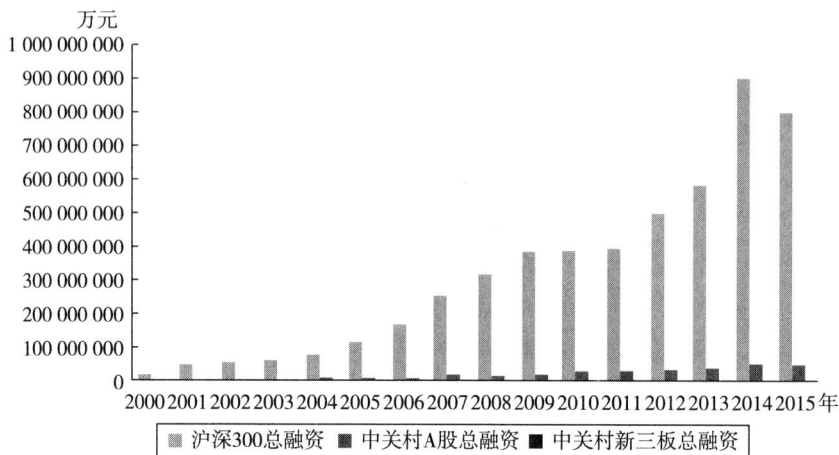

数据来源：Wind 资讯。

图 3　募集资金总额对比

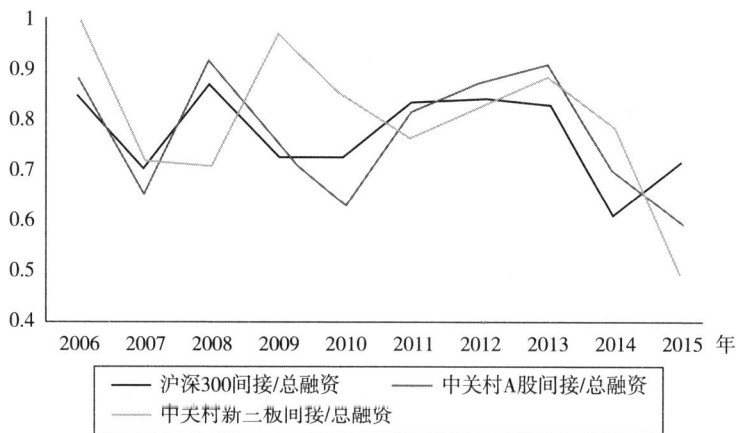

数据来源：Wind 资讯。

图 4　间接融资占比对比

　　中关村 A 股间接融资占上市以来募集资金流量总额的 3/4。中关村 A 股全部上市公司从上市以来募集资金流量共计 27 578.6 亿元，直接融资与间接融资分别占比为 25.0% 和 75.0%。从上市以来募集资金年余额共计 9 994.3 亿元，直接融资与间接融资分别占比为 69.0% 和 31.0%。中关村 A 股权再融资占直接融资总额的一半。在直接融资中，首发、股权再融资、债券融资占比分别为 21.8%、50.9%、27.3%。

从上市板看，资金主要集中在主板企业，2009年以后中小板和创业板企业融资量开始增加。从公司属性看，资金主要集中在中央国有企业和地方国有企业，民营企业从2009年募集资金开始上升，主要由于中小板和创业板的开闸。从行业看，2006年以前资金主要集中在制造业，2006年以后资金主要集中在制造业和建筑业。从园区分布看，在2000—2006年，资金主要集中在海淀和朝阳；在2007—2015年，资金主要集中在海淀和丰台（见图5至图8）。

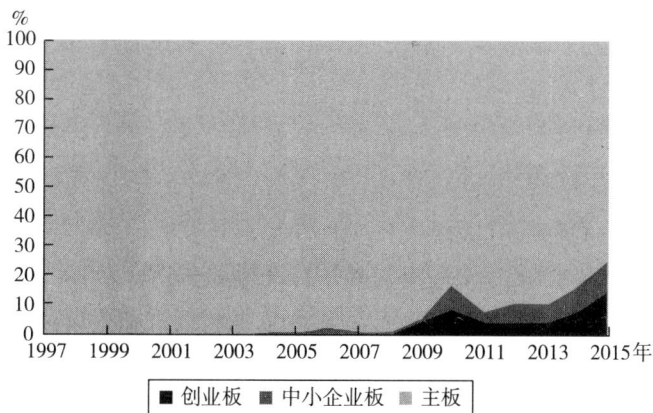

数据来源：Wind 资讯。

图5　中关村A股各上市板企业募集资金总额比例

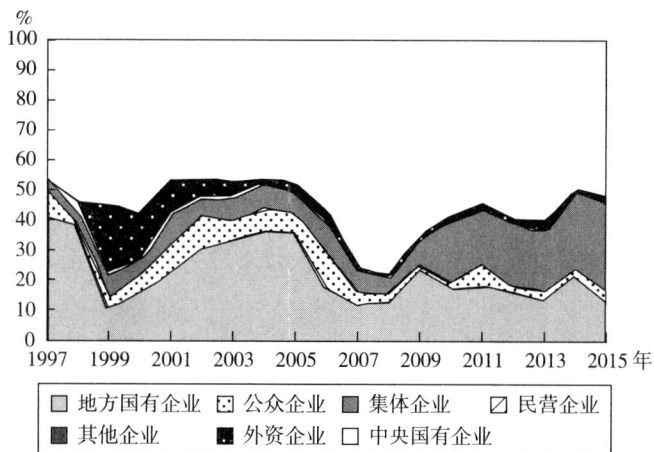

数据来源：Wind 资讯。

图6　中关村A股各类型企业募集资金总额比例

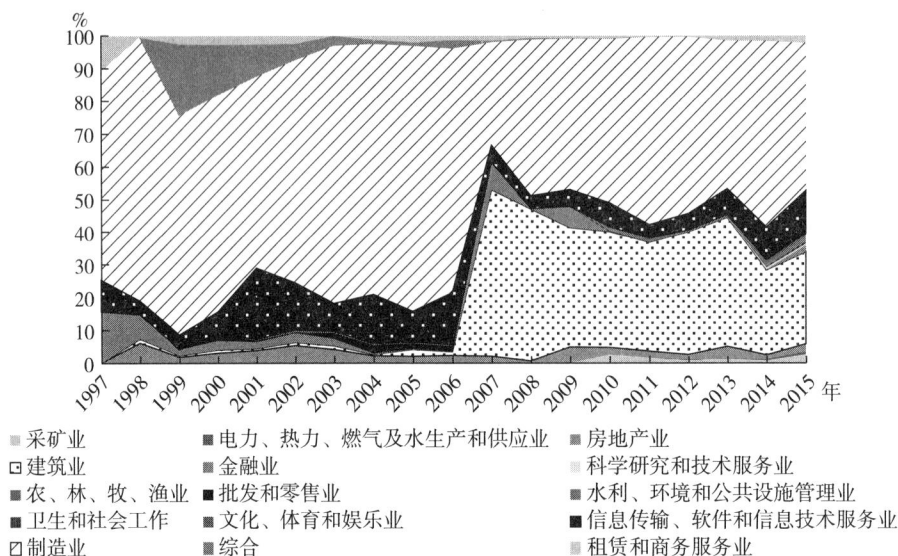

数据来源：Wind 资讯。

图 7　中关村 A 股各行业企业募集资金总额比例

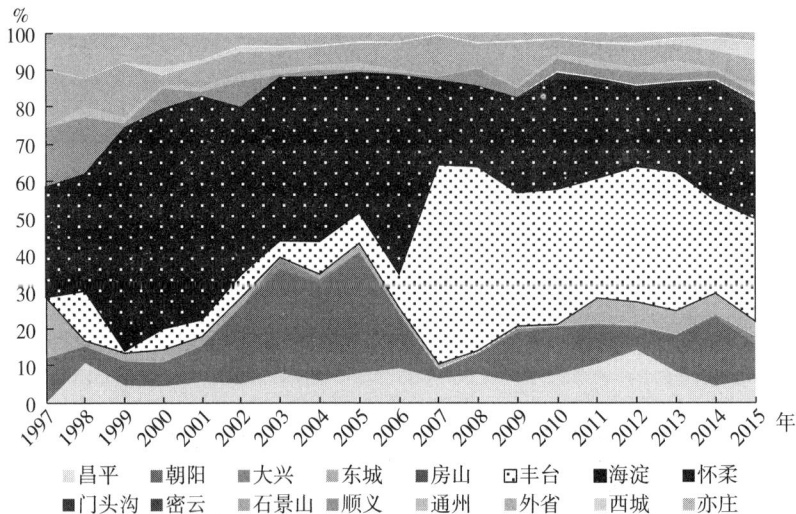

数据来源：Wind 资讯。

图 8　中关村 A 股各园区企业募集资金总额比例

（三）中关村资金使用效率从 2009 年开始进入下滑通道

中关村 A 股资金使用效率在 2000—2007 年存在高速上升趋势，从 2009

年开始进入下滑通道。与中关村新三板公司相比较低，但大部分时间好于沪深 300 公司（见图 9）。

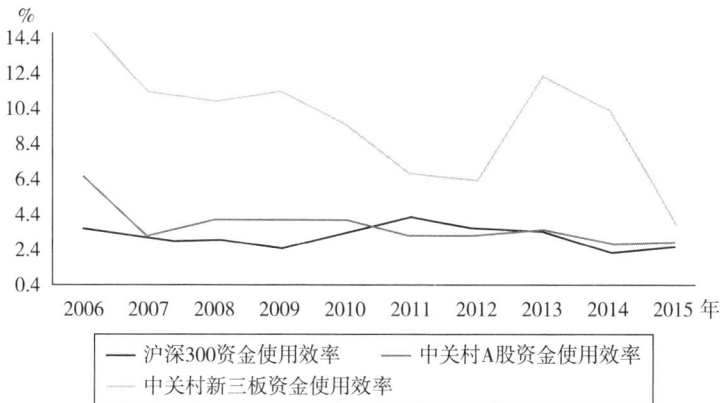

图 9　当年每融资 1 万元所创造的营业收入

从上市板看，在 2006—2009 年中小板公司资金使用效率较高，2009 年以后主板和中小板公司资金使用效率均在下滑，只有创业板有小幅上升，但在 2013 年以后持续下滑。从公司属性看，2000—2007 年，国有企业和民营企业资金使用效率均处于上升趋势，但在 2008 年以后，都出现了不同程度的下滑，只有中央国有企业还能保持稳定的资金使用效率。从行业看，批发和零售业在 2010—2013 年资金使用效率很高；建筑业在 2003—2007 年资金使用效率很高；租赁和商务服务在 2008—2012 年资金使用效率不断攀升，但 2013 年以后骤然下滑；制造业、信息传输软件和信息服务业一直处于资金使用效率较低状态。从园区分布看，在 2003—2011 年，西城、丰台、顺义、东城、大兴、昌平、朝阳、亦庄的资金使用效率较高，但从 2011 年开始，大多数园区资金使用效率下滑，表现相对较好的是大兴、丰台、顺义、石景山和亦庄。

（四）中关村就业贡献率从 2007 年开始呈下滑趋势

中关村 A 股就业贡献率 2000—2006 年处于逐步上升和高位平稳阶段，从 2007 年开始骤然下滑并出现缓慢下滑的趋势。与中关村新三板公司相比较低，但好于沪深 300 公司（见图 10）。

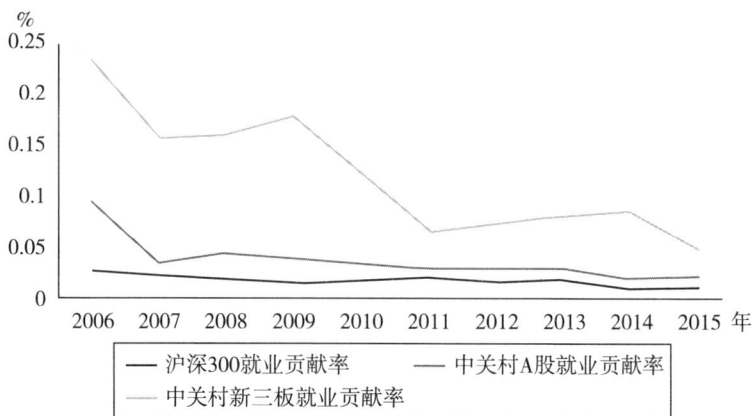

数据来源：Wind 资讯。

图 10　当年每融资 1 万元所供养的职工人数

从上市板看，2006—2009 年中小板公司就业贡献率极高，2011—2014
年中小板和创业板公司就业贡献率较高，但从 2009 年开始，各板公司就业
贡献率均处于下滑趋势，主板尤为明显。从公司属性看，2003—2007 年中央
企业就业贡献率较高，2007—2009 年民营企业就业贡献率较高，民营企业
和国有企业就业贡献率均从 2009 年开始下滑。从行业看，批发和零售业在
2010—2012 年就业贡献率很高，建筑业在 2003—2007 年就业贡献率很高，
租赁和商务服务业在 2008—2012 年就业贡献率高于全部公司情况，信息传
输软件和信息技术服务业在 2007—2014 年就业贡献率高于全部公司情况，
制造业在近十年基本与全部企业情况持平。从园区分布看，在 2009 年以前，
顺义、丰台、大兴、西城、亦庄公司的就业贡献率很高，在 2009 年以后，
东城、门头沟、西城、大兴、顺义公司的就业贡献率较高，海淀园公司一直
表现平平，但整体呈现下滑的趋势。

（五）中关村研发支出率呈上升趋势。

中关村 A 股研发支出率从 2006 年开始便逐步上升，与中关村新三板公
司相比较低，但好于沪深 300 公司。这一方面，可能与行业特性有关，由于
信息技术产业需要的研发支持更高，所以中关村 A 股和中关村新三板研发支
出率较高；另一方面，可能与融资总额有关，沪深 300 公司更容易获得更多
的资金（见图 11、图 12）。

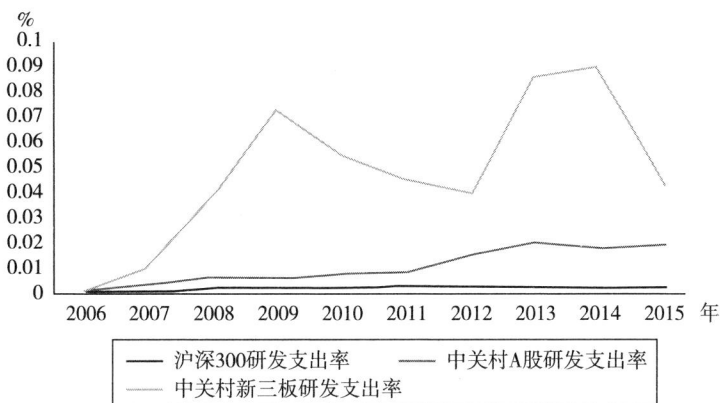

数据来源：Wind 资讯。

图 11　当年每融资 1 万元所投入的研发支出

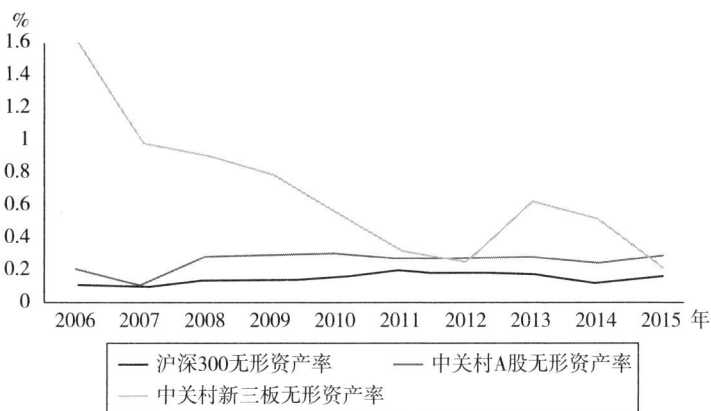

数据来源：Wind 资讯。

图 12　当年每融资 1 万元所形成的无形资产

从上市板看，中小板公司、创业板公司每单位融资所投入的研发支出呈上升趋势，远好于主板公司。从公司属性看，近十年地方国有企业每单位融资所投入的研发支出更高，其次就是民营企业。从行业看，批发和零售业在2007—2010 年就每单位融资所投入的研发支出很高，信息传输软件和信息技术服务业、制造业、水利环境业研发投入率均在 2006—2012 年急剧上升，但从 2013 年开始有所下滑。从园区分布看，昌平、石景山、亦庄、海淀、朝阳公司在研发支出率方面好于其他园区公司，昌平公司研发支出率增幅最大，而西城公司仅在 2010 年、2011 年的研发支出率较高。

三、金融支持中关村发展存在的问题

金融在支持中关村经济发展中占有重要地位，但纵观金融支持中关村发展的历史，以及从当前金融支持中关村发展的趋势特点来看，金融支持中关村发展主要存在效率、效能较低和精准度不高的问题，即优质的中小科技型企业不能得到足够的金融支持，而大型企业则得到了过度的金融支持，导致这种问题主要由于市场主体各方的信息不对称，从而无法更精准地对实体经济进行支持。

（一）政府部门间存在信息不对称

一方面，中关村示范区创新创业资源丰富，但诸多资源分配渠道促使形成了众多创新创业相关信息的孤岛。直接相关的信息孤岛包括：北京地区科研院所创新数据、北京地区知识产权交易数据、北京地区高新企业认定数据、中关村信用促进会相关数据、人民银行征信系统相关数据等。这些信息孤岛的存在，使得信用监管、现代企业治理、信息公开等现代市场经济机制发挥作用的基石十分脆弱，直接影响资源按市场机制的有效配置。例如，信息孤岛的存在，使得信用体系建设残缺不全、企业信用监管体系形同虚设；信息披露不充分，使得很多企业产生侥幸心理、搭便车行为等，缺少健全现代企业制度的内在动力和外部压力；银行监控成本加大，导致风险管制过度进而加剧信贷配给状况等。

另一方面，中关村示范区"一区十六园"分布比较分散，从全市层面看，各园区之间在产业层次、企业数量和规模、企业总收入、地均产出等方面存在发展不均衡的问题。在金融政策传导过程中，各园区之间也在信息接收、重视程度上有所差异，从而产生了各园区之间金融信息不对称的问题。

（二）政府部门与市场主体间存在信息不对称

1. 政府部门政策与金融机构之间信息沟通不畅，科技金融相关政策实施的长效机制需要进一步完善。有关部门科技金融相关补贴政策行政审批程序冗长且透明度相对较低，政策补贴时间滞后，具有较强的不确定性，缺乏可期的长效机制。一是相关补贴办法或通知出台时间不定，虽然一般为一年一次，但有可能出现延期跨年申请的情况。例如，2015年申请2013年的补贴，

而且如果财政资金短缺有可能推迟到下年度发补贴。二是相关申请程序相对繁杂。在申请补贴的时候，部分中小企业只能由银行代为办理补贴申请；同时，企业在申请高新证书时，国家高新技术企业和中关村高新技术企业需要分别申请，且两者不能互相认定，流程较为复杂，甚至需要寻求中介的帮助。三是相关部门审批流程缓慢且透明度较低。例如，部分专营机构由于补贴审批过程的推进相对不透明，再加上年末财务处理紧张，出于时效比的考虑，不得不放弃申请。而且补贴主要计入营业外收入，不能抵补信贷损失，影响科技金融业务拓展。

2. 政府部门与企业之间的信息不对称。以建设信用环境为例，尽管企业都认为信用体系建设对于科技型企业成长具有非常重要的意义，完善的信用体系建设可以让优质的科技型企业通过信用获得更多的融资，也使金融机构减轻骗贷、不良的风险。但部分企业，尤其是孵化器里的科创型企业，普遍缺乏信用积累的意识，对信促会出具的星级评定报告存在质疑和认识不足的问题，更未认识到信用报告对下一步获取银行贷款的意义。

（三）市场主体间存在信息不对称

市场主体间信息不对称主要是指企业与银行之间的信息不对称。以科技企业在初创时期为例，企业大多只能依靠孵化器平台获得有限的银行信息，缺少直接与银行沟通的渠道，难以及时掌握银行第一手的贷款产品、贷款手续、贷款条件等，进而影响企业在银行办理信贷业务。在银行开户方面，微型科技企业到商业银行申请开户时，也存在一定的门槛要求。在知识产权质押方面，当前科技型小微企业的知识产权质押融资面临着价值评估难、处置变现难、质押登记难等多种困境，尽管企业迫切希望通过知识产权作为抵押取得融资，但由于银行面对小微企业的知识产权通常存在认定难、评估难、处置难的问题，知识产权质押也多是纸上谈兵。

第二节 金融支持中关村发展存在问题的深层原因

金融支持中关村发展存在的各方主体信息不对称问题，主要由于我国金融体系在顶层制度设计、政策配合、基础设施建设、金融预期导向等方面存在一定有待完善的空间。

一、地方政府部门和金融监管部门的配合力度有待加深

（一）财税政策体系存在一定遗漏，财税与金融的政策合力不足

1.财税与金融政策制定方面合作较少。从现行政策看，除少部分联合发文外，政府部门与金融管理部门联合出台政策相对较少。中关村管委会出台的政策中针对金融机构的贴息、补贴、风险补偿的政策较多，但因未与相关金融管理部门进行协调配合，政策的适用性、普及面和针对性相对不足，政策执行效果打了折扣。同时，几乎没有针对金融机构税收优惠方面的试点政策，影响金融机构支持高新技术企业发展的积极性。

2.财税政策对开发性、政策性金融支持高新技术企业引导有待加强。开发性、政策性金融投入多集中在示范区基础设施、产业化建设和大型高新技术企业，对科技型中小企业发展支持力度相对不够。截至2016年6月，国家开发银行北京市分行累计发放支持示范区科技型中小企业贷款近20亿元，累计支持示范区科技型中小企业近170家，仅占其累计发放科技类贷款总额的5.5%。

（二）政策部门间协调机制及信息共享有待加强

1.政策部门间协调机制不够顺畅。示范区各级政府部门之间协调存在空白或交叉重叠，宣传方式和宣传覆盖面尚不能完全满足各园区、企业、金融机构的需要。在政府部门层面，部分园区对中关村示范区整体政策了解相对不足。在企业层面，企业规模较大、人力资源富裕的企业能够安排专人研究这些政策并与相应政府部门沟通对接，以争取政策红利能够在本企业实现和落地；但一些小微企业囿于人手，对政策了解不足，无法结合企业实际进行响应，政策推行效率较低。

2.政府部门间信息共享有待加强。中央银行征信系统、国税系统、地税系统、法院信息、建设委员会房屋信息系统、公安信息系统都相互分离，不能形成有效的数据合力，同时政府个别部门行政审批效率和政务公开效率较低，使得对于放贷企业的尽职调查和信息核实格外艰难，银行人力成本较高，使银行对做科技型中小企业贷款的意愿降低。

（三）有些政策执行难度较大、效率较低

1.部分政策执行存在难度。由于部分高新技术领域专业性较强，如智能

机器人产业、智能硬件产业等，金融机构支持高新技术企业时很难界定其是否属于某项高新技术产业，从而使得政策落实存在难度。

2. 政策行政审批效率较低。例如，高新技术企业认定效率较低。国家和中关村高新技术企业证书在申请条件、流程等各方面差异给企业、金融机构造成了混淆和重复申请问题，也给企业、金融机构开展相关享受国家政策优惠的业务带来了不便。

3. 政府信息披露效率较低。例如，银行审贷在获取政府信息方面存在障碍。银行向法院举报黑名单，是否切实使得上名单者受到相应的惩罚。银行到建设委员会查阅住房抵押需要长时间排号，并且查不到住房抵押次数，给银行办理业务带来较高的欺诈风险和人力时间成本。

（四）政策实施效果的有效评价机制有待完善

目前，北京市财政局搭建了"五位一体"的全过程绩效评价体系，推进了参与式预算评估，深化了第三方绩效评价，实现了财政组织评价和部门自行评价相结合的预算绩效管理全覆盖。但因评价的真实、公允和有效性不能得到有效核实，从而无法形成绩效评价的闭环设计。抽查核实、多方评价和将相关信息面向公众公示的方式是目前效率较高识别虚假信息的方式，但增加了时间和人力成本。因此，从长期看，升级以可追溯基础信息为核实要求的第三方闭环绩效评价方式，将有助于切实提高政策执行的有效评价。

二、金融基础设施及相关环境建设有待完善

（一）缺少公共信用信息平台

在科技企业从初创的研发到科技成果转化、扩大生产以及企业经营管理等过程中，科技企业的创始人或者管理者存在着大量的包括金融交易在内的信息记录，该类信息的收集、分析有益于提高金融机构向科技企业提供融资服务的风险管控水平，但是由于缺少行使该种职能的公共信用信息平台，中关村暂时还没能形成对中关村科技企业全覆盖的信息集合，造成包括信用信息不对称问题依然比较严重，限制了信用融资的快速发展步伐；同时由于没有统一的信息平台进行对企业信用记录的连续跟踪记录，造成企业失信成本过低，容易引起道德风险以及逆向选择问题，同时使得金融机构依然存在很

大的风险成本。

（二）科技金融服务宣传力度有待提高

由于科技企业的创始人和管理团队缺乏金融知识或者陈旧的金融融资理念，导致少数本来具备融资资格的企业被排除在融资市场之外；同时，大多数银行虽然推出适合科技企业需求的产品，但是出于成本收益的考虑，对于科技金融产品的宣传力度还远远不够，造成部分科技企业并不知道有此类产品的存在，最后影响到金融支持科技企业发展的效率。

（三）缺乏专业化的科技金融人才

虽然中关村地区有大量的人员从事与金融相关的行业，但是真正具有高素质且能完全胜任与中关村科技金融发展相适应的人才并不充足，具有高素质的科技金融人才的缺乏是我国各城市科技金融在发展过程中的软肋。首先，由于科技金融行业本身的特殊性，使科技金融人才具有需求广泛、结构多样、多角度、多层面等特征，区别于传统行业人才，从原有人力资源中转化过来的人才往往很难胜任科技金融类的岗位；其次，由于高素质的科技金融人才很难单纯通过传统的教育和培训方式获得，目前我国各高校和科研机构尚无开设科技金融学科专业，企业所能培养的也仅仅是科技或金融单方面精通的人才，既懂科技创新的规律又了解资本运作特点的人才相对匮乏。

三、对各类市场主体的引导和支持还有待进一步提升

（一）需进一步引导银行业金融机构支持高新技术企业

从政府角度来看，无论政府基金对初创期企业的支持力度，还是促进金融机构更多地为初创企业服务的支持力度暂时都不太理想，更多的服务资源依然指向了成长期或者已经步入成熟期的科技企业，而这类企业本身融资渠道就较为通畅。从传统融资渠道来看，银行对于科技企业的融资服务质量和规模虽然已经得到了较大程度的提升，但由于其稳健型的运营目标，导致其面向科技企业的金融服务仍然以传统信贷为主，同时为规避信贷风险、获得最大效益，其服务的对象也主要是具有一定规模的科技企业。尽管中关村地区已经有多家银行开设了特色的科技型银行或者科技金融专营机构，但是仍有部分银行并没有改变对初创期企业不够重视或者不敢重视的局面。下一

步，需要深入引导金融机构加大对中小微型高新技术企业的信贷支持力度，促进高新技术企业创新发展。

（二）互联网金融等新型金融业态亟须政府进行政策引导

现代科技与金融产业之间的相互推动作用越来越密切，作为金融科技的表现形式之一，互联网金融近年发展迅猛，但其监管方面仍然处于探索阶段，存在着不足，尤其是近几年，互联网消费金融快速崛起。京东金融、蚂蚁金服等互联网企业从事的都是事实上的金融业务，但从事这些业务的互联网企业仍然被定义为商业企业，未被纳入金融监管范畴。同样，开展消费金融业务的银行、汽车金融公司、消费金融公司则受到《个人贷款管理暂行办法》等相关法律的限制。这种不对等监管使得互联网消费金融公司存在监管套利的可能，限制了互联网消费金融公司从事金融业务的一些权力，同时，企业和个人各类信息得不到有效的管理和保护，加剧消费金融行业的不公平竞争，不仅提高了传统消费金融机构创新的成本，也限制了互联网消费金融的健康发展。因此，互联网金融亟须政府进行合理的监管以及政策引导。

（三）未能充分发挥科技类社会组织的政策协调功能

中关村科技类社会组织业务覆盖面广、活动能力强，在促进政府职能转型、推动产学研合作、构筑信用体系方面发挥着重要功能，如中关村信用促进会、北京创业投资协会等。但在政策落实方面，政府有关部门没能充分调动行业协会、产业联盟等社会组织的政策协调功能，这在一定程度上减弱了针对企业的科技政策的落实效果。政府有关部门应加强和行业协会、产业联盟等科技类社会组织的联系，定期通过它们收集科技政策落实过程中的问题以及科技型中小企业的政策需求。在建立科技管理部门和社会组织协调机制过程中，应注意保持社会组织的独立性，真正发挥社会组织建言献策的作用，促进科技决策的民主化。

第三节　金融支持中关村发展的思路与方案

金融支持中关村发展的主体思路是在不断完善法律制度规范、金融体制机制建设和金融基础设施建设的基础上，完善金融支持中关村科技型企业发展的政策及监管环境，促进中关村金融市场公平效率运转，培育和引导专业化金融机构支持中关村科技型企业，提升金融促进中关村经济发展催化剂的效能，推进科技创新和相关产业比较优势成为我国经济发展的新引擎、新增长点。推进方案按短期、中期、长期分阶段进行并根据客观条件和趋势变化而适时调整。

一、短期目标

当前，金融支持中关村发展仍存在诸多问题亟待改善，短期内，金融支持中关村发展的思路是以科技金融为中心开展工作，贯彻落实各项科技金融政策，积极推动先行先试政策落地，着力引导科技金融资源集聚，努力改善科技金融生态环境。

（一）以科技金融为主线助推中关村发展

1. 积极探索科技金融的内涵和外延，以人民银行中关村中心支行为平台推动科技金融工作找准着力点。目前，对于"科技金融"这一概念，并没有一个准确和清晰的定义，各部门、各地区在科技金融工作方面的探索和措施也各有特色。人民银行中关村中心支行作为面对市场一线的金融管理部门，可以此为契机，积极探索科技金融的内涵和外延，结合中关村的特点和人民银行职责，找准工作重心和着力点，探索具有中关村特色的科技金融发展路径。

2. 不断实践，打造"一个品牌、两把抓手、三方合作"工作目标。人民银行中关村中心支行在中关村地区牢牢把握"创新"这一根本理念，以科技金融为中心开展工作，不断探索科技金融新路径，以打造"一个品牌、两把抓手、三方合作"的工作方向为短期目标。

一个品牌：人民银行中关村中心支行是目前中关村示范区内唯一的金融管理机构，通过多种方式的宣传推广，以及开展科技金融评估与监测工作，有效提高了科技金融方面的影响力，进一步吸引金融资源和创新资源集聚，在中关村示范区树立起科技金融的一个创新品牌。

两把抓手：人民银行中关村中心支行将科技金融专营机构的评估和监测作为两把工作抓手，通过不断完善评估指标，扩大监测范围，有效发挥了激励和约束作用，引导和推动了中关村示范区的银行业金融机构科技金融业务专业化发展，加大了对科技型企业的信贷支持力度，扩大了科技金融服务的覆盖范围,推动了金融产品创新和服务创新。

三方合作:科技金融的发展,需要政府机构、人民银行、金融机构三方的共同推进。首先,科技金融工作的开展,离不开政府部门的大力支持。推动政府部门从产业政策出发,可以引导金融机构找准支持首都科技型产业发展的着力点和侧重点;从财政政策出发,可充分发挥财政资金杠杆作用,撬动金融资本投入科技创新领域。其次,人民银行积极引导商业银行通过信贷投放支持科技型企业发展,同时,工作视野又不局限在银行信贷,同步探索政策性金融、股权融资、知识产权质押融资等支持科技金融发展的路径和方式。

3. 建立辖区科技金融分析框架,发挥"触角"作用。由于中关村示范区不是一般意义上的行政区,人民银行中关村中心支行应立足自身所有的调统、征信数据、专营机构监测数据和一些外部资讯,建立辖区科技金融分析框架,重点反映中关村示范区专营机构支持科技型企业发展的情况和问题。同时,探索定期发布《中关村科技金融发展报告》,系统总结和反映中关村科技金融发展情况。发挥"触角"作用,建立快速反应机制,及时收集、反馈高科技产业和科技金融发展的最新动态和最鲜活的案例,掌握第一手资料,了解各项政策在最基层的传导和落实情况及存在的问题,为相关部门提供决策参考。

(二)加强财税与金融的合力

1. 完善财税政策体系,加强金融政策与财税政策合作。为有效引导银行支持中关村示范区企业融资,引导开发性、政策性金融支持中关村示范区企业融资,园区应完善财税政策体系,加强政府部门与金融监管部门在推行科技金融政策方面的合作。一是政府部门与金融监管部门应一同推进针对金融机构成立的专门服务高新技术企业的专营机构、特色支行(分行)倾斜性的税收优惠政策。二是政府部门与金融监管部门应一同推进专营机构相关办法与风险补偿政策的结合,适度调高信用贷款利率上浮限制,允许风险补偿资金、补贴资金抵补当期产生的信贷损失。三是政府部门与金融监管部门应共同推进引导开发性、政策性金融加强对高新技术企业的支持力度,加强风险控制,提升支持科技创新的比重。

2. 加强政府部门间协调合作,逐步搭建信息共享系统。一是加强政府部门间协调合作，搭建更顺畅的政策传导机制。加强示范区相关政策宣传力度，运用互联网和协会、产业联盟指导等方式提高各园区政府部门、企业和金融机构对政策的认知度，提高政策推行效果。二是协调搭建政府部门间数据信息共享系统。继续推动银税互动，逐步协调搭建政府部门间中央银行征信、国税、地税、法院信息、建设委员会房屋信息、公安信息等综合数据共享系统，并以此为基础建立高新技术企业的指标监测体系，使高新技术企业信息线上化，各政府部门可直接通过系统了解高新技术企业情况，提高信息共享透明度，为金融机构认定不良企业、优质企业提供便利，从而降低优质高新技术企业和金融机构违约欺诈风险，提高政策实施的即时性和精准度。

3. 相关部门加强专业化领域研究合作，简化流程，提高政策执行、行政审批、信息披露效率。一是相关部门应加强高新技术领域研究合作。与科技部门、高新科技研究部门建立长期合作关系，引导金融机构加深对高新技术领域和高新技术企业发展规律的了解，提升对高新技术企业的识别能力和对市场前景判断的能力。二是简化高新技术企业认证程序，给予已申请国家高新技术企业证书企业简化认定的便利；进一步完善企业和金融机构申请补贴的程序，为优质高新技术企业及金融机构申请优惠政策提供绿色通道。三是相关政府部门提高行政审批效率和政策执行效果。例如，相关部门联合住房和城乡建设委员会，在高新技术企业审贷方面给银行提供一些查询房屋抵押信息的绿色通道；联合法院切实使得上黑名单的企业和人受到相应的惩罚，从而便利优质高新技术企业和金融机构更快捷、成本更低地获得政策支持，降低其获取政策支持信息和受到欺诈的成本。

4. 以银行账户为载体，完善政策有效绩效评价机制。相关部门应与金融监管部门合作，以银行账户为基础载体，精准定位每笔财政资金对高新技术企业的支持效果，从而可以解决财政支持滞后、企业虚假申报、重复申报等问题。为促进政策绩效全程评价的有效跟踪，具体结合方式有以下两种可供参考：

一是财政补贴账户与银行贷款账户挂钩。针对示范区内高新技术企业申请的补贴、贴息等资金支持，可根据其在合作银行的相应用途贷款的还款情况，结合政府部门的导向，在其贷款本金或利息中抵扣，从而可达到撬动银行资金和落实补贴的目的，企业也可减轻还款压力。

二是财政补贴账户与税收账户挂钩。针对示范区内高新技术企业申请的补贴、贴息等资金支持，在企业符合一定标准和条件下，在其纳税时进行抵免，年末清算时在预缴税款中抵扣或退税，这也是美国支持高新技术产业税收优惠的一种方式。

（三）加强科技金融环境建设

1. 广泛开展金融宣传。充分利用电视、广播、报刊、网络等媒体，向社会广泛宣传科技金融业务、信用体系建设、政策法规等知识，提高中关村地区全社会的金融意识，大力普及金融基础知识，推介各类金融工具，引导居民投资行为，提升风险防范意识，强化全民金融素质，提高社会各界对中关村金融生态环境建设重要性的认知度，为金融生态环境建设营造良好的社会舆论氛围。金融生态环境建设作为一项复杂的长期工程，需要全社会各主体广泛参与，真正实现各项金融改革措施和政策能够上通下达，全民知晓。

2. 强化对金融服务的科技支撑。完善科技专家参与科技企业信贷项目评审工作机制，建立中关村科技金融服务专家库，为金融机构提供专业咨询意见。发挥中关村科技创新资源优势，支持中关村科技企业加大在移动支付、电子交易系统、金融信息系统、系统互联互通等领域的研发和市场推广，引导企业参与金融机构的技术创新和应用示范，为金融机构提供专业设备、软件开发、信息管理服务、电子商务后台支撑、金融外包服务等多种类型的产品、技术和服务。

3. 不断推进中关村信用体系建设。一是要总结推广诚信典型。可持续推动"瞪羚企业""信用双百企业"等评选工作，或通过开展"信用企业""信用工商户""信用社区"等创建活动，充分发挥诚信典型的示范推动作用。二是要不断完善征信体系。人民银行要加强信贷征信建设，完善个人征信体系，建立健全企业和个人的信贷征信数据库。各相关部门要探索建立政府行政管理、执法部门的社会公共信用信息系统建设，实现互联互通，提高开放和共享程度，使社会信用信息数据真正成为行政管理和各经济社会主体进行经营活动的重要参考依据，为金融机构做好对科技企业和个人贷款服务，提供政策和信息服务平台。三是坚决遏制失信行为。在中关村地区树立"守信光荣、失信可耻"的道德文化理念，在行政管理事项中使用信用记录和信用报告，为守信主体提供优先办理、简化程序等"绿色通道"激励政策，建立

"一处失信、处处受制"的机制，并采取法律的、行政的、经济的等多种手段遏制失信行为。

4.完善金融对高新技术企业市场拓展的综合服务。采取政府、金融机构、企业多方合作的方式，进一步聚集金融服务资源，建立涵盖供给方和采购方、企业和金融机构的金融综合服务机制，构建包括担保、银行、小额贷款、保险、发行直接融资产品、融资租赁、改制上市等在内的科技金融政策支持体系，帮助企业拓展市场。

5.促进贸易和投资便利化，支持企业国际化发展。开展支持科技企业创新创业的外汇管理政策试点。进一步完善外商投资股权投资结汇、中关村企业员工直接持有境外关联公司股权及其通过境外企业返程投资所涉外汇管理政策。加快推动科技企业参与跨境人民币结算业务，拓展跨境人民币结算网络，改进金融服务，降低结算成本。发展符合科技企业特点的跨境人民币金融产品。稳妥推进人民币境外直接投资和外商直接投资跨境人民币业务。

6.相关部门定期发布科技金融相关补贴政策通知，利用信息技术提高行政审批效率。建议相关政府部门加强合作，完善高新技术企业证书申请评价识别标准和流程，定期发布科技金融相关补贴政策通知，方便符合要求的金融机构与企业公平申请。建议利用信息技术及互联网平台，提高政策实施透明度，明确政策补贴申请具体细则、时间安排、拨付资金标准及流程管理，提高财政资金精细化使用，减少金融机构及企业申报程序壁垒，降低申请双方时间精力成本，提高行政审批效率。例如，美国从20世纪70年代便开始进行大规模放松行政管理制度改革，美国注册企业，联邦和地方政府网站上都为创业者提供了详尽而专业的介绍和咨询服务。美国小企业服务局的网站上对企业如何制订创业计划、如何为企业注册、如何获得许可证和营业执照、如何获得税务号码，以及如何选址等内容都进行了详尽的介绍。

7.培育良好消费支付环境。便捷的支付方式、良好的消费环境对消费的提升作用是非常重要的。一是应进一步完善信用卡消费环境，扩大银行卡使用范围，改善银行卡受理环境，提高用卡便捷度。二是应进一步完善银行账户清算体系建设，维护和规范支付环境。在互联网消费日益成为主流消费方式的电子商务时代，政府部门应从全局出发，着力完善支付体系背后的银行账户清算体系建设，整合商业银行的网上支付体系和第三方支付平台，促进移动支付、互联网支付等新兴支付方式规范发展，为消费者提供安全、高效、便捷的消费金融服务。

8. 加强信息安全保护体系建设。随着物联网时代的到来，尤其中关村地区作为我国互联网金融中心，虽然互联网信息技术给金融支持中关村企业发展，以及人们生活带来了巨大的便利，但同时也带来了较大的安全隐患。建议加强信息安全保护体系建设，加强对消费金融信息安全调研，加快推进安全评估测试，完善从事金融行为的企业信息基础设施和重要信息系统建设，提高信息化水平和信息安全水平，妥善保管客户资料和交易信息，切实保证信息安全。

（四）厘清引导金融市场主体健康发展的思路

1. 完善针对互联网金融发展的各项政策。无论对于中关村还是我国整体来讲，互联网金融几乎是一个是完全新生的事物，其规范管理的机制还不健全。一是应该充分发挥政府平台作用，规范互联网金融企业业务范围，防止出现庞氏骗局、滥用资金、收费混乱等问题。二是加强政府对互联网金融企业的培育及补贴，扶持本土互联网金融机构的发展壮大，吸引国内外互联网金融机构进入互联网金融中心，形成互联网金融机构在地理区域的高度聚集，打造科技创业、金融创新，同时专注服务中小企业的互联网金融文化氛围。

2. 深入研究政策性金融、股权融资等支持科技金融发展的路径和方式。科技型企业的发展特点决定了银行等传统商业性金融始终存在风险与收益不匹配的矛盾。因此，需要深入研究政策性金融支持科技金融发展的路径和方式。同时，探索股权融资、知识产权质押融资等适合科技型企业发展的融资方式。

3. 不断完善科技金融服务监测评估体系。金融监管机构可根据辖区实际情况，按照地方科技部门制定的科技企业认定标准与名录，推动各金融机构研究建立科技金融服务专项统计制度，加强对科技企业贷款的统计与监测分析，并探索建立科技金融服务的专项信贷政策导向效果评估制度。例如，推进建立中央银行口径本外币一体化的中关村高新技术企业技术企业数据信息监测系统，尝试整合各业务条线数据资源，构建本外币一体化的监测分析系统，明确主体监管思路。

二、中期目标

随着客观条件和我国经济形势发展的趋势，不断改善金融支持中关村发展的思路与方向，计划形成具有全球影响力的中关村科技金融服务体系，辐射带动全国科技金融创新发展，提升金融支持科技创新的效能。

（一）进一步加强财税、金融政策的合力

1.继续加大财税政策对高新技术基础产业的支持力度。一是充分利用现有渠道，加强财政资金对高新技术基础产业的支持，重点投向智能制造、"四基"发展、高端装备等产业转型升级的关键领域，为产业发展创造良好的政策环境。二是运用政府和社会资本合作（PPP）模式，引导社会资本参与产业重大项目建设、企业技术改造和关键基础设施建设。三是创新财政资金支持方式，逐步从"补建设"向"补运营"转变，提高财政资金使用效益。四是深化科技计划（专项、基金等）管理改革，支持产业重点领域科技研发和示范应用，促进产业技术创新、转型升级和结构布局调整。五是完善和落实支持创新的政府采购政策，推动制造业创新产品的研发和规模化应用。六是落实和完善使用首台（套）重大技术装备等鼓励政策，健全研制、使用单位在产品创新、增值服务和示范应用等环节的激励约束机制。七是实施有利于高新技术产业转型升级的税收政策，推进增值税改革，完善企业研发费用计核方法，切实减轻企业税收负担。

2.持续深化金融领域改革，完善金融扶持政策，提高金融效率与效能。一是积极发挥政策性金融、开发性金融和商业金融的优势，加大对新一代信息技术、高端装备、新材料等重点领域的支持力度。支持政策性金融机构在业务范围内加大对科技型企业"走出去"的服务力度，鼓励政策性金融机构增加对科技型企业的贷款投放，引导金融机构创新符合制造业企业特点的产品和业务。二是健全多层次资本市场，推动区域性股权市场规范发展，支持符合条件的科技型企业在境内外上市融资、发行各类债务融资工具，拓宽科技型企业融资渠道，降低融资成本。三是引导风险投资、私募股权投资等支持科技型企业创新发展。四是鼓励符合条件的高新技术企业贷款和租赁资产开展证券化试点。五是支持重点领域大型科技型企业集团开展产融结合试点，通过融资租赁方式促进科技型企业转型升级。

3. 完善科技型中小微企业支持政策，加强财税政策与金融政策的合力。一是落实和完善支持科技型小微企业发展的财税优惠政策，优化科技型企业发展专项资金使用重点和方式。二是发挥财政资金杠杆撬动作用，吸引社会资本，加快设立国家发展基金。鼓励商业银行加强科技型企业金融服务专营机构的建设力度，建立完善小微企业融资担保体系，创新产品和服务。三是建设完善中小企业创业基地，引导各类创业投资基金投资小微企业。四是鼓励大学、科研院所、工程中心等对中小企业开放共享各种实（试）验设施。五是加强中小微企业综合服务体系建设，完善中小微企业公共服务平台网络，建立信息互联互通机制，为中小微企业提供创业、创新、融资、咨询、培训、人才等专业化服务。

（二）进一步改善科技金融环境建设

1. 深化科技金融人才环境建设。

一是引进培养科技金融创新人才。全面落实中关村建设人才特区的政策措施，健全完善科技金融创新人才吸引、培养、使用、流动和激励机制，培养一批科技金融领军人才，打造多元化的科技金融创新人才队伍。研究出台针对科技金融人才，尤其是领军人才的户籍、住房、子女教育、出入境等方面的专门政策，营造和谐宜居、环境优美、有利于人才创业的工作和生活环境。

二是完善金融支持人才发展的机制，促进人才特区建设。鼓励企业和社会组织建立人才发展基金，加大人才资源开发。北京市引导设立高层次人才创新创业基金，以直接投资、股权激励、奖励等方式，吸纳社会资金投入，支持高层次人才科研成果的转化和产业化。探索通过股权投资、人才引进及产业化载体相结合的模式，推动国际领先的重大技术成果转化和产业化。

2. 加强信用环境建设。

一是建设科技企业信用信息数据库。建立科技企业信用信息数据库，为科技型企业投融资提供更多凭证。通过与工商、税务等政府部门合作，整合科技企业从初创的研发到科技成果转化、扩大生产以及企业经营管理等过程中的金融交易信息、信用记录，建立完整的科技企业信用信息数据库。数据库定期跟踪企业信息并更新数据库内容，同时结合历史与当时科技企业的资信情况，对科技企业进行评估、分级。与此同时，还要发挥、扩大企业信用记录作为企业投融资的重要参考指标的权重，发展壮大信用融资对科技企业的支持力量。此外，数据库在服务设计上，还可以考虑对连续三年以上发生信用融资行为且保持良好信用记录的企业进行公开信息宣传，从而实现既能为投融资的安全进行提供更多的保障，又能提高信用较好的企业获得融资的能力的目的。

二是加强信用制度建设和体制机制创新。充分发挥信用自律组织作用，建立完善企业信用评价体系。鼓励信用中介机构增强自身的公信力，提升服务质量，推广信用产品，发挥信用担保、信用评级、信用增进在企业投融资过程中的功能。鼓励企业开展内部信用管理，加强企业信用自律。加强政策引导和信用监督，综合运用法律、经济、舆论监督等手段，完善信用激励机制。发挥中关村作为信用首善之区在全国的示范作用，实现以信用促融资、以融资促发展。

3.完善资本市场环境建设。

一是积极参与建设统一监管下的全国场外股权交易市场。总结中关村代办股份报价转让试点经验，完善制度，扩大规模，稳健运行，进一步发挥资本市场作用，拓宽科技企业直接融资渠道，扩大直接融资规模。积极参与建设统一监管下的全国场外股权交易市场。

二是支持符合条件的优秀科技企业发行上市。建立由政府部门、证券交易所、证券公司和中介服务机构联合参与的科技企业上市联动机制。完善企业改制上市服务机制，支持符合条件的企业在境内外资本市场上市，不断做强做大"中关村板块"。完善资本市场转板制度，建立有机联系的多层次资本市场体系。

三是支持科技企业利用资本市场进行兼并重组。完善企业并购重组公共服务体系，引导上市公司加强市值管理，提供信息、政策协调、中介服务、人才支持等公共服务。支持科技企业借助并购贷款、并购基金等多种并购融资工具开展兼并收购。

四是不断完善中小科技企业债务融资市场。积极支持科技型中小企业发行集合融资工具、企业债券、公司债、短期融资券、中期票据及其他新型债务融资工具，对科技型中小企业发行债务融资工具开辟绿色通道，简化审批手续，完善信用增进服务。大力培育银行间债券市场合格投资者，为科技型中小企业直接融资创造条件。

五是推动股权投资基金发展。积极支持在中关村设立和发展股权投资基金，建立从注册登记、办公场所、人才激励到项目对接的一条龙服务体系，引导股权投资基金投资于战略性新兴产业和重点企业。积极推进中关村股权投资企业的备案工作，促进股权投资企业规范运行和健康发展。

六是完善非上市科技企业股权交易市场。依托北京金融资产交易所等各类产权交易机构，完善非上市科技公司股份转让途径。完善未上市股份公司股权集中托管、转让、市场监管等配套制度。

七是开展战略性新兴产业孵化器信托投资基金试点。搭建专业机构管理的金融平台，募集社会资金，投资发展长期持有型的科技物业。引入科技物业专业运营商，发展产业孵化等服务业务，打造优质创新环境，实现科技物业建设模式创新与金融创新的有效结合。

（三）引导金融市场主体支持高新技术产业发展

1. 加快推进科技信贷产品和服务模式创新。

一是完善科技信贷管理机制。鼓励银行业金融机构完善科技企业贷款利率定价机制，充分利用贷款利率风险定价和浮动计息规则，根据科技企业成长状况，动态分享相关收益。完善科技贷款审批机制，通过建立科技贷款绿色通道等方式，提高科技贷款审批效率；通过借助科技专家咨询服务平台，利用信息科技技术提升评审专业化水平。完善科技信贷风险管理机制，探索设计专门针对科技信贷风险管理的模型，提高科技贷款管理水平。完善内部激励约束机制，建立小微科技企业信贷业务拓展奖励办法，落实授信尽职免责机制，有效发挥差别风险容忍度对银行开展科技信贷业务的支撑作用。

二是丰富科技信贷产品体系。在有效防范风险的前提下，支持银行业金融机构与创业投资、证券、保险、信托等机构合作，创新交叉性金融产品，建立和完善金融支持科技创新的信息交流共享机制和风险共控合作机制。全面推动符合科技企业特点的金融产品创新，逐步扩大仓单、订单、应收账款、产业链融资以及股权质押贷款的规模。充分发挥政策性金融功能，支持国家重大科技计划成果的转化和产业化、科技企业并购、国内企业自主创新和引进消化吸收再创新、农业科技创新、科技企业开展国际合作和"走出去"。

三是创新科技金融服务模式。鼓励银行业金融机构开展还款方式创新，开发和完善适合科技企业融资需求特点的授信模式。积极向科技企业提供开户、结算、融资、理财、咨询、现金管理、国际业务等一站式、系统化的金融服务。加快科技系统改造升级，在符合监管要求的前提下充分利用互联网技术，为科技企业提供高效、便捷的金融服务。

四是大力发展知识产权质押融资。加强知识产权评估、登记、托管、流转服务能力建设，规范知识产权价值分析和评估标准，简化知识产权质押登记流程，探索建立知识产权质物处置机制，为开展知识产权质押融资提供高效便捷服务。积极推进专利保险工作，有效保障企业、行业、地区的创新发展。

2. 拓宽适合科技创新发展规律的多元化融资渠道。

一是支持科技企业上市、再融资和并购重组。推进新股发行体制改革，继续完善和落实促进科技成果转化应用的政策措施，促进科技成果资本化、产业化。适当放宽科技企业的财务准入标准，简化发行条件。建立创业板再融资制度，形成"小额、快速、灵活"的创业板再融资机制，为科技企业提供便捷的再融资渠道。支持符合条件的科技企业在境外上市融资。支持科技上市企业通过并购重组做大做强。推进实施并购重组分道制审核制度，对符合条件的企业申请实行豁免或快速审核。鼓励科技上市企业通过并购基金等方式实施兼并重组，拓宽融资渠道。研究允许科技上市企业发行优先股、定向可转债等作为并购工具的可行性，丰富并购重组工具。

二是鼓励科技企业利用债券市场融资。支持科技企业通过发行企业债、公司债、短期融资券、中期票据、中小企业集合票据、中小企业集合债券、小微企业增信集合债券、中小企业私募债等产品进行融资。鼓励和支持相关部门通过优化工作流程，提高发行工作效率，为科技企业发行债券提供融资便利。对符合条件的科技企业发行直接债务融资工具的，鼓励中介机构适当降低收费，减轻科技企业的融资成本负担。继续推动并购债、可转债、高收益债等产品发展，支持科技企业滚动融资，行业收购兼并和创投公司、私募基金投资和退出。

三是推动创业投资发展壮大。发挥政府资金杠杆作用，充分利用现有的创业投资基金，完善创业投资政策环境和退出机制，鼓励更多社会资本进入创业投资领域。推动各级政府部门设立的创业投资机构通过阶段参股、跟进投资等多种方式，引导创业投资资金投向初创期科技企业和科技成果转化项目。完善和落实创业投资机构相关税收政策，推动运用财政税收等优惠政策引导创业投资机构投资科技企业，支持符合条件的创业投资企业、股权投资企业、产业投资基金发行企业债券；支持符合条件的创业投资企业、股权投资企业、产业投资基金的股东或有限合伙人发行企业债券。鼓励发展天使投资。

四是鼓励其他各类市场主体支持科技创新。支持科技企业通过在全国中小企业股份转让系统实现股份转让和定向融资。探索研究全国中小企业股份转让系统挂牌公司的并购重组监管制度，规范引导其并购重组活动。探索利用各类产权交易机构为非上市小微科技企业提供股份转让渠道，建立健全未上市科技股份公司股权集中托管、转让、市场监管等配套制度。加快发展统一的区域性技术产权交易市场，推动地方加强省级技术产权交易市场建设，完善创业风险投资退出机制。支持证券公司直投子公司、另类投资子公司、基金管理公司专业子公司等，在风险可控的前提下按规定投资非上市科技企业股权、债券类资产、收益权等实体资产，为不同类型、不同发展阶段的科技企业提供资金支持。

3. 探索构建符合科技创新特点的保险产品和服务。

一是建立和完善科技保险体系。按照政府引导、商业保险机构运作、产寿险业务并重的原则，进一步建立和完善科技保险体系。加大对科技保险的财政支持力度，鼓励有条件的地区建立科技保险奖补机制和科技再保险制度，对重点科技和产业领域给予补贴、补偿等奖励和优惠政策，充分发挥财政资金的引导和放大作用，促进科技保险长效发展。支持符合条件的保险公司设立专门服务于科技企业的科技保险专营机构，为科技企业降低风险损失、实现稳健经营提供支持。

二是加快创新科技保险产品，提高科技保险服务质量。鼓励保险公司创新科技保险产品，为科技企业、科研项目、科研人员提供全方位保险支持。推广中小科技企业贷款保证保险、贷款担保责任保险、出口信用保险等新型保险产品，为科技企业提供贷款保障。加快制定首台（套）重大技术装备保险机制的指导意见，建立政府引导、市场化运作的首台（套）重大技术装备保险机制和示范应用制度，促进首台（套）重大技术装备项目的推广和科技成果产业化。

三是创新保险资金运用方式，为科技创新提供资金支持。根据科技领域需求和保险资金特点，支持保险资金以股权、基金、债权、资产支持计划等形式，为高新区和产业化基地建设、战略性新兴产业的培育与发展以及国家重大科技项目提供长期、稳定的资金支持。探索保险资金投资优先股等新型金融工具，为科技企业提供长期股权投资。推动科技保险综合实验区建设，在更好地服务科技创新方面先行先试，探索建立综合性科技保险支持体系。

4.完善知识产权投融资体系，促进科技成果市场转化。

一是创新知识产权投融资方式。不断拓展专利权、商标权和著作权等各类知识产权的投融资服务。完善中关村知识产权质押贷款的培育引导机制、信用激励机制、风险补偿机制、组合融资机制和风险分担机制，扩大知识产权质押贷款业务规模。在符合现行规定的条件下，鼓励银行、保险等金融机构设立知识产权融资服务专营机构。鼓励发展知识产权融资集合资金信托计划等直接融资产品。鼓励发展知识产权投资和经营公司。支持保险机构开发与知识产权相关的保险业务。引导创业投资、担保、银行、保险等机构为知识产权的孵化、经营、转让、许可等提供组合式的创新金融服务。

二是深化建设知识产权与技术交易市场。培育知识产权质押物流转市场体系，丰富知识产权质押贷款质权处置途径。支持中国技术交易所发展成为具有国际影响力的技术交易市场。加强对技术交易市场的规范引导，完善筛选评价、信息披露、交易撮合等交易机制。研究建立知识产权集中托管平台。

三是完善知识产权投融资配套服务。研究建立统一的知识产权质押登记制度，健全知识产权价值评估体系，探索建立全国统一的知识产权评估信息服务网络。加强科技成果信息数据库建设，完善推广应用机制。大力发展知识产权代理、信息服务、价值评估、融资保证、技术评价等专业服务业，引导鼓励知识产权中介服务机构集聚发展。引导知识产权中介服务机构与创业投资、金融机构等开展战略合作，组建知识产权投融资服务联盟。

5. 完善创业投资体系，促进科技创新创业。

一是大力培育天使投资人。研究出台支持天使投资发展的政策，培育天使投资者队伍，引导鼓励境内外个人开展天使投资业务。建立创新创业项目库，引导鼓励为天使投资服务的中介组织体系发展。鼓励建设促进天使投资发展的聚集区和平台，加大宣传力度，营造有利于天使投资发展的氛围。

二是大力支持创业投资聚集发展。建立和完善以政府资金为引导、社会资金为主体的创业资本筹集机制和市场化的创业资本运作机制。发挥国家相关部委和北京市设立的创业投资引导资金的杠杆和引导作用，采取阶段参股、跟进投资、风险补偿等多种方式，鼓励创业投资企业投向战略性新兴产业领域的初创期科技企业。不断完善支持创业投资发展的政策环境。完善创业投资退出机制。

三是积极创新科技企业孵化模式。鼓励和引导创业投资机构与科技孵化器、大学科技园等创业孵化平台开展深入合作，强化创业孵化平台对在孵项目的金融服务与创业指导功能。鼓励战略性新兴产业的平台型公司和行业龙头企业利用"创投＋孵化"模式，为初创期科技企业提供资金、平台与业务相结合的组合支持。鼓励民间资本参与设立科技企业孵化器，并在资金、土地、人才引进等方面给予政策支持，降低其运营成本。

6. 引导专业化金融机构搭建潜在优质科技企业的选择体系。

引导专业化金融机构建立起能够识别有潜力的优质科技型企业的机制，推动建立起金融机构优质客户选择体系，让更多有潜力、有实力的科技型企业得到金融机构的支持。

一是对科技型企业进行科学定位，建立金融机构优质客户目标识别体系。推动建立一套完整、科学、有效的金融机构优质资产科技型企业选择体系是十分必要的。首先要确立目标，通过市场调查、外部环境分析和内部条件分析，把握国民经济发展脉搏、区域经济走向和行业发展走向，在遵循国家产业政策导向的前提下，把重点地区和重点行业的优质资产科技型企业筛选出来，作为主要目标。

二是对目标企业进行客观真实评价，建立金融机构优质客户科学评价体系。建立科学的优质科技型企业评价标准，综合运用行业、企业生命周期理论，把握科技型企业经营走势和资金需求曲线，同时还纳入对科技型企业的信用评级情况，以动态的观点制定优质资产科技型企业评价标准。

三是对科技型企业进行有针对性的培育和取舍，建立金融机构的优质客户动态调整体系。应建立长期、动态的观点，按照培育期、成长期、成熟期、淘汰期等划分多个阶段的优质科技型企业客户，制定不同的标准，注重培育和取舍，形成优质科技型企业梯队。

四是强化行业分析和宏观经济调研，建立金融机构的优质客户行业进出预警体系。加强宏观研究，制定行业进出预警机制，推动金融机构建立一支行业分析队伍，密切关注行业动向，发现不良苗头，及时进入，主动选择优质科技型企业。

三、长期愿景

随着我国文化理念的不断升级、新一代信息技术发展及应用的成熟，我国经济金融发展水平逐步提升，形成具有全球影响力的中关村科技金融服务体系，金融在支持科技创新方面能够发挥"价值发现、优胜劣汰、趋势判断、预期引导"的作用。

（一）形成符合市场发展趋势规律的较为完善、规范、可调整的法律监管体系

1. 完善的金融业法律制度建设。健全的金融业法律法规是金融支持高新技术企业发展的重要基础。加快制定具体的、可操作的既能促进金融支持科技创新又能防范金融风险的法律法规细则，共同培育良好科技成果转化的市场环境，促进经济的健康发展。

2. 完善的金融监督管理机制。运用新一代信息技术精准监控其资金流、信息流、资产流情况及合规经营，防范可能引发的系统性金融风险，维护金融稳定。目前互联网消费金融在准入门槛、资产质量、资产规模、资金情况、信息使用均缺乏监管，一旦经营不善，将直接导致个人及企业客户的经济损失，进而可能间接影响传统消费金融机构的新增贷款申请质量及已发放贷款客户正常还款行为。

（二）形成信息较为对称市场环境，金融能够支持中关村科技型企业公平、效率运转

1. 完善的中关村社会信用信息体系建设。完善社会征信体系，实现科技型企业与社会信用体系的共同发展。加快建立全覆盖的个人信贷征信数据库，加快推进互联网金融行业数据、个人商业信用数据、个人税收、个人公积金、社保、医保、房产数据整合，逐步形成覆盖信息多元、人群广泛的个人征信数据库，推动金融机构完善风控体系，建立金融支持科技企业的信贷风险识别、预警和防范机制，提升金融机构风险防控能力，降低不良的可能性，同时也提高金融监管部门的监管能力、促进政府政策落地、提高金融机构资金供给的针对性。

2.完善的科技型企业信息披露制度。建立了标准化、可追溯、可持续的产品、业务及行业信息披露机制；鼓励金融服务行业独立建立贷款和信息库级别的披露和报告标准；利用政府部门官方数据信息支持和完善信息披露环境。通过充分、合理的信息披露，降低高新技术企业的信息不对称性，引导形成公平、公开的市场环境，有效保护金融参与者权益，提高消费者履约主动性。

3.良好的账户清算支付环境。从全局出发，着力完善支付体系背后的银行账户体系建设，整合商业银行的网上支付体系和第三方支付平台，促进移动支付、互联网支付等新兴支付方式规范发展，为金融参与各方提供安全、高效、便捷的消费金融服务。完善的银行账户清算体系建设，维护和规范支付环境，形成强有力的反欺诈机制，维护金融交易环境。

4.完善的信息安全保护体系。随着我国新一代信息技术应用的不断普及和深化，应具有更加专业的信息管理部门对我国整体信息安全问题有全局性和精细化的把控，搭建较为完善的国家层面、金融机构层面、企业层面、个人层面的信息安全监测及保护体系。完善从事金融行为的企业信息基础设施和重要信息系统建设，提高信息化水平和信息安全水平，切实保障国家利益，保护企业及个人合理合法的权益。

（三）形成引导和培育专业化金融机构支持科技型企业发展的良性机制

1.金融监管部门具有较强的宏微观经济预判和引领能力。金融监督部门基于整个金融体系的宏观、微观的实时数据，较为准确地对宏观经济、各行各业进行趋势分析，拥有经济预判和引领能力，构成较强的预期管理机制。使金融成为中关村地区经济发展的风向标，有能力给予政府制定有效政策、合理配置资源的建议，有能力引领中关村地区各行业创新发展。

2. 多层次资本市场促进优质科技企业价值发现、优胜劣汰。我国具有全国统一的场外市场、区域性场外市场和证券公司柜台交易市场等不同层次场外市场交易制度，具有完善的交易结算业务规则，具有完善的转板退市制度，对股份挂牌转让、信息披露、主办券商业务、投资者适当性信息具有适时监控机制，惩戒虚假信息主体，通过专业投资者在资本市场的高频交易，发现优质企业，淘汰劣质企业，促进资本市场健康发展。

3. 金融机构具有识别潜在优质企业、实时预警重大风险的能力。

金融机构积极推进新一代信息技术广泛应用。在风险控制方面，加强数据信息收集、整合，提高对风险监测、识别的能力，加强具有实时监测能力的风控系统研发。在精准营销方面，关注客户偏好与习惯，运用画像法，提高营销效率。在业务流程方面，提高贷前、贷中、贷后全流程的运行效率，逐步去人工化，降低操作风险。在识别优质企业及人才方面，通过收集企业规模、主营业务健康度、市场拓展能力、业务发展联想力，精准挖掘潜在优质企业及相关人才，使金融在孕育具有全球竞争力的企业和人才方面发挥应起的作用。

附录
中关村金融发展大事记

概览

中关村起源于 20 世纪 80 年代初"电子一条街"

1980 年 10 月 23 日，此前曾两次到美国硅谷参观考察的中国科学院物理研究所研究员陈春先与 6 名科技人员一起，在北京市科学技术协会的支持下，成立北京等离子体学会先进技术发展服务部。这一举动拉开了科技人员面向市场、自主创业的序幕。1984 年前后，中关村地区有了一批"下海"经商的科技人员，他们通过创办民营科技企业的方式，探索科技成果转化为生产力的途径。到 1987 年，以"两通两海"（四通公司、信通公司、科海公司、京海公司）为代表的近百家科技企业聚集在自白石桥起沿白颐路（今中关村大街）向北至成府路和中关村路至海淀路一带、东至学院路，形成大写的英文字母"F"型地区，被人们称为"电子一条街"。

北京市新技术产业开发试验区时期

1988 年 5 月 10 日，国务院正式批准《北京市新技术产业开发试验区暂行条例》，并规定，以中关村地区为中心，在北京市海淀区划出 100 平方公里左右的区域为北京市新技术产业开发试验区的政策区范围。5 月 20 日，北京市政府印发《北京市新技术产业开发试验区暂行条例》，由此，北京市新技术产业开发试验区正式成立。1994 年 4 月，国家科委批准将丰台园、昌平园纳入实验区政策区范围。1999 年 1 月，经国家科委批准，试验区区域再次调整，将电子城、亦庄园纳入实验区政策区范围。从此，北京市新技术产业开发试验区形成"一区五园"的空间格局。

中关村科技园区时期

1999 年 6 月 5 日，国务院印发《关于建设中关村科技园区有关问题的批复》，原则同意北京市政府和科技部《关于实施科教兴国战略，加快建设中关村科技园区的请示》中关于加快建设中关村科技园区的意见和关于中关村科技园区的发展规划。8 月 10 日，北京市政府发出通知，决定将北京市新技术产业开发试验区管理委员会更名为中关村科技园区管理委员会。2006 年 1 月 17 日，经国务院批准，国家发展改革委公告第五批通过审批的 20 家国家级开发区（2006 年第 3 号）。调整后的中关村科技园区总面积为 23 252.29 公顷，包括海淀园、丰台园、昌平园、德胜园（含雍和园）、电子城（含健翔园）、亦庄园（包括通州光机电一体化园区和通州环保园区）、石景山园、大兴生物医药产业基地等，形成了"一区十园"的空间格局。

中关村国家自主创新示范区时期

2009 年 3 月 13 日，国务院《关于同意支持中关村科技园区建设国家自主创新示范区的批复》发布，明确中关村科技园区的新定位是国家自主创新示范区，目标是成为具有全球影响力的科技创新中心。2010 年 12 月 23 日，北京市十三届人大常委会第二十二次会议表决通过《中关村国家自主创新示范区条例》。该条例明确规定："中关村国家自主创新示范区由海淀园、丰台园、昌平园、电子城、亦庄园、德胜园、石景山园、雍和园、通州园、大兴生物医药产业基地以及市人民政府根据国务院批准划定的其他区域等多园构成。"2012 年 10 月 13 日，国务院批复同意调整中关村国家自主创新示范区空间规模和布局，由原来的一区十园增加为一区十六园，包括东城园、西城园、朝阳园、海淀园、丰台园、石景山园、门头沟园、房山园、通州园、顺义园、大兴—亦庄园、昌平园、平谷园、怀柔园、密云园、延庆园十六园区。

一、中关村"电子一条街"时期

1980 年

1980 年 10 月 23 日，陈春先与 6 名科技人员一起，在北京市科学技术协会的支持下，成立了北京等离子体学会先进技术发展服务部。服务部是中关村地区第一个由科技人员自主创办的、面向市场需求提供有偿技术服务的民营科技机构，实行"不要国家编制，不要国家投资，自筹资金、自负盈亏、自担风险"，内部分工和管理按照企业模式运作。

1982 年

1982 年 12 月，北京京海计算机机房技术开发公司成立，该公司实行科研、工程、技贸和生产相结合，"自筹资金、自愿组合、自主经营、自负盈亏"的机制。

1983 年

1983 年 4 月 15 日，陈春先在时任海淀区委书记贾春旺和北京市科协的支持下，由先进技术发展服务部与海淀区科委、海淀区工业公司和北京市科协咨询部签订协议，由海淀区工业公司提供工作场地，同时借款 10 万元作为开办经费，在中关村成立北京市华夏新技术开发研究所，"独立核算、自负盈亏、对外经营自主权"。

1983 年 5 月 4 日，科海新技术开发公司成立，这是中国科学院与海淀区联合创办的第一家科技企业，中国科学院出资 25 万元，海淀区出资 10 万元。公司按照"事业单位、企业管理、自负盈亏"的原则运行。

1984 年

1984 年 5 月 16 日，中国科学院计算机工程师万润南、中国科学院计划局工程师沈国钧等科技人员和海淀区四季青乡联合创办四通新兴产业公司，并明确提出了"自筹资金、自由组合、自主经营、自负盈亏"的民营机制，即"四自原则"。

1984 年 6 月，由国家计委牵头组成了中关村开发规划办公室，起草了《中关村科技、教育、新兴产业开发规划纲要（汇报稿）》（以下简称《纲要》）。《纲要》建议在海淀区以中关村为中心划定 80 平方公里的地域建立"中关村科技、教育、新兴产业开发区"，形成高技术产业示范基地，组织联合攻关，开展高级科技人员的继续教育，推广、转化科技成果。《纲要》提出了 15 个具体开发目标和项目，要求列入"七五"计划，资金需求为 2 亿元。

1984 年 11 月，国家科委向中央有关部门呈报《对成立科学技术风险投资公司可行性研究的建议》的报告，该报告力陈现行管理体制的严重弊病在于科技研究的开发成果不能最大限度地转化为现实生产力，产生经济效益。报告建议，成立风险投资公司可以克服现行科研经费管理的弊端，为科技产业化提供资本支持。

1985 年

1985 年 3 月 13 日，国务院印发了《中共中央关于科学技术体制改革的决定》（中发〔1985〕6 号）。文件提出，调整对研究机构的拨款制度，按照不同类型科学技术活动的特点，实行经费的分类管理。中央和地方财政的科学技术拨款，应以高于财政经常性收入增长的速度逐步增加。银行要积极开展科学技术信贷业务，并对科学技术经费的使用进行监督管理。

1985 年，北京大学物理系几名教师筹备了北京大学科技开发部，北京大学提供了 3 万元启动资金。1986 年 8 月，北京大学方正集团的前身——北京大学新技术公司，正式注册成立，北京大学方正集团创建初期虽为全民所有制，但北京大学只注入资金 40 万元，其余资金仍靠创业者自己筹集，创业者先后两次从玉渊潭乡农工商总公司筹集资金 340 万元，使公司得以正常运转。

1986 年

1986 年 1 月 12 日，北京通用技术研究所创办海淀科学技术服务部，注册为集体企业，注册资金为 20 万元。1987 年，北京通用技术研究所同意该企业提出改为股份制的要求，企业明确股权之后，经工商局企业变更名称为海威电气股份有限公司，此后因为其他原因海威的股份制改造夭折，这是中关村企业首次进行企业产权改革的尝试。

1986年3月23日，国务院印发《关于进一步推动横向经济联合若干问题的规定》（国发〔1986〕36号），文件指出要发展资金的横向融通，在工商行政管理部门已登记注册的经济联合组织，允许其在当地开立账户；在国家控制的固定资产投资规模和贷款额度内，允许各专业银行跨地区、跨专业向经济联合组织发放固定资产投资贷款，也可以跨地区、跨专业组织银团贷款；各专业银行及其他金融机构，可以采取多种信用方式支持经济联合，联合组织签发的商业票据，经付款企业或有关银行承兑后，可以跨地区、跨专业向金融机构办理贴现；经济联合组织按照人民银行的有关规定，经过批准，可以通过银行和其他金融机构向内部职工及社会发行债券。1986年11月28日，北京市政府印发《关于推动科研生产横向联合的若干规定的通知》（京政发〔1986〕160号），要求市、区、县各有关部门支持各种形式的科研生产联合，对联合体要在税收、贷款、外汇、物资等方面给予优惠，对联合体中出口创汇好、有利于资源合理开发、有利于经济发展的联营项目贷款，以及承担市科技开发项目和市"星火计划"项目贷款，地方财政可根据情况，给予贴息。1987年3月10日，海淀区政府印发《关于进一步推动横向联合的优惠办法》（海政发42号），结合海淀区具体情况，对联合的范围、形式、税收、贷款、利润分成等方面做了更加灵活的规定。

1986年6月，国家科委委托中国科学院等单位组成课题组，进行"全国高新技术开发区研究"，探究实施火炬计划，建立高新技术开发区的可能性。8月6日，全国第一次火炬计划工作会议在京召开，火炬计划正式出台，其日常管理工作由科技部火炬高新技术产业开发中心负责。火炬计划的出台对发展高新区意义重大，大大加快了高新区的建设速度。中国科学院于1983年至1987年进行了一系列改革探索。其中，最重要的是实行"一院两制"，支持院内科研机构和科技人员通过创办企业转化自主研发的科研成果。而基于中关村"电子一条街"的北京市新技术产业开发试验区，在最终成立之前经过了反复调研和酝酿。1987年8月，国家科委完成了《北京中关村建立高技术开发区》的调研报告。1987年末，新华社记者夏俊生撰写了4篇关于中关村电子一条街的调查报告，直接引起中央和国务院领导同志的关注，并由此组成了由中共中央办公厅牵头的7部门联合调查组赴中关村"电子一条街"

进行调查。中央联合调查组根据调查，又一次提出"把中关村地区作为我国科学工业园区（或新技术开发区）的试点"的建议。

1986 年 10 月 1 日，北京市政府印发了《北京市集体、个体科技机构管理若干规定的通知》（京政发〔1986〕123 号），指出集体、个体科技机构是科技体制改革中出现的新生事物，各区县政府和各级有关部门要对这类机构给予指导帮助，切实加强管理，使之在科技事业的发展中更好地发挥作用，集体、个体科技机构流动资金有困难的，可按照工商银行的有关规定申请贷款。

1987 年

1987 年 1 月 20 日，国务院印发《关于进一步推进科技体制改革的若干规定》（国发〔1987〕6 号）和《关于推进科研设计单位进入大中型工业企业的规定》（国发〔1987〕8 号），文件指出 1987 年科技体制改革的重点是进一步搞活科技机构，促进多层次多形式的科研生产联合，进一步改革科技人员管理制度，在信贷、风险投资、股份集资等方面予以扶植和支持，并规定有关企业向银行申请的技术开发专项贷款，可由项目实现的利润分配在税前还本付息。

1987 年 1 月 22 日，在东城区科委的大力扶持下，何鲁敏等 4 名科技人员以 25% 的年息从安定门街道联社借款 5 万元，注册成立了亚都建筑设备制品研究所，即亚都科技股份有限公司的前身。研究所成立第　年就取得 20 项成果，申请专利达 29 项，其中一项获得国际大奖，一年创利 50 万元。成立 4 个月就还清了 5 万元的借款。

1987 年 3 月 24 日，四通集团与日本三井物业株式会社合资经营的企业——北京四通办公自动化设备有限公司成立，这是中关村"电子一条街"上第一家中外合资企业。

1983 年至 1987 年，时任海淀区委两任书记贾春旺、张福森为支持科技人员创办企业，通过区领导出面协调，从区属单位借给华夏所 10 万元，为科海公司提供 10 万元；经与银行协商，利用银行贷款计划的余度，为科技企业解决资金问题。有 26 个科技企业从农业银行海淀支行贷款近 3 亿元，从工商银行海淀分理处贷款 5.3 亿元，个别企业遇到资金困难，区领导直接与较富裕的乡协商，或借钱支持，或联合办企业，优势互补。

二、北京市新技术产业开发试验区时期

1988 年

1988 年 2 月 15 日，北京市科委、海淀区委、海淀区政府联合起草《关于在中关村地区成立北京新技术开发试验区向市委市政府的报告》。2 月 28 日，国家科委、北京市人民政府在认真研究后，联合起草了《关于在中关村地区成立北京新技术开发试验区向国务院的请示报告》。1988 年 3 月 7 日，中央财经领导小组开会讨论，认为北京中关村"电子一条街"兴办高技术产业的经验值得重视，同意在中关村地区试办高科技产业开发区。3 月 12 日，《人民日报》全文刊登了中央联合调查组的《中关村电子一条街调查报告》，报告中专门阐述了运用资金支持高技术产业发展，从长远来看，需建立发达的资金市场、建立风险投资公司，从短期看需由各专业银行设立科技贷款专项科目，或者是筹办中关村科技投资公司，该公司除了由各专业银行划出一块专款支持外，也可以由各公司投股，或向社会发放科技企业债券。此后，建立园区的筹备工作紧张进行。

1988 年 5 月 20 日，北京市人民政府颁布了《北京市新技术产业开发试验区暂行条例》（京政发〔1988〕49 号）。为促进科学技术和生产直接结合，科学技术和其他生产要素优化组合，推动技术、经济的发展，扶植新技术产业开发试验区创建，以中关村地区为中心，在北京市海淀区划出 100 平方公里左右的区域，建立外向型、开放型的新技术产业开发试验区。对试验区的新技术企业，实行减征或免征税收的优惠。银行对试验区内的新技术企业予以贷款支持，并每年从收回的技术改造贷款中，划出一定数额用于新技术开发。对外向型的新技术企业，优先提供外汇贷款。自条例实施起三年内，银行每年提供一定数额的专项贷款，用于试验区内新技术企业的发展和建设（包括基本建设），专款专用。每年给试验区安排发行长期债券的一定额度，用于向社会筹集资金，支持新技术开发。试验区内的银行可从利息收入中提取一定的比例，建立贷款风险基金。试验区内可设立中外合资的风险投资

公司。

1988 年 7 月 19 日，人民银行北京分行召开银行联席会。会上研究了在新技术产业开发试验区发展金融机构的问题，并于 29 日向北京市政府上报了对北京市新技术产业开发试验区金融业发展情况的调查和建议的报告。

1988 年 8 月 4 日，工商银行北京市分行根据中央和市政府关于支持新技术开发试验区新技术企业发展的精神，制定了《海淀新技术开发试验区新技术企业贷款办法》，对其实行放宽与优惠政策。

1988 年 10 月 4 日，北京市政府发布《关于集体、个体科技机构管理的补充规定》（京政发〔1988〕88 号），指出集体、个体科技机构在调剂外汇及出口创汇留成方面，享受与全民所有制科研单位同等待遇。集体、个体科技机构应按期向当地税务机关报送财务会计报表，并享受税收优惠待遇。

1989 年

1989 年 3 月，农业银行海淀支行与北京科海高技术集团公司合作发行 3 年期定期保值、保息有奖储蓄 3 324.9 万元。

1989 年 6 月，经国务院、外经贸部批准，由香港招商局集团、国家科委和国防科工委联合发起成立中国科招高技术有限公司。该公司主要负责国家高技术计划（863、火炬等）成果的产业化投资，同时也是中国第一家中外合资的创业投资公司。

1990 年

1990 年 10 月 30 日，以苏联莫斯科市苏维埃副主席为团长的苏联莫斯科代表团一行 6 人在北京市政府有关领导及时任海淀区副区长赵之敬陪同下，参观了建设银行海淀支行。

1991 年

1991 年 3 月 6 日，国务院印发了《关于批准国家高新技术产业开发区和有关政策规定的通知》（国发〔1991〕12 号）。文件提出，选定一批开发区作为国家高新技术产业开发区，并给予相应的优惠政策。其中，第五条规定"北京市新技术产业开发实验区，除固定资产投资规模管理、出口创汇留成按现行规定执行外,其余仍按《北京市新技术产业开发试验区暂行条例》执行"。

1991 年 12 月 6 日,人民银行北京分行同意四通新技术产业股份公司发行短期融资券 2 900 万元。

1992 年

1992 年 1 月 30 日,人民银行北京分行同意亚都人工环境科技公司发行短期融资券 500 万元;2 月 20 日,北京国际信托投资公司代理北京亚都人工环境科技公司发行企业短期融资债券 500 万元,这是北京市的企业首次公开向社会集资,在社会上引起了很大的反响。同年,人民银行北京分行同意北京百龙绿色科技所、北京时代机电新技术公司等 5 家公司发行短期融资券共计 6 800 万元,同意北京实创高科技发展总公司发行科技债券 3 000 万元。

1992 年 3 月 22 日,国务院生产办公室、财政部、人民银行、国家税务局、海关总署联合印发了《关于印发〈推进企业技术进步的若干政策措施〉的通知》(国生技改〔1992〕92 号)。文件提出,三年内免掉从国营大中型工交企业折旧基金中上缴的能源交通重点建设基金和预算调节基金;加快对国营工交企业固定资产重估的步伐;降低国营大中型工业企业的所得税率,由 55% 降至 33%;适当调整财政信贷政策,对部分国家重点技术改造项目贷款实行贴息政策;继续实行企业从销售收入中提取 1% 作为新产品开发资金;利用国拨外汇引进国外先进技术等共 12 项具体措施。

1992 年 7 月 1 日,为支持北京新技术产业开发试验区的发展,人民银行经研究同意将工商银行北京市海淀办事处更名为工商银行北京市新技术产业开发试验区支行。

1992 年 7 月 14 日,国家计委、人民银行联合印发了《关于发行一九九二年科技企业债券有关问题的通知》(计财金〔1992〕1110 号)。文件提出,为推动我国家高新技术企业技术开发及其产业化进程,重点支持高新技术开发区的建设,应国家科委的要求,在 1992 年中央企业债券中安排了 2 亿元科技企业债权。附件"一九九二年科技企业债券发行企业名单和计划分配方案"中,对北京市新技术产业开发试验区中北京实创高科技发展总公司计划提供 3 000 万元资金。

1992 年 9 月 4 日，交通银行北京分行贷款支持的海淀走读大学合作建设校舍项目签字仪式在北京饭店举行。时任国务院经贸办公室副主任俞晓松，时任北京市政府副秘段柄仁，时任高教局局长陈忠应邀出席。

1992 年 12 月 8 日，北京港澳实业股份有限公司在 A 股上市，股票代码 000504。是中关村示范区首家 A 股上市企业。该公司于 2000 年 12 月更名为北京赛迪传媒投资股份有限公司，该股现已退市。

1993 年

1993 年 3 月 9 日，人民银行北京分行印发《关于解冻北京长城机电科技产业公司账户的通知》，鉴于北京长城机电科技产业公司向社会公开筹集资金活动已停止，为不影响该公司正常经营活动，决定解冻其账户。北京长城机电技术开发公司经批准于 1989 年注册成立，此后该公司利用节能电机专利向社会非法集资。1993 年 2 月 25 日，人民银行北京分行分别印发了《关于责令北京长城机电科技产业（集团）公司立即停止非法集资的通知》和《关于冻结北京长城机电科技产业（集团）公司账户的通知》，并于 3 月 6 日印发《关于对北京长城机电科技产业公司非法集资情况和处理意见的报告》，对该公司非法集资活动情况进行了调查和处理。

1993 年 4 月 7 日，北京市人民政府发布了《关于北京市新技术产业开发试验区股份制试点问题的现场办公会议纪要》（京政会字〔1993〕6 号）。会议决定，对经批准的原新技术企业改造为股份有限公司所设置的个人奖励股，暂不征收个人收入调节税；试验区的新技术企业改造为股份制企业后，符合新技术企业标准的按 15% 税率缴纳所得税；企业任何形式的借贷资金都不能作为组建股份制企业的注册资本等。

1993 年 8 月 23 日，人民银行北京分行同意中国科技财务公司加入上海证券交易所。

1993 年 12 月，人民银行北京分行同意北京市海淀四达技术开发中心公司、北京四通新技术产业股份有限公司、亚都人工环境科技公司发行短期融资券 4 400 万元。

1993 年，人民银行北京分行同意北京福道高技术开发股份有限公司、大成新技术产业股份有限公司等 4 家公司定向募集股份共 1.32 亿元。7 月 22 日，同意多思科技工业园股份有限公司更改股本总额，由 10 000 万元降至 7 016 万元。

1993 年，北京市经济体制改革委员会、北京市经济体制改革办公室同意北京大成新技术产业股份有限公司、北京燕化高新技术股份有限公司、北京新晓科技开发有限公司等 6 家公司的设立。7 月 13 日，北京市经济体制改革委员会同意北京多思科技工业园股份有限公司降低股本，由 10 000 万元降至 7 016 万元。

1994 年

1994 年 9 月 9 日，建设银行北京分行在中国人民大学中国金融学院设立 100 万元奖学金，用于奖励优秀学生。国家教育委员会、北京市高等教育局、建设银行等有关领导共 150 人出席了签字仪式。10 月 11 日，建设银行向 78 名优秀学生颁发了奖金。

1994 年 10 月 22 日，外经贸部、国家科委、国家经贸委、财政部、人民银行、国家税务总局联合转发《国务院关于加快科技成果转化、优化出口商品结构问题的批复》（外经贸技发〔1994〕第 406 号）。同意实行有利于技术和成套设备出口发展的信贷政策，每年安排固定数额的人民币与外汇贷款，专项用于技术和成套设备出口的买方信贷与卖方信贷。同时，在外汇、税收等方面给予支持，全面促进贸工技结合并有效加快科技成果的转化。

1994 年，人民银行北京分行同意北京华科通信技术开发总公司、百龙绿色科技所、中国计算机软件与技术服务总公司共计发行短期融资券 5 200 万元。

1994 年，北京市新技术产业开发试验区办公室开展抽样调查，试验区企业自筹资金大体为 7 种方式。20.1% 的企业是创业者个人或创业群体用私人的积蓄投资；5.1% 的企业是创业者们通过其人际关系筹借民间资金；1.9% 的企业是创业者通过承揽工程或提供技术服务等方式预收工程款或服务费；5.2% 的企业由联营的各方投资；12.6% 的企业是创业者向上级借款投资；41.6% 的企业（主要是国有企业）由单位拨款（大部分是预算外资金）；11.5% 的企业采取多数形式筹集资金；还有大约 15% 的企业采取其他方式筹集资金。

1995 年

1995 年 4 月 14 日，北京市政府印发了《关于调整北京市新技术产业开发试验区区域范围的通知》（京政发〔1995〕15 号）。第一次调整了北京市新技术产业开发试验区的政策区域范围，政策区域范围 100 平方公里总面积保持不变。文件提出，为加强对本市新技术产业开发试验区的管理，逐步形成市、区（县）两级管理、"一区（试验区）多园"的发展模式，以加快本市高新技术产业发展的步伐，根据国科函〔1994〕76 号文的精神，结合北京市实际情况，将丰台与昌平科技园区各 5 平方公里调整划入试验区范围并成立市级管理机构，对试验区进行统一规划、管理和协调。

1995 年 5 月 7 日，国务院印发了《关于加速科学技术进步的决定》（中发〔1995〕8 号），文件指出要大力发展高新技术及其产业，国家产业政策和发展规划要把发展高新技术产业摆到优先位置，在财税、信贷和采购等政策上给予重点扶持。

1995 年 8 月 30 日，国家外汇管理局印发了《关于为北京四通电子技术有限公司融资提供外汇担保的批复》（汇资复字第 268 号），原则同意中国银行北京市分行为北京四通电子技术有限公司向阿拉伯银行新加坡分行借款700 万美元提供外汇担保，担保期限为 5 年。

1995 年 10 月 5 日，北京市经济委员会转发《关于印发〈技术改造重点引进技术导向目录（第一批）的通知〉的通知》（京经技字第 383 号）。为提高我国有企业业技术改造水平，进一步加强和改善技术引进的宏观管理，目录所列重点引进技术，系国家鼓励引进的先进技术，为国家重点支持对象，技术引进、技术改造主管部门据此优先安排项目及资金，目录中所载国内不能生产和不能满足需要的技术装备的引进，将会同有关部门研究制定优惠政策给予支持。

1995 年 11 月 16 日，工商银行北京市分行与北京金伦股份有限公司、四通集团，成功地开发出北京市首家 POS 机与银行计算机网络连接系统并开始试运行。

1995 年，针对科技成果产业化资金严重缺乏的状况，国务院发布的《关于加速科技进步的决定》的白皮书明确指出："要逐步探索建立支持科技产业发展的风险投资机制。"国家科委、国家经济体制改革委员会《关于深化高新技术产业开发区改革，推进高新技术产业发展的决定》中规定，要拓宽融资渠道，建立健全社会化融资体系，主要利用社会资金（股票、债券、保险金等）和政府匹配部分资金。

1996 年

1996 年 1 月 12 日，人民银行印发了《关于 1995 年地方企业债券（技术改造部分）审批有关问题的通知》（银发〔1996〕15 号）。文件提出，地方企业债券由人民银行分行会同同级计委审批、1995 年地方企业不实行保值贴补、债券投资者不承担利息所得税等 6 项要求。

1996 年 2 月 9 日，国务院颁布了《国家高新技术产业开发区管理暂行办法》（国科发火字〔1996〕061 号）。办法鼓励不同经济成分的高新技术企业相互入股、参股，鼓励高新技术企业与开发区内外的科研机构、高等学校、大中企业建立科技经济联合组织。高新技术开发区经有关部门批准，可建立风险投资、证券交易、产权交易、资金融通等市场机制。

1996 年 8 月 5 日，人民银行北京分行向市政府报送《关于解决北京市科技企业贷款担保问题的几点建议》。报告中建议，建立合理的科技贷款风险担保机制，成立科技贷款担保机构，通过合理的风险分担、利益共享方式，推动对科技企业的资金投入。

1996 年 10 月 21 日，国家外汇管理局印发了《关于交通银行北京分行海淀新技术产业开发试验区支行申请开办外汇业务的批复》（汇管复字第 306 号）。同意该行在本地区范围内开办外汇业务，批准其办理的外汇业务包含外汇存贷款、汇款、外币兑换以及贸易、非贸易结算等，并要求国家外汇管理局北京分局对上述外汇业务的经营和管理情况进行监管。11 月 19 日，国家外汇管理局北京分局向交通银行北京分行印发了《关于同意交通银行北京分行海淀新技术产业开发试验区支行开办外汇业务的批复》（京汇〔1996〕114 号）。

1996 年，为扶植民营科技企业并探索资助企业担保的新形式，北京市新技术产业开发试验区主任办公会决定，以财政返还款 200 万元及企业出部分资金建立担保互助会，并与中国经济技术投资担保公司合作，联手为试验区内科技企业提供担保服务。到 1998 年，担保互助会为试验区"绿伞"等十几家科技企业提供担保资金服务。此后，由于机构合并、人员调出以及企业因资金困难而未出资等原因，导致担保互助会未能继续运行。

1997 年

1997 年 2 月 13 日，人民银行、国家科委联合印发了《关于进一步加强1997 年科技开发贷款管理工作的通知》（银发〔1997〕43 号），指出为进一步贯彻落实"九五"期间信贷政策，实施科教兴国战略和可持续发展战略，加速科技成果的商品化、产业化，推动经济体制和经济增长方式的根本性转变，要进一步加强 1997 年科技开发贷款管理工作。

1997 年 9 月 1 日，北京市科协发布《关于印发贾庆林、金人庆同志在"推动北京民营科技产业发展"科学技术季谈会上的讲话的通知》（京科协发〔1997〕50 号）。文件印发了贾庆林同志和金人庆同志在以"推动北京民营科技产业发展"为主题的北京市第十四次科学技术座谈会上的讲话内容，鼓励民营科技型企业采取上市、风险担保基金等方式多渠道筹集资金，加快自身发展，为中关村首批科技型民营企业在资金方面提出了建设性意见。

1997 年 11 月，北京市政府的派出机构——试验区管委会正式成立，从此试验区开始实行"市区两级管理"的体制。

1998 年

1998 年 1 月 22 日，由太平洋保险公司北京海淀支公司承保的台商企业通豪塑料制品有限公司发生火灾，遭受巨损，经过认真地勘查，顺利完成火灾赔偿款。

1998 年 5 月 9 日，"高新技术产业与证券市场"研讨会召开，时任北京市证券监督管理委员会主席孙家骐发表演说并提出发展高新技术企业与资本运作相结合的五条思路：一是支持高新技术企业多渠道上市；二是构筑发展高新技术的资本运营载体；三是加强高新技术产业与其他传统产业的嫁接；四是吸收中央在京上市公司进入开发区；五是设立高新技术发展基金。2000 年第 5 期《投资与合作》上，孙家骐主席再次回顾了这五项措施，并提出当前发展所面临的新机遇：一是扩展国际融资渠道；二是支持高新技术企业上市的政策；三是强调力度，勇于创新，扬长避短，确立精品意识。

1998 年 5 月 29 日，人民银行发布《关于发行一九九七年中国高新技术产业开发区债券的函》（银函〔1998〕242 号），同意科技部统一发行 3 亿元"一九九七年中国高新技术产业开发区债券"。中关村核心区企业北京海龙商贸集团作为发债人之一，获得债务额度 2 000 万元人民币。

1998 年 6 月 12 日，北京市长办公会同意启动北京市高新技术产业发展融资担保基金，由北京市科技经费安排 5 000 万元，由北京市财政局、北京市科委和北京国际信托投资公司组成管委会，由高新技术创业服务中心负责日常管理，担保业务由北京国际信托投资公司操作。1998 年 6 月 26 日，北京市政府委托北京市科委、北京国际信托投资公司设立的北京市高新技术融资担保资金正式启动。

1998 年 7 月 6 日，中国投资银行北京分行与北京鑫诺卫星通信有限公司签订银企合作协议，扩大了投资银行的国际结算和外币存款业务。

1998 年 7 月 8 日，经北京市政府批准，由市和区县两级财政、首创集团、中投保共同出资 1 亿元设立北京市中小企业担保资金，其中北京市政府出资 5 000 万元，各区县政府共出资 4 000 万元，出资比例为市和区县政府占 90%；中投保公司占 3%；首创集团占 7%。该资金设立两个管理机构，一是中小企业担保资金监督管理委员会，由北京市财政局、北京首创集团、区县财政局等组成，负责监督管理；二是由北京首创投资担保公司负责中小企业资金的日常管理。1999 年 12 月注册中投保北京分公司，北京首创投资担保公司与中投保北京分公司一套机构两块牌子，依据当时人民银行的规定，首创投资担保公司没有取得担保业务经营权，因此只能依据首创集团与中投保签订的《关于设立北京市中小企业担保资金并联合开展信用担保业务的框架协议》进行担保业务的前期服务工作。这一时段是北京担保业的萌芽开始。

1998 年 10 月 8 日，建设银行北京市分行推出汽车消费贷款业务，在前门、西四、海淀、石景山支行开办此项业务。建设银行北京市分行与捷达、神龙、富康、夏利、奥拓 5 个汽车厂的 23 个特约经销商签订汽车消费贷款合作协议。

1998年10月28日，由北京国际信托投资公司、北京国际电力开发投资公司、中青旅股份有限公司等6家单位共同发起设立，注册资本为5亿元人民币的北京科技风险投资股份有限公司成立大会在天伦王朝饭店举行。

1998年10月30日，试验区管委会、北京首都创业集团、北京市商业银行联名向市政府提出《关于设立北京新技术企业担保风险金及召开新闻发布会的请示报告》。经北京市领导同意后，11月7日召开新闻发布会。会上，开发试验区管委会、北京首都创业集团、北京市商业银行、中国经济技术投资担保公司4家单位就《关于设立北京新技术企业担保风险金并联合开展信用担保业务的框架协议》举行签字仪式。信用担保框架协议规定了合作担保的原则及各方的权利义务。其中，开发试验区管委会授权服务中心、中国经济技术投资担保公司授权担保二部、北京首都创业集团授权首创信保投资公司、北京市商业银行授权双秀支行具体执行联合担保业务。协议书对担保基金的归属、风险金的运作管理，风险分担原则及监管责任作了明确规定。资金管理人是服务中心，运作人是首创信保公司，中国经济技术投资担保公司提供保函，建立了联合评审、独立决策、共担风险的合作机制。由试验区管委会牵头并由服务中心具体实施的融资风险担保金是中关村历史上最早从事担保服务的机构。担保金首批签约担保的6家企业共获得570万元贷款。由于风险担保资金规模小运作复杂，企业担保需求较多，需要开辟融资的新渠道，建立科技园区专业担保机构成为解决企业融资的重要途径。此后，在开发区风险担保资金的基础上，中关村科技担保公司应运而生。

1998年12月25日，"北大青鸟"与"北京天桥"举行资产重组签字仪式。

1999年

1999年1月，经国家科委批准，第二次调整了北京市新技术产业开发试验区政策区域范围，将电子城、亦庄园纳入试验区政策区范围。从此，北京市新技术产业开发试验区形成"一区五园"的空间格局。

1999年3月30日，国办印发了《关于促进科技成果转化若干规定》（国办发〔1999〕29号），文件要求各地方要支持高新技术创业服务中心（科技企业孵化器）和其他中介服务机构的建设与发展，有关部门应在资金投入上给予支持，政策上要给予扶持，对科技成果转化执行现行的税收优惠政策，全力推动我国家高新技术企业技术产业的发展。同日，科技部、教育部、人事部、财政部、人民银行、国家税务总局、工商局联合印发《关于促进科技成果转化的若干规定》（国税发〔1999〕65 号）。

1999 年 5 月 26 日，北京市政府、科技部向国务院报送了《关于实施科教兴国战略加快建设中关村科技园区的请示》（京政文〔1999〕35 号）。请示中介绍了中关村高新技术产业区域优势，提出建设中关村科技园区的战略意义、建设目标、发展规划和拟在中关村科技园区实行的有关政策，拟在中关村科技园区设立以民间资本为主的高新技术投资基金和风险管理公司，设立为高新技术企业融资服务的担保公司，对中关村科技园区的高新技术企业上市给予更有力的政策支持，条件成熟时，建议国务院优先考虑在中关村设立适合高新技术企业发展的二级交易市场。6 月 5 日，国务院印发了《关于建设中关村科技园区有关问题的批复》（国函〔1999〕45 号），同意《关于实施科教兴国战略加快建设中关村科技园区的请示》中关于加快建设中关村科技园区的意见；并提出，中关村科技园区的建设要认真总结过去高新技术产业开发区的经验和教训，充分发挥中关村地区高等学校、科研院所和高科技企业的整体优势，推进产学研结合，把中关村地区建成良好的现代化科技园区。

1999 年 8 月 11 日，国务院印发了《关于加速国家高新技术产业开发区发展的若干意见》（国科发火字〔1999〕302 号）。文件要求，完善高新区创业服务体系，建立以创业投资资金、科技型中小企业创新资金、创业孵化资金和担保资金等重要内容的创业资本市场，为科技型中小企业发展提供投融资服务。高新区要积极扶持具有自主知识产权的高新技术产业，国务院批准设立的科技型中小企业技术创新基金是扶持和发展中小企业的重要措施。

1999 年 8 月 12 日，为贯彻落实国务院批复精神，进一步加快中关村科技园区建设，促进高新技术产业的快速发展，北京市政府向人民银行报送了《关于恳请在中关村科技园区内实行优惠政策的函》（京政函〔1999〕99 号）。10 月 28 日，人民银行印发了《关于在中关村科技园区内实行优惠政策的复函》（银函〔1999〕348 号），同意对中关村科技园区内的所有企业在外汇方面给予优惠政策，适当放宽科技园区内的经常项目外汇账户管理政策。凡在中关村科技园区的企业均可开立经常项目外汇结算账户，开立经常项目外汇结算账户的企业由外汇局核定其外汇限额，中资企业可按上一年度进出口额的 15% 核定限制开立外汇结算账户。账户的收入是经常项目的外汇收入。凡限额之内的外汇，均可保留现汇，在限额内的支出可用于经常项目及经批准的资本项目。

1999 年 8 月 20 日，国务院印发了《关于加强技术创新，发展高科技，实现产业化的决定》（中发〔1999〕14 号）。文件提出，通过实行财税扶持、金融扶持等政策，对高新技术产品在出口信贷和贴息等方面给予鼓励，加强技术创新，深化体制改革，全面促进技术创新和高新科技成果商品化、产业化。

1999 年 9 月 8 日，人民银行营业管理部向人民银行总行报送了《北京市金融业支持中关村科技园区建设的调研报告》（银管文〔1999〕452 号）。报告指出，科技与金融相结合是建设中关村科技园区的重要条件，对金融业支持中关村科技园区建设提出以下设想：健全政策性投融资体系，积极参与并支持科技企业开展产权制度改革，大力发展风险投资，扩大债券融资并进一步加大信贷投入，为金融业支持科技园区建设提供配套设施等。

1999 年 10 月 9 日，为加快实施国务院有关建设中关村科技园区的重大战略部署，北京市计委、北京市科委按照国家高技术产业发展方向和政策，结合北京市科技优势，联合发布了《关于印发〈北京市当前优先发展的高技术产业化重点领域指南（1999—2000 年度）〉的通知》（京计高技字〔1999〕第 1053 号）。进一步明确了北京市高技术产业化的重点领域，引导全市高技术产业的发展方向。

1999 年 11 月 3 日，北京市经济委员会、北京市财政局联合印发了《关于转发盛华仁、楼继伟、王万宾同志在国家重点技术改造工作会议上讲话的通知》（京经规划字第 473 号）。讲话强调，要做好重点行业、企业和产品的技术改造，发挥财政资金作用，带动银行、企业和社会资金投入技术改造中，推动高新技术产业化，进一步实现产品结构调整和产业升级。

1999 年 11 月 16 日，国务院印发了《国家高新技术产业开发区高新技术产品出口基地认定暂行办法》（国科发火字〔1999〕523 号）。办法规定，申报国家高新区高新技术产品出口基地应具备年出口额超 1 亿美元或年出口额 300 万美元的骨干出口企业超 10 家、出口创汇额占区内总额 50% 以上且当地政府应制定相应政策并给予资金支持等条件。

1999 年 11 月 23 日，人民银行印发了《关于加强和改进对小企业金融服务的指导意见》（以下简称《指导意见》）。《指导意见》要求，各商业银行要充分认识小企业在国民经济发展中的重要地位和作用，健全和强化小企业信贷部，充实信贷管理队伍；《指导意见》指出，各金融机构要与小企业建立稳定的联系制度，设置专职信贷员定期深入企业开展调查研究，及时掌握当地小企业生产、销售和资信情况。积极支持科技型小企业的发展，促进小企业的技术进步。

1999 年 12 月 16 日，由北京市政府财政出资，10 家股东单位发起设立了北京中关村科技融资担保有限公司，作为国有政策性专业担保机构，中关村担保是中关村示范区科技金融政策的重要实施渠道，"瞪羚计划""展翼计划"主要承办机构，扎根中关村示范区、服务科技型中小微企业。

1999 年 12 月，经国务院领导批准，国务院办公厅以国办发〔1999〕105号文转发科技部等 7 部门提出了《关于建立我国风险投资机制的若干意见》。

三、中关村科技园区时期

2000 年

2000 年 1 月 10 日，北京市政府印发《关于北京市高新技术产业发展规划纲要的批复》（京政函〔2000〕1 号），批复同意北京市计委、北京市科委、北京市经委、北京市统计局与中关村管委会编制的《规划纲要》，并同意其对社会公布。此后公布的《规划纲要》中提出，根据国内国际高新技术产业的竞争态势，必须进一步增加对高新技术产业的投入。政府要继续采取贷款贴息、科技费用、产业化补助等多种形式支持重点科技成果产业化；充分利用资本市场发展高新技术产业，建设高新技术产业发展专项基金，积极推荐符合条件的高新技术企业上市，创造条件发展创业板市场；通过创业投资、担保资金扩大投资和贷款的渠道。

2000 年 1 月 14 日，工商银行北京市分行与中国人民大学签署合作协议，为学校提供 5 亿元贷款授信额度，其后又与北京大学、清华大学、北方交通大学等 6 所高校签署协议。2000 年共为高校提供 43 亿元授信额度。

2000 年 2 月 3 日，北京市政府组织召开中关村科技发展金融服务座谈会。2 月 16 日，人民银行营业管理部印发《关于贯彻中关村科技园区建设座谈会精神进一步做好金融服务工作的通知》（银管发〔2000〕65 号）。文件提出，各商业银行要根据支持中关村科技园区发展的客观需要，明确指导思想，调整功能定位，优化网点布局。根据人民银行总行即将发布的金融支持高科技产业发展的管理规定，要及时研究制定相应的信贷管理办法，明确专门为小型高科技企业提供信贷服务的部门和职责，大力支持科技型中小企业的贷款需求。

2000 年 3 月 2 日，中关村科技园区科技、金融、企业界代表第一次联谊会举行。

2000 年 3 月 2 日，光大银行北京苏州街支行正式更名为中国光大银行北京中关村支行。

2000 年 3 月 27 日，深圳发展银行北京分行正式对外营业并在人民大会堂举行了开业典礼暨银企合作签约仪式。当日，该行分别与中国航天机电集团公司、中国计算机软件技术与服务总公司签订了 3 亿元和 1 亿元人民币的授信额度。

2000 年 3 月 31 日，星辰化工新材料股份有限公司、北京中科三环高技术股份有限公司股票上网发行。"星新材料"股票发行价 6.41 元，"中科三环"股票发行价 7.50 元。

2000 年 4 月 1 日，北京市商业银行与北京科技园区建设股份有限公司举行全面合作协议签字仪式，并向该公司提供 20 亿元贷款额度，首期发放 2 亿元贷款，这是首都银行业向中关村科技园区基础设施建设项目发放的第一笔贷款。

2000 年 4 月 6 日，北京市政府办公厅印发《关于同意在中关村科技园区进行企业登记注册前置审批制度改革试点的通知》（京政办函〔2000〕40 号），文件对中关村科技园区内登记注册的各类市场主体的登记注册前置审批项目进行了简化，有效提高了办事效率。

2000 年 4 月 13 日，新浪在美国纳斯达克上市，股票代码 SINA.O，是中关村示范区最早在境外上市的企业。

2000 年 4 月 25 日，建设银行北京市分行与清华科技园建设股份公司举行合作协议签字仪式，向清华科技园提供 10 亿元授信额度。

2000 年 4 月 28 日，北京市金融学会与中关村管委会联合组织召开专题研讨会。会上，多数参会银行表示目前使用的信用评级指标体系不适用高科技企业，且各家自成体系的信用评级办法也不利于为社会、为企业提供一个统一、平等的金融服务标准。为此，人民银行营业管理部提出牵头组织各家银行建立单独的科技企业信用评级指标体系。

2000 年 7 月 21 日，北京市发展计划委转发《国家计委〈关于北京清华万博网络技术有限公司以资产权益在境外融资项目批复〉的通知》，原则同意北京清华万博网络技术有限公司以资产权益在英属维尔京群岛投资控股万博在线服务有限公司，进行境外融资，融资额为 304 万美元，折合 25% 的股本比例。

2000 年 8 月 17 日，国家外汇管理局北京外汇管理部印发《关于发布实施〈中关村科技园区外汇管理实施细则〉的通知》（京汇〔2000〕92 号），该细则对科技园区内的境外归国创业人员、高科技中资企业、跨国公司研发机构、外商投资企业的外汇结算账户、外债结汇、购付汇等进行了详细的规定。

2000 年 8 月 17 日，人民银行营业管理部印发《关于北京市商业银行成立中关村科技园区管理部几点意见的通知》（银管发〔2000〕375 号），同意北京市商业银行设立中关村科技园区管理部。9 月 10 日，北京市商业银行中关村科技园区管理部暨中关村科技园区支行正式成立。

2000 年 9 月 12 日，建设银行与北京大学签订银校合作协议，计划三年内贷款 30 亿元。

2000 年 9 月 17 日，北京证券监督管理委员会办公室协助北京市政府主办"中关村科技园区企业迎接创业板设立暨中关村科技园区企业与证券公司对接交流活动"。共有 21 家证券公司、6 家证券投资咨询机构、近 40 家园区内企业参加了本次活动。

2000 年 9 月 18 日，由北京市商业银行与清华大学合作推出的清华大学枫桥网京卡网上支付系统正式开通。

2000 年 10 月 16 日，北京市政府召开市政府专题会议，研究关于制定

《中关村科技园区条例（草案）》等问题。12 月 8 日，北京市人民代表大会常务委员会发布《中关村科技园区条例》。12 月 15 日，北京市政府就制定《中关村科技园区条例》配套规章和政策召开会议。12 月 19 日，北京市外经贸委印发《关于起草〈中关村科技园区条例〉有关条款实施细则的通知》。《中关村科技园区条例》是首部引入风险投资内容的科技园区条例，专门对风险投资机构在中关村园区内开展风险投资业务、组织形式、注册资本和回收方式四个方面做了规定，境内外各种投资主体可以在中关村科技园区开展风险投资业务，市政府将设立中关村科技园区高新技术产业发展资金，通过国有资产经营公司或者采用贷款贴息方式，支持中关村科技园区规模化生产的高新技术产业项目发展；鼓励企业和其他市场主体在中关村科技园区依法设立信用担保机构，为中小企业提供以融资担保为主的信用担保。

2000 年 10 月 19 日，浦发银行北京分行与北京电子控股有限责任公司签署了总额为 7 亿元人民币的综合授信协议，为中关村科技园区——北京电子城科技园的发展提供全方位的金融服务。

2000 年 11 月 29 日，北京市政府下发《关于对中关村科技园区建设给予政策支持的通知》，明确在市级财政建立中关村科技园区发展专项资金。中关村管委会利用该专项资金，根据企业成长的不同阶段，有针对性地设计了多种支持企业发展的扶植性资助资金，包括支持创业投资的专项资金、中小企业技术创新基金、支持中小企业购买中介服务专项资金、为快速成长企业提供贷款贴息的"瞪羚计划"、对留学人员创业的专项扶植资金、重点产业要素引进支持资金、重大产业化项目支持资金、企业创制标准和申请专利的支持资金、扶植园区协会组织发展的资金等。这些扶植政策的实施，以尊重市场选择为第一原则，以培育和扶植园区里各类市场主体健康快速发展为主要目标，主要采用按一定比例"后补贴"方式（在企业经济活动及相关成本支付发生之后，政府才给予一定比例的补贴资助），将政府公共财政资金用在企业真实的需求和分担企业发展成本上。

2000 年 12 月 12 日，兴业银行北京分行中关村支行正式对外营业。开业仪式上，兴业银行中关村支行与北京首创股份有限公司、北京赛迪时代信息产业股份有限公司签订了银企合作协议。

2000 年 12 月 28 日，深圳发展银行北京分行与北京海淀科技园建设股份有限公司签订银行合作协议。将在 2001 年为该公司提供总规模为 7 亿元的资金支持。

2000 年 12 月 29 日，国家开发银行与北京市政府签订了《中关村科技园区建设金融合作协议》。按照《关于印发 2001 年中关村科技园区工作任务分解的通知》（中科办发〔2001〕4 号）的要求，由北京市计委牵头，中关村管委会配合，落实市政府和国家开发银行签署的《中关村科技园区建设金融合作协议》，争取年内实现国家开发银行为中关村科技园区建设提供 80 亿~100 亿元人民币的贷款支持；2002 年 12 月 29 日，双方又签署了金融合作补充协议。

2001 年

2001 年 1 月 16 日，农业银行北京市分行与中国农业大学签订银校合作协议。同年，还与中国林业大学、中国矿业大学等校签订了合作协议。

2001 年 2 月 26 日，北京市政府发布《中关村科技园区发展专项资金使用管理办法》（京政发〔2001〕7 号）。办法规定，北京市政府自 2000 年至 2002 年三年内设立专项资金，每年在财政预算内安排 15 亿元。专项资金的 2/3 由中关村科技园区海淀园、丰台园、昌平园、亦庄科技园和电子城科技园五个园区管委会负责管理，用于五个园区的基础设施建设、重大产业化项目建设、支持高新技术企业发展和改善园区软环境；其余 1/3 由中关村管委会负责管理，用于中关村科技园区核心区基础设施和重点项目建设、重大产业化项目引进、支持高新技术企业发展和改善园区软环境。

2001 年 3 月 1 日，北京市商业银行与北京实创高科技发展总公司签订银企合作协议，将向该公司提供 10 亿元贷款授信额度，用于支持上地信息产业基地北区的基础设施建设。

2001 年 4 月 21 日，北京市商业银行与中关村科技园区担保有限公司、海淀园管委会及留学人员创业园企业签署协议书，向中关村科技园区内的科技企业提供 1.8 亿元贷款。

2001 年 4 月 23 日，国家外汇管理局北京外汇管理部印发了《关于中关村科技园区外商投资比例低于 25% 的企业开立外汇账户问题的复函》（京汇

〔2001〕46 号）。文件提出，中关村科技园区部分外商投资比例低于 25% 的高科技企业可以开立外汇账户，但必须满足两个条件：第一，在中关村科技园区注册；第二，经北京市科学技术委员会及其授权机关批准，符合园区规定条件。

2001 年 4 月 24 日，民生银行北京管理部召开科技型中小企业"贷款、担保、贴现"一体化服务发布会，与科技担保公司、创新基金签订了三方一体化服务合作协议，并现场为 5 家中小企业提供了服务。

2001 年 4 月 29 日，国家经贸委公布了 104 家中小企业信用担保机构，作为信用担保体系的第一批试点单位，其中中关村科技担保有限公司作为第一批纳入全国范围的非营利性中小企业信用担保机构，享有对其所从事的担保业务收入 3 年内免征营业税的优惠政策。

2001 年 5 月 13 日，北京市商业银行与北京科技园置业股份有限公司签订 1 亿元贷款协议，支持中关村西区二级开发。

2001 年 5 月 18 日，北京用友软件股份有限公司在上海证券交易所交易市场上市交易，证券简称"用友软件"，创下首家采用核准制发行并上市的股票、发行价最高的股票、沪市股价拆细以来的第一只百元股、新股上市首日开盘价最高等纪录。

2001 年 6 月 11 日，光大银行北京中关村支行与北京中关村软件园发展有限责任公司签订 10 亿元银企合作协议。

2001 年 6 月 12 日，中国证券业协会发布《证券公司代办股份转让服务业务试点办法》，对证券公司以其自有或租用的业务设施为非上市公司提供股份转让服务业务进行了规范。全国中小企业股份转让系统有限责任公司成立后，该办法已由中国证券业协会于 2013 年 5 月 16 日废止。

2001 年 6 月 20 日，工商银行北京市分行与清华大学等首都 25 所高校签订代理大专院校收取学杂费合作协议。从 2001 年 7 月 1 日起，25 所高校学生可在全国工商银行所有对公网点和开办个人汇款业务的储蓄网点向学校交存学杂费。

2001 年 8 月 1 日，由北京中关村科技担保公司担保，北京市商业银行向北京中关村国际孵化器有限公司发放了 4 年期 3 200 万元担保贷款，为留学生归国创办企业提供便利。

2001 年 9 月 14 日，海淀警方通报了中关村有史以来金额最大、涉及面最广的金融诈骗案。国内 IT 产品分销排名第五名的仪科惠光公司总裁林大兵涉嫌虚假注册、合同诈骗、票据诈骗，潜逃多日后被警方捉抓归案，涉案金额达 3 000 余万元。中关村由此陷入最严重的信用危机。

2001 年 10 月，中关村管委会发布《中关村科技园区企业信用制度试点暂行办法》，规定企业信用制度的主要任务是，建立企业信用服务体系和信用管理体系，形成比较完善的政策法规体系。中关村科技园区企业信用服务体系的组织机构，由中关村企业信用信息服务中心和信用服务社会中介机构组成。

2001 年 11 月 10 日，北京市商业银行与海淀区国有资产投资管理中心等10 家园区开发建设单位和高新技术企业签订了贷款和综合授信协议，签约总金额达 4 亿多元。

2001 年 11 月 14 日，中国银行北京市分行与北京市经济技术开发区签订了融资合作意向书，承诺提供 20 亿元授信额度推动区内土地开发、基础设施建设和区内高新技术企业的发展。

2001 年 12 月初，中信实业银行总行营业部 20 余家支行纷纷走进北京大学、清华大学等北京各高校，开展了"零售产品宣传周"活动。围绕 2001年重点推出的特色产品"理财宝"和"出国金融服务中心"，以中信卡为载体，在各高校内全面推出针对大学生的个人金融产品组合。

2001 年 12 月 20 日，光大银行北京分行中关村支行与中关村软件园发展有限责任公司签订了 1 亿元的贷款合同。

2001 年，为配套《中关村科技园区条例》的出台，北京市政府及相关部门先后出台了《中关村科技园区发展专项资金使用管理办法》等 12 个配套文件。例如，进一步完善了企业信贷融资促进平台；建立了针对不同群体的贷款担保绿色通道；实施了鼓励高成长企业群体的"瞪羚计划"；初步建立了以创业投资引导资金为主要内容的风险投资促进机制和以北京产权交易所为核心的产（股）权交易促进平台；成立了"中关村科技园区投融资促进中心"。为进一步拓展中小企业融资渠道，规范企业行为，中关村制定了《中关村科技园区企业信用制度试点暂行办法》，并以该办法为依据开展了试点工作。

2002 年

2002 年 1 月 9 日，广发银行北京分行授予博奥生物芯片有限责任公司暨生物芯片北京国家工程研究中心 2 亿元人民币授信额度，签字仪式在清华大学举行。

2002 年 3 月 21 日，北京市政府办公厅印发《中关村科技园区土地一级开发暂行办法》（京政办发〔2002〕16 号）。办法提出，中关村科技园区土地一级开发是政府行为，应由政府委托中关村管委会会同市政府有关部门具体组织实施；市政府各有关部门应当按照各自职责分工，做好各项工作。

2002 年 4 月初，中信实业银行总行营业部与清华大学签署了银校全面合作协议。10 月 15 日，又与中国东方通信卫星有限公司在北京签署银企合作协议。

2002 年 4 月 4 日，北京市政府印发《关于调整中关村科技园区政策区域范围的通知》（京政发〔2002〕10 号）。文件调整了昌平园政策区域范围和电子城科技园政策区域范围，将清河地区、马连洼地区、西城区德外大街以西地区和朝阳区大屯地区、中关村软件园和生命科学园纳入中关村科技园区政策区。

2002 年 5 月 16 日，深圳发展银行北京分行与大唐电信举行银企合作协议签字仪式。

2002 年 5 月 25 日，北京市商业银行与中关村管委会举行签约仪式，签署了贷款授信额度为 300 亿元的长期金融合作协议。

2002 年 7 月，兴业银行北京分行等 5 家商业银行向北京市中关村软件园发展有限责任公司提供 35 亿元人民币综合授信额度签约仪式举行。

2002 年 8 月，中关村科技园区发布《关于推行中关村企业信用报告的实施办法》，同月，中关村管委会认定大公国际资信评估有限公司、联合资信评估有限公司、北京新华信商业信用咨询公司、华夏国际企业信用咨询公司 4 家信用中介机构与园区合作开展信用体系建设工作，并与 4 家信用中介机构分别签署承诺书。

2002 年 9 月 18 日，工商银行北京市分行为联想进出口公司成功办理首笔进口押汇业务。

2002 年 9 月，中关村科技担保有限公司正式启动"留学人员创业企业小额担保贷款绿色通道"专项业务，为园区留学归国人员创办的创业企业提供小额贷款担保支持。

2002 年 12 月 18 日，北京市商业银行与清华大学全面合作协议暨北京市商业银行厚德教育基金签字仪式在翠宫饭店举行。

2003 年

2003 年 1 月 24 日，时任中共中央总书记胡锦涛同志到中关村科技园区视察工作，考察了国际孵化器有限公司、北京大学未名生物城、中关村软件园、联想集团和神州数码控股有限公司，并接见留学生代表。他充分肯定了中关村科技园区建设取得的成就，指出："三年成绩喜人，今后任务艰巨，发展前景美好，大家仍需努力"，为中关村科技园区发展建设指出了前进的方向。

2003 年 3 月 1 日，中关村技术产权交易所开业典礼举行，北京市商业银行入驻该交易所。

2003 年 3 月 18 日，国家外汇管理局北京外汇管理部在北京市经济技术开发区设立办公点，为区内企业提供进出口核销服务。

2003 年 3 月 22 日，中共北京市委、市政府联合发布《关于印发〈中关村科技园区五年上台阶行动纲要〉的通知》（京发〔2003〕5 号）。文件提出，要实施"一区多园"的战略布局，充分发挥园区创业投资引导资金的作用，积极培育有利于高新技术产业发展的资本市场，形成促进科技创新和创业的资本运作机制。充分发挥协会、商会作用，发挥银行和担保机构的作用，深化园区信用制度改革试点，重点推行企业信用报告制度。组织园区企业申请科技型中小企业创新基金，并设立配套资金支持。支持中小企业开拓国际市场专项资金、创新项目专项支持资金、高新区基建贷款贴息资金等国务院有关部委的资金用于园区发展。

2003 年 3 月 27 日，中关村管委会同意北京信用管理公司作为园区信用服务中介机构。9 月 9 日，中关村管委会同意中诚信国际信用评级有限责任公司作为园区信用服务中介机构。

2003 年 4 月 21 日，中关村管委会下发《中关村科技园区基础设施建设项目贷款贴息资金管理办法》(中科园财发〔2003〕3 号)。办法规定,贴息资金支持的项目限定在中关村科技园区的规划范围内;为承担园区土地一级开发和公共基础设施建设项目所使用的 5 年期以上、利率为基准利率的基本建设贷款,可申请相应的贴息资金;列入国家开发银行中关村建设整体贷款计划的项目优先;原则上,对一个建设项目的贴息不超过 3 年;对各项目的贴息比例由中关村管委会根据当年贷款总量、项目的重要性、项目的性质和贴息资金预算控制指标 1 年一定,原则上贴息比例不超过 20%;贴息资金实行先付后贴的原则,即项目单位必须凭贷款银行开具的利息支付清单向中关村管委会申请拨付贴息资金。

2003 年 6 月 12 日,光大银行营业部与中关村技术产权交易所举行银企合作框架协议签字仪式,为其提供 10 亿元人民币的授信额度。

2003 年 7 月 11 日,工商银行北京市分行与北京经济技术开发区土地整理储备分中心签署金融合作协议,为该中心提供 60 亿元综合授信额度,支持开发区二期扩区基础设施工程建设。

2003 年 7 月 13 日,北京中关村企业信用促进会成立,该协会是由中关村高新技术企业技术企业、金融机构、信用中介机构及其他机构联合发起设立的非营利性企业信用自律社团组织。信促会的主要意义和作用是带动整个园区信用环境的改善和各项建设事业的发展,树立"信用中关村"品牌。同时,管委会开始实施"瞪羚计划",即高成长高科技企业担保贷款绿色通道,入选"瞪羚计划"的企业可以获得中关村管委会的贷款贴息,可以进入中关村科技担保公司的快捷担保审批程序,简化反担保措施,可以进入协作银行的快捷贷款审批程序,获得利率优惠。

2003 年 8 月 18 日,华融资产管理公司北京办事处与北京中关村技术产权交易所签订《合作推介、营销不良资产协议》。此举标志着资产管理公司与技术产权交易中介机构联手处置金融不良资产的开始。

2003 年 9 月 12 日,在第六届中关村电脑节签字仪式暨闭幕式上,北京市商业银行与北京市土地整理储备中心海淀区分中心签订了加快海淀北部地区城市化建设金融合作意向书,承诺提供贷款授信 10 亿元支持海淀新区温泉城镇化改造。

2003 年 9 月 12—15 日,华融资产管理公司北京办事处本着"广泛推介,突出重点，立足北京，面向全国"的宗旨，在第六届中国北京科技产业博览会上，以股权资产和实物资产作为重点，与中关村技术产权交易所有限公司合作推出"金融资产超市"资产推介会。北京办事处推介 20 户，涉及金额 23.1 亿元。

2003 年 9 月 14 日，中国东方资产管理公司北京办事处与中关村产权交易所签署《金融不良资产挂牌交易营销合作协议》。

2003 年 9 月 29 日，国家发展改革委批复同意将北京市等城市作为小企业信用服务体系建设试点城市。

2003 年 10 月 15 日，北京市商业银行与长城计算机集团签署了全面合作协议，并提供授信贷款 10 亿元。

2003 年 11 月 14 日，北京市政府办公厅发布《关于印发〈中关村科技园区管理体制改革方案〉的通知》（京政办发〔2003〕63 号）。方案涉及了中关村科技园区发展面临的新形势、改革的基本思路和主要内容，包括完善科学决策和民主管理机制，发挥高新技术企业在园区建设和发展中的主体作用，成立中关村科技园区企业家咨询委员会，作为建设中关村科技园区领导小组及其办公室的参谋和决策支持机构；实现中关村科技园区建设和管理的重心下移；加强对中关村科技园区改革和发展的研究、指导、协调和推进工作。

2003 年 12 月，中关村管委会成功发行"中关村高新技术企业技术企业融资信托计划"，第一期发行金额为 8 000 万元，这是国内科技园区第一次以信托计划的方式为高新技术企业筹措发展资金，开创了高新技术企业直接融资的新模式。这次推出的信托计划，募集到的资金以贷款的形式分别发放给中关村科技园区内的高新技术企业，用于流动资金和产业项目建设。在中关村管委会的组织协调下，第一期发行由北京中关村科技担保公司、中信信托投资有限责任公司及北京市商业银行负责全部集合资金信托计划的担保、发行与代理销售工作。2004 年 12 月，由北京市商业银行独家代理了第二期的代销发行，募集资金为 5 000 万元。

2004 年

2004 年 1 月 1 日，《中关村科技园区留学人员创业企业小额担保贷款"绿色通道"实施细则》印发，细则规定中关村管委会将对符合条件的企业给予

50% 贷款贴息、补贴全额保费，体现了金融业对于园区留学人员创业企业的支持。

2004 年 3 月 25 日，农业银行北京市分行为中国电信北京分公司提供公开授信金额 10 亿元。4 月 5 日，为中国电子信息产业集团公司提供综合授信 12 亿元。

2004 年 4 月 16 日，中关村管委会下发《中关村科技园区留学人员创业企业小额担保贷款"绿色通道"结算办法》（中科园财发〔2004〕4 号）。办法规定，经中关村管委会认证取得贷款担保的留学人员创业企业应按合同约定偿还贷款本金并支付贷款利息、担保费、评审费；同时可申请享受补贴 50% 的贷款利息、补贴全额担保费和担保费降低的优惠。如果留学人员企业不能按期归还银行贷款，担保公司向中关村管委会提出代偿补偿申请，中关村管委会按全部代偿额的 50% 支付担保公司补偿金；担保公司享有代偿后的追偿权；中关村管委会在留学人员扶持资金中支付下列费用：补偿担保公司为留学人员小额贷款担保代偿额的 50%，补贴 50% 的贷款利息，补贴全额担保费，担保费按担保额 1% 收取；补贴工作经费，工作经费按担保金额 0.5% 计算。

2004 年 12 月 13 日，中关村管委会正式下发《中关村科技园区"瞪羚计划"贴息和担保补贴支持资金管理办法》（中科园金发〔2004〕5 号）。办法规定，获得"瞪羚计划"支持的企业和发行中关村高新技术企业技术企业信托计划的企业，可享受"瞪羚计划"贴息和担保补贴支持资全的资助。担保贷款贴息原则：获得"瞪羚计划"支持的企业根据其信用分为五个星级，第一次加入"瞪羚计划"的企业均设定为一星级，可获得贷款利息 20% 的贴息，企业信用每增加一个星级，担保贷款贴息率增加 5%，五星级"瞪羚计划"的企业担保贷款贴息率最高可达 40%。中关村高新技术企业技术企业信托计划原则：发行中关村高新技术企业技术企业信托计划的企业可获得信托贷款利息（含社会筹资利息、信托管理费和担保费）20% 的贴息。"瞪羚计划"担保补贴原则：在限制担保公司最高担保费用标准的前提下，对担保公司实行一定担保规模下的超额累进担保费补贴机制，即 1 年内，中关村科技园区担保公司为"瞪羚计划"企业的担保规模在 0~6 亿元的额度，担保费补贴为担保额的 0.3%；担保规模在 6 亿 ~8 亿元的额度，担保费补贴为 0.6%；担保规模在 8 亿 ~10 亿元的额度，担保费补贴为 0.9%；担保规模在 10 亿元以上的额度，担保费补贴为 1.2%。中关村高新技术企业技术企业信托计划担保补贴原则：中关村科技担保有限公司信托计划提供的担保在有效期内，其担保金额计入当年担保补贴总额。

2005 年

2005 年 3 月 31 日、4 月 8 日建设银行北京市分行、招商银行北京市分行与京东方光电科技有限公司签订第五代薄膜晶体管液晶显示器（TFT—LCD）7.4 亿美元银团贷款项目协议。该笔银团贷款涉及 9 家银行，是近年来国内金额最大的一笔境内外币银团贷款。

2005 年 5 月 26 日，招商银行北京市分行与中芯国际集成电路制造（北京）有限责任公司举办 6 亿美元银团融资项目签约仪式，这是北京金融界迄今为止金额最大的一笔涉外企业的银团贷款。

2005 年 6 月 2 日，中关村管委会发布的《关于推行中关村园区企业征信报告的实施办法》开始实施，正式启用企业征信报告，包括深度征信报告和标准征信报告，丰富了园区信用服务产品。6 月 7 日，中关村管委会发布《关于进一步推进园区信用体系建设加大信用产品使用力度的通知》，明确规定凡涉及申请中关村科技园区发展专项资金资助的企业，必须使用园区信用评级报告和征信报告。6 月 29 日，由中关村企业信用促进会主办，中关村管委会支持，召开企业信用工作会议，发布最新的园区信用产品——《征信报告》。

2005 年 7 月 26 日，建设银行北京市分行第一家中小企业金融服务中心在海淀支行成立，此举标志着该行中小企业业务推进工作正式启动。

2005 年 8 月 3 日，国办签发了《关于支持做强北京市中关村科技园区若干政策措施的会议纪要》，该会议纪要记录了 7 月 19 日国家科教领导小组第三次会议有关中关村科技园区的八项决定，包括创业投资、非上市股份公司股份转让、股权激励等。

2005 年 8 月 16 日，北京邮政外币储蓄正式开办，首批开办网点分别为建内大街邮电局、阜成门邮电局、和平门邮局、国际邮电局和学院路邮电局。

2005 年 9 月 1 日，首届北京国际金融博览会于在北京国际贸易中心开幕，时任北京市市委书记刘淇、时任人民银行行长周小川出席开幕式并发表重要演讲，时任纽约联邦储备银行执行副主席威廉姆斯·拉特利奇、时任中国银监会副主席唐双宁、时任中国证监会副主席庄心一、时任中国保监会副主席周延礼等领导参观博览会并给予高度评价。本届北京国际金融博览会以"百姓理财"为主题，受到了金融机构、企业单位和市民百姓的广泛欢迎，对于提升北京居民的金融理财意识，推动北京百姓理财市场的发展起到了巨大作用。

2005 年 9 月 8 日，北京银监局发布了《关于印发赖小民局长在中国科技金融促进会 2005 年年会暨科技金融创新发展高层论坛上讲话的通知》（京银监发〔2005〕184 号），讲话介绍了我国中小企业的融资总体情况，分析了中小企业融资难的主要原因，并提出了解决我国中小企业融资难、贷款难问题的基本思路和对策，包括要加强新形势下科技与金融的结合、加大银行中小企业贷款的风险监管、调整银行发展战略、推行多元化金融服务等。

2005 年 9 月 27 日，中国工商银行与大唐电信科技产业集团战略合作暨财务顾问签约仪式在北京举行，该协议的签订标志着工商银行在重组并购业务领域迈出突破性的一步。

2005 年 11 月 6 日，北京市政府印发了《关于进一步做强中关村科技园区的若干意见》（京政发〔2005〕22 号），意见提出，积极进行投融资体制改革，推进中关村科技园区非上市股份公司进入证券公司代办股份转让系统、"科技型中小企业成长路线图计划"等投融资体制改革的试点工作；在深圳中小企业板建立"绿色通道"，优先支持中关村科技园区具有自主创新能力、成长性好的企业上市融资；实施促进企业境外上市和引进境外资金的"中关村境外融资行动计划"；支持北京产权交易所进行产权交易制度创新，丰富投资品种，逐步开展产权交易增值服务，完善经纪商代理交易制度；协助国家发展改革委做好中关村科技园区信用试点工作。

2005 年 11 月 25 日，农业银行北京市分行与中国中钢集团公司签署战略合作协议，为中钢集团及其所属企业提供总额为 50 亿元的人民币意向性信用额度，并在信用、结算、代理、现金管理、财务顾问等领域开展全面合作。

2005 年 11 月 28 日，中关村管委会制定了《中关村科技园区创业投资企业风险补贴暂行办法》，办法对补贴的对象和标准、受理及审核等方面做了详细规定。

2005 年，6 家中关村高新技术企业登录纳斯达克，它们是华友世纪通讯有限公司、德信无线通讯科技有限公司、百度在线网络技术（北京）有限公司、北京源德生物医学工程有限公司、北京奥瑞金种业股份有限公司、中星微电子有限公司。至此，中关村在纳市的公司总数达到 13 家，占据中国在纳斯达克上市公司 25 家的半壁江山。上述公司创造了中国大陆企业在境外上市的五个第一：第一家中文搜索引擎企业——百度，百度还是美国资本市场 213 年来首发日涨幅最大的外国公司，是第一家股价超过 100 美元的中国公司；第一家手机设计企业——德信无线公司；第一家农业生物技术企业——奥瑞金种业公司；第一家高端医疗设备企业——源德生物公司；第一家芯片设计企业——中星微电子公司。

2006 年

2006 年 1 月 1 日，北京市财政局印发《北京市科技型中小企业技术创新资金管理办法》（京财文〔2006〕3101 号）。文件规定创新资金将以无偿资助、贷款贴息等方式支持科技型中小企业的技术创新活动。

2006 年 1 月 17 日，国家发展改革委公告了第五批通过审核的 20 家国家级开发区（2006 年第 3 号），其中包括中关村科技园区。

2006 年 1 月 23 日，中关村代办股份转让试点正式启动，北京世纪瑞尔技术股份有限公司和北京中科软信息系统有限公司成为首批挂牌的两家企业，这是我国多层次资本市场建设的一个重要里程碑。2003 年末，科技部、北京市政府联合向国务院上报了《关于中关村科技园区非上市股份有限公司进入证券公司代办股份转让系统进行股份转让试点的请示》。2005 年 11 月底，国务院印发《国家中长期科学和技术发展规划纲要（2006—2020 年）》（国发〔2005〕44 号），2006 年初印发《国家中长期科学和技术发展规划纲要（2006—2020 年）若干配套政策》（国发〔2006〕6 号），批准中关村科技园区未上市高新技术企业进入证券公司代办系统进行股份转让试点工作。2006 年 1 月 23 日，在深圳证券交易所举办代办股份转让系统开盘仪式，正式启动试点，第一批两家企业正式在系统挂牌，被称为新三板。中关村代办股份报价转让试点工作的主要目的是探索我国多层次资本市场体系中场外市场的建设模式，探索利用资本市场支持高新技术等创新型企业的具体途径。它是落实国家科教领导小组会议和全国科技大会精神的一项具体措施，也是我国多层次资本市场建设的一个重要创新举措，对满足不同发展阶段企业多元化融资需求，推进创业投资和股权私募发展，增强自主创新能力和促进高新技术产业发展具有重要意义。

2006年2月7日，国务院印发《关于实施国家中长期科学和技术发展规划纲要（2006—2020年）若干配套政策的通知》（国发〔2006〕6号），涉及银行、保险、担保、创业投资、资本市场及债务等多种配套保障措施，标志着科技与金融的结合进入了一个新的发展阶段。

2006年4月5日，北京市政府办公厅印发《关于做好中关村科技园区规划用地范围调整有关工作的通知》（京政办发〔2006〕16号）。文件提出，中关村科技园区规划用地面积为23 252.29公顷并要求加强中关村科技园区用地的规划管理，协商国家有关部门，落实税收优惠政策。

2006年7月18日，人民银行印发了《关于开展中小企业信用体系建设试点工作的通知》（银发〔2006〕257号）。通知对中小企业信用信息征集工作的主要内容、做好中小企业信用信息征集工作的有关要求等方面进行了说明。

2006年8月21日，人民银行营业管理部与中关村科技园区管理委员会签署了中关村科技园区中小企业信用体系建设全面合作协议。到2006年末前，首批2 000家中关村中小企业将进入中央银行企业征信系统。

2006年9月7日，新东方教育科技集团在纽约证券交易所成功上市，成为我国首家在境外上市的职业教育企业。2006年，中关村有7家企业在境内外证券市场上市，上市公司总数已达86家，其中在纳斯达克上市的公司总数达到14家，占在纳斯达克上市的中国大陆企业总数的一半。

2006年9月8日，英国渣打银行有限责任公司北京中关村支行全面开业，成为渣打银行在北京市的第二家支行。

2006年10月23日，北京市政府印发《北京市"十一五"时期中关村科技园区发展规划》（京政发〔2006〕41号）。该规划从引导促进创业投资发展、

促进企业利用多层次资本市场进行融资、创新中小企业间接融资模式、完善
投融资公共服务功能等方面对促进投融资改革与创新提出了要求。

2006 年 10 月 31 日，中关村管委会、北京市发展改革委、北京市财政
局、北京市科委、北京市人事局联合印发《关于鼓励中关村科技园区创业投
资发展的试行办法》（中科园发〔2006〕34 号）。办法提出通过采取参股方式
或跟进投资方式发挥政府创业投资引导资金的放大作用，扶持创业投资机构
的设立与发展。

2006 年 10 月 31 日，交通银行北京市分行与北京资和信担保有限公司、
北京市经纬律师事务所、连城资产评估有限公司签署了"展业通"小企业知
识产权质押贷款合作协议。

2006 年 11 月 7—10 日，第二届北京国际金融博览会在北京展览馆召开。
时任北京市常务副市长翟鸿祥、时任人民银行副行长苏宁、时任中国银监会
副主席蔡鄂生、时任中国证监会主席助理刘新华、时任中国保监会副主席李
克穆等领导出席开幕式并讲话。本届展会主题为"投资、融资、理财"，展
会宗旨是"金融服务经济、金融服务企业、金融服务百姓"。金融服务内涵
从百姓延伸到工商企业，展会活动更加丰富，中国金融年度论坛、区域经济
投融资洽谈会等都获得极高的赞誉。

2006 年 12 月 1 日，海淀区成立北京首个区域资本中心，专门为自主创
新的中小科技企业提供覆盖发展全过程的一体化综合金融服务。北京银行、
中国建设银行、香港交易所、北京中关村科技担保有限公司、东海证券有限
责任公司、香港阳光投资基金管理有限公司等十几家金融机构已先期入驻。
海淀区还在 2006 年设立了海淀创业投资引导基金，并建立海淀区投融资信
用系统。

2006 年 12 月 8 日，北京市政府印发《北京市"十一五"时期科技发展
与自主创新能力建设规划》（京政发〔2006〕47 号），规划提出，要继续强化
创业孵化体系，进一步为风险投资创造条件。

2006 年 12 月 8 日，北京银行与微软（中国）有限公司正式签署战略合
作协议。

2006 年 12 月 11 日，北京市财政局发布《北京市文化创意产业发展专项
资金管理办法（试行）》（京财文〔2006〕2731 号），办法对文化创意产业发

展专项资金的管理机构和职责、资助范围和资助方式、项目申报及管理、监督和检查等作出详细规定。

2006 年 12 月 14 日，广发银行北京分行与北京理工大学正式签署战略合作协议。

2006 年 12 月 15 日，人民银行同意北京科技园建设（集团）股份有限公司发行短期融资券，核定该公司待偿还短期融资券的最高余额为 5 亿元，有效期至 2007 年 12 月底。

2006 年 12 月 28 日，农业银行北京市分行第一批金钥匙理财中心——海淀中关村、海东科院南路、定福庄金钥匙理财中心开业。

2006 年 12 月 28 日，中国银监会印发了《关于商业银行改善和加强对高新技术企业金融服务的指导意见》（银监发〔2006〕94 号）。意见对商业银行拟提供授信的高新技术企业应当满足的条件、商业银行对高新技术企业授信应当探索和开展多种形式的担保方式等方面进行了详细规定。

2007 年

2007 年 1 月 3 日，北京市科委印发《北京市促进科技中介机构发展的若干意见》（京科高发〔2007〕9 号）。意见提出，进一步发挥现有创业投资机构和担保机构的作用，鼓励民间资本建立创业投资机构和担保机构。北京市注册的创业投资机构，对北京市认定的高新技术成果转化项目投资超过当年投资总额 60% 的，由财政安排专项资金支持。

2007 年 1 月 10 日，北京银监局转发中国银监会《关于商业银行改善和加强对高新技术企业金融服务的指导意见有关文件的通知》（京银监通〔2007〕3 号）。文件提出，商业银行应当根据高新技术企业金融需求特点，完善业务流程、内部控制和风险管理，改善和加强对高新技术企业服务。

2007 年 1 月 25 日，国家开发银行北京市分行与北京邮政储汇局签订全面业务合作协议，双方将在银团贷款、联合贷款、委托贷款、结算业务、中小企业、微贷款业务以及支持新农村建设等领域开展全面合作。

2007 年 2 月 13 日，进出口银行总行营业部与中关村管委会共同主办了"中国进出口银行支持国际经济技术合作融资产品推介会"，重点推介进出口银行适合中关村科技园中小型高新技术企业的融资产品。

2007 年 3 月 22 日，国家外汇管理局北京外汇管理部印发《关于增资清华技术资产有限公司境外投资外汇资金来源审查的批复》。通过北京启迪创业孵化器有限公司增资清华技术资产有限公司境外投资外汇资金来源审查，该项增资涉及外汇投资 50 万美元，全部由该公司以人民币购汇完成投资。

2007 年 4 月 19 日，北京市科委印发《北京市鼓励企业与高校、科研院所进行产学研合作的若干意见》（京科高发〔2007〕138 号）。文件包括产学研合作的必要性和重要性、鼓励产学研合作的指导思想及目标、支持产学研合作的政策和实施方式、促进产学研合作的保障措施等内容。

2007 年 4 月 26 日，交通银行北京市分行与北京市发展改革委签署支持中小企业发展合作协议。

2007 年 6 月 29 日，中国银监会印发了《银行开展小企业授信工作指导意见》（银监发〔2007〕53 号）（以下简称《指导意见》）。《指导意见》扩展了小企业授信业务、授信对象和授信主体范围，放宽了对小企业授信资产质量考核要求、授信审核条件、贷款种类、抵质押品范围、担保条件、信用评估标准。《指导意见》突出小企业授信不同于大中型企业授信的特点，强调小企业授信程序可简、条件可调、成本可算、风险可控、利率可浮、责任可分。

2007 年 8 月 30 日，北京市政府召开首都金融产业后台服务区启动工作会议，启动朝阳金盏区、海淀稻香湖区、通州新城区、西城德胜科技园区四大金融后台服务区建设。

2007 年 9 月 1 日，人民银行营业管理部会同中关村管委会、北京银监局联合发布《关于在中关村科技园区开展中小企业信用贷款试点工作的通知》（中科园发〔2007〕42 号），推出了信用贷款试点工作优惠政策。北京银行、交通银行、浦发银行、北京农村商业银行与中关村管委会签订协议，正式启动了中关村科技园区中小企业信用贷款试点。

2007 年 9 月 26 日，人民银行营业管理部与北京市发展改革委、北京市财政局联合举办北京中小企业信贷业务暨信贷产品创新工作会，发布《北京市中小企业信贷创新产品汇编》。

2007 年 10 月 23 日，国家发展改革委、教育部、科技部、财政部、人事部、人民银行、海关总署、税务总局、中国银监会、统计局、知识产权局、中国科学院联合印发《关于支持中小企业技术创新的若干政策》（发改企业〔2007〕2797号）。文件指出，各地可通过支持中小企业发展的专项资金对中小企业贷款给予一定的贴息补助，对中小企业信用担保机构予以一定的风险补偿。加强和改善金融服务，鼓励和引导担保机构对中小企业技术创新提供支持，鼓励中小企业上市融资。

2007年11月8—11日，第三届北京国际金融博览会在北京展览馆召开。时任北京市常务副市长吉林、时任人民银行行长助理易纲、时任中国证监会主席助理刘新华、时任中国保监会主席助理陈文辉等领导出席开幕式。本届展会汇集了国内金融市场上80%的主流金融机构，各参展金融机构共推出金融理财服务产品1000多种，发放金融咨询和理财服务资料五百多万份，百姓对各类理财服务的参观热情高涨。

2007年，中关村科技园区在境内外新增上市公司20家，为历年最多，上市公司总数达到106家，IPO总融资额折合人民币近1000亿元。上市公司超百家是中关村发展历程中一大标志性突破，意味着中关村科技园区的企业开始进入规模化发展阶段，园区和企业的投资价值受到境内外资本市场的广泛认可和青睐。

2008 年

2008年1月1日，北京市发展改革委印发《北京市贯彻落实〈国家鼓励的资源综合利用认定管理办法〉实施细则》（京发改〔2008〕1101号）。细则规定，经认定的生产资源综合利用产品或采用资源综合利用工艺和技术的企业，按国家有关规定申请享受有关优惠政策。

2008年3月27日，北京市海淀区政府印发《关于进一步优化发展环境为区域重点企业做好服务的办法（试行）》（海政发〔2008〕24号）。办法要求区政府设立的各类专项扶持资金应优先支持重点企业。

2008年3月28日，工商银行北京市分行首家小企业服务中心——中关村小企业服务中心正式成立。

2008年4月14日，科技部、财政部、税务总局联合颁布《高新技术企业认定管理办法》（国科发〔2008〕172号）。对高新企业的认定条件、认定程序进行了规范。

2008 年 5 月，人民银行与中国银监会联合发布《关于小额贷款公司试点的指导意见》（银监发〔2008〕23 号），意见对小额贷款公司的性质、设立、资金来源、资金运用以及监督管理、终止等作出了详细规定。

2008 年 6 月 5 日，国务院印发《国家知识产权战略纲要》（国发〔2008〕18 号），明确提出，建立知识产权价值评估制度，鼓励知识产权转化运用，通过运用财政、金融、投资、政府采购政策和产业、能源、环境保护政策，引导和支持市场主体创造和运用知识产权。

2008 年 6 月 20 日，北京股权投资基金协会成立。该协会旨在服务在京注册的各类股权投资基金及管理企业以及有关中介机构。该协会企业创始会员数量超过 50 家。

2008 年 7 月 3 日，北京市发展改革委、北京市财政局联合印发《北京市中小企业创业投资引导基金实施暂行办法》（京发改〔2008〕1167 号）。办法提出，引导基金以参股支持方式引导创业投资机构共同设立创业投资企业，由引导基金参股的创业投资企业主要向创业期中小企业投资。

2008 年 7 月 8 日，科技部、财政部、税务总局联合发布《关于印发〈高新技术企业认定管理工作指引〉的通知》（国科发〔2008〕362 号）。文件要求科技、财政、税务部门应充分认识高新技术企业认定管理工作的重要性，密切配合，及时成立认定管理机构，共同做好本地区高新技术企业认定和税收优惠政策的落实工作。

2008 年 7 月 29 日，以"贷动文化·创意无限"为主题的"北京银行文化创意金融产品推介会"在威斯汀大酒店隆重举行。北京市委宣传部、北京市发展改革委、北京银监局等 22 家文化创意产业办公室成员单位、近 150 名北京知名文化创意企业客户和 30 多家新闻媒体参加推介会。

2008 年 7 月，北京中小企业创业投资引导基金启动，在全国首创政府资金引导、社会资本参与的新机制。

2008 年 8 月 1 日，在海淀区知识产权质押贷款贴息政策发布会上北京市首家中小企业金融业务专业支行——交通银行北京中国科学院支行开业揭牌。

2008 年 8 月 25 日，科技部与招商银行在北京签署了《支持自主创新科技金融合作协议》。双方将按照"科技部积极组织推动，招商银行独立审贷，依托多种形式的科技金融合作平台，按市场化进行操作"的原则，通过国家科技政策引导和商业贷款支持相结合，积极探索科技创新与金融创新相融合的新道路，促进我国家高新技术企业技术产业发展。

2008年9月16日，海淀区政府印发《促进大学科技园发展暂行办法》（海政发〔2008〕45号）。办法中要求鼓励大学科技园创建产学研合作示范基地，根据不同情况对产学研合作项目以及产学研合作成功案例的推广工作给予资金支持。

2008年10月12日，北京市政府印发《中关村科技园区发展战略纲要（2008—2020年）》（京政发〔2008〕41号）。纲要提出建立科技创业金融体系，完善投资、担保、贷款的联动机制，建立科技保险保障机制，大力推进创业投资和产业投资基金在中关村的设立和发展。

2008年10月18日，国办转发了《发展改革委等部门关于创业投资引导基金规范设立与运作指导意见的通知》（国办发〔2008〕116号），文件指出引导基金是由政府设立并按市场化方式运作的政策性基金，主要通过扶持创业投资企业发展，引导社会资金进入创业投资领域，引导基金本身不直接从事投资业务；同时，该办法对引导基金的设立、资金来源、运作原则与方式、管理、监督与指导、风险控制等一系列进行了规定。

2008年11月13—16日，第四届北京国际金融博览会在北京展览馆召开。时任北京市常务副市长吉林、时任中国银监会副主席蔡鄂生、时任中国证监会主席助理刘新华、时任中国保监会主席助理袁力等领导出席开幕式。本届金博会继续以"投资、融资、理财"为主题，秉承"金融服务经济、金融服务企业、金融服务百姓"的核心目标，立足北京，辐射全国，走向国际，吸引更多的全球知名金融机构和财经企业领袖参与北京金博会。

2008年11月16日，北京中小企业信用再担保有限责任公司成立，这是全国首家省级再担保公司。时任北京市委副书记、时任市长郭金龙出席成立大会并揭牌。该公司的成立是北京市委、市政府贯彻落实党中央、国务院扩大内需促进经济增长的政策措施，发挥政府资金引导放大作用，切实解决融资难问题，支持中小企业发展的一项具体措施。

2008年11月29日，北京市政府印发《关于在中关村科技园区开展政府采购自主创新产品试点工作的意见》（京政发〔2008〕46号）。本次试点主要在首购、订购、重大技术装备试验和示范项目、推广应用四个方面探索政府采购的新方式。

2008 年 12 月 1 日，中国银监会发布《银行建立小企业金融服务专营机构的指导意见》（银监发〔2008〕82 号），指导金融业全力支持中小企业破解融资难题。

2008 年 12 月 7 日，北京市发展改革委分别与 5 家创投公司签署合作协议，标志着北京市中小企业创业投资引导基金进入实质投资阶段。这是继北京中小企业信用再担保有限公司后，北京市构建中小企业多层次融资服务体系的又一重大举措。

2008 年 12 月 8 日，国办印发了《关于当前金融促进经济发展的若干意见》（国办发〔2008〕126 号）。意见指出，要落实对中小企业融资担保、贴息等扶持政策，鼓励地方人民政府通过资本注入、风险补偿等多种方式增加对信用担保公司的支持，设立包括中央、地方财政出资和企业联合组建在内的多层次中小企业贷款担保基金和担保机构，提高金融机构中小企业贷款比重。对符合条件的中小企业信用担保机构免征营业税。稳步发展中小企业集合债券，开展中小企业短期融资券试点。推进上市商业银行进入交易所债券市场试点。

2008 年 12 月 12 日，国家知识产权局印发了《关于确定第一批全国知识产权质押融资试点单位的通知》。文件中提到，试点工作自 2009 年 1 月 1 日启动，为期两年，并确定北京市海淀区知识产权局等 6 家单位为第一批全国知识产权质押融资试点单位，通过知识产权质押融资帮助创新型中小企业解决资金紧张等难题。

2008 年 12 月 15 日，国务院办公厅转发《发展改革委等部门关于促进自主创新成果产业化若干政策》（国办发〔2008〕128 号）。政策提出加大自主创新成果产业化投融资支持力度。加大政府投入力度，主要通过无偿资助、贷款贴息、补助（引导）资金、保费补贴和创业风险投资等方式，加大对自主创新成果产业化的支持。

2009 年

2009 年 1 月 22 日，利保保险有限公司北京分公司获准开业，该公司主要向北京市场提供包括汽车险在内的个人险产品以及侧重于中小型企业的商业险产品。

2009年2月，北京中关村科技创业金融服务集团有限公司设立，作为北京市政府组建的中关村国家自主创新示范区建设重要载体，其主要职能是用市场化手段实现政府公共服务目标，为科技企业提供多元化、多层次、全方位的金融服务。

2009年2月27日，北京市金融工作会议召开。会议提出2009年北京市金融工作的主要任务，一是进一步加大金融促进投资和贸易增长力度；二是发展科技金融，推进科技和金融结合发展；三是进一步发展产业金融，以金融手段支持重点产业发展，发展绿色金融；四是进一步优化金融发展环境。

2009年2月27日，中国银行北京市分行中小企业业务部及朝阳、海淀、丰台、经济技术开发区、顺义五个区域营销分中心开业，成为北京地区第一批拥有小企业信贷专业部门的金融机构。同时，中国银行北京市分行还推出中小企业服务专属品牌——中银通达，并建立标准化的中小企业"信贷工厂"机制。

2009年3月，国家开发银行北京市分行专门成立科技金融处，重点为中关村示范区科技型企业提供优质的金融服务。

2009年3月1日，北京市文化创意产业领导小组办公室印发了《北京市文化创意产业担保资金管理办法（试行）》（京文创办发〔2009〕3号）。本办法对北京市文化创意产业担保资金管理机构与职责，担保资金支持对象、范围和方式，再担保费补贴和担保业务补助等内容进行了明确。

2009年3月6日，中关村管委会印发《关于促进中关村高新技术企业技术企业发展的若干意见》（中科园发〔2009〕4号）。意见提出要扶持企业创制标准和专利，联合各园建立创新基金、扩大对中小企业的支持范围。

2009年3月10日，海淀园管委会、海淀区科委联合发布《北京市海淀区促进科技企业孵化器发展暂行办法》（海行规发〔2009〕2号），规范了科技企业孵化器的条件、方向、措施等。

2009年3月13日，国务院印发《关于同意支持中关村科技园区建设国家自主创新示范区的批复》（国函〔2009〕28号），同意中关村科技园区建设国家自主创新示范区，同意开展股权激励试点、深化科技金融改革创新试点、实施支持创新创业的税收政策等政策措施支持中关村科技园区建设国家自主创新示范区。

2009 年 3 月 17 日，海淀园管委会发布了《海淀园国际化经营促进资金管理暂行办法》，重点向拥有自主知识产权、掌握核心技术，具备较高品牌知名度的企业给予出口项目研发资助以及国际市场营销体系建设等支持。

2009 年 3 月 17 日，中关村企业信用促进会发布了《瞪羚计划企业星级评定管理暂行办法》，文件规范了"瞪羚"企业信用星级的评定标准，并对"瞪羚计划"专项资金制定了管理办法。

2009 年 3 月 17 日，中关村科技园区海淀园管委会发布了《中关村科技园区海淀园管理委员会科技企业孵化器股权投资资助资金管理办法（试行）》。办法规定对科技企业孵化器上一年度投资在孵企业实际发生额（现金）予以不超过 30% 的资助，每家科技企业孵化器每年最高资助额度不超过 100 万元。

2009 年 3 月 20 日，民生银行"商贷通"业务在北京全面启动。"商贷通"业务是民生银行专为中小商户提供快速融通资金、安全管理资金、提高资金效率等全方位的金融服务产品，有效解决中小商户融资难的问题。

2009 年 3 月 23 日，北京市政府发布《关于金融促进首都金融经济发展的意见》（京政发〔2009〕7 号）。该意见共 31 项，从保持货币信贷稳定增长、构建要素市场体系、金融创新、加强和改善金融服务、建设和完善首都农村金融体系、强化风险管理等方面采取积极措施，加大金融支持经济发展的力度。

2009 年 3 月 23 日，海淀区科委发布《海淀区知识产权质押贷款贴息管理办法》，就海淀区域内中小型高新技术企业及创新企业利用知识产权质押向银行获得的贷款进行贴息的支持范围和方式、项目申报和管理进行了规范。

2009 年 3 月 28 日，北京中关村科技创业金融服务集团有限公司、北京银行中关村海淀园支行、交通银行北京中关村园区支行、北京市中关村小额贷款股份有限责任公司 4 家金融机构落户海淀中关村西区并举行揭牌仪式，标志着中关村国家自主创新示范区科技金融改革创新试点工作开局。

2009 年 4 月 1 日，北京市政府印发《关于同意加快建设中关村国家自主创新示范区核心区的批复》（京政函〔2009〕24 号）。批复同意中关村科技园区海淀园作为中关村国家自主创新示范区核心区，提出深化科技金融改革创新试点，实施金融改革和金融创新的政策措施，综合运用多种金融工具支持科技创新；加快多层次资本市场体系建设的试点，支持设立相关交易机构和运营管理机构；支持商业银行率先在核心区设立专门为科技型中小企业服务的分支机构，扩大信用贷款、知识产权质押贷款试点的规模；支持培育壮大股权投资机构；继续推动信用体系建设。

2009 年 4 月 2 日，北京市委、市政府联合印发《关于建设中关村国家自主创新示范区的若干意见》（京发〔2009〕11 号）。意见提出，要开展股权激励和科技成果转化奖励的试点；深化科技金融改革创新试点；在核心区开展科技金融综合配套改革试点，实施金融改革和金融创新的政策措施；利用担保和再担保方式扩大融资担保规模等。

2009 年 5 月 5 日，中国银监会、科技部联合印发《关于进一步加大对科技型中小企业信贷支持的指导意见》（银监发〔2009〕37 号）。指导意见提出完善科技部门、银行业监管部门合作机制，加强科技资源和金融资源的结合；建立和完善科技型企业融资担保体系；整合科技资源，营造加大对科技型中小企业信贷支持的有利环境；明确和完善银行对科技型中小企业信贷支持的有关政策；创新科技金融合作模式，开展科技部门与银行之间的科技金融合作模式创新试点；建立银行业支持科技型中小企业的长效机制。

2009 年 5 月 6 日，北京银行与北京市知识产权局签署知识产权质押融资战略合作协议。计划在未来 3 年由北京银行拿出 50 亿元，作为知识产权质押贷款专项资金，以扩大北京知识产权质押贷款规模。

2009 年 5 月 8 日，中关村国家自主创新示范区领导小组印发《股权激励改革试点单位试点工作指导意见》（中示区组发〔2009〕3 号）。意见旨在推进股权激励试点工作，调动广大科技人员的积极性和创造性，促进科技研发、科技成果转化与转移，提高高等院校、科研院所、院所转制企业以及国有高新技术企业的自主创新能力。

2009 年 5 月 13 日，北京银行与北京市投资促进局签订战略合作框架协议。根据协议，北京银行将提供意向性授信 50 亿元，满足北京市投资促进局通过"北京市外商投资企业融资服务平台"推荐的项目及企业的融资需求，帮助在京外商投资企业克服资金困难。

2009年5月19日，北京银监局印发《关于促进辖内银行业金融机构大力支持中关村国家自主创新示范区建设的指导意见》（京银监发〔2009〕70号）。文件指出，要积极支持中关村国家自主创新示范区建设，进一步增加对科技型中小企业的信贷投入，积极支持示范区科技金融服务体系建设和科技金融新产品的创新和研发，积极防范科技金融业务领域内的金融风险。

2009年5月27日，北京市文化创意产业领导小组办公室举行文化创意产业担保合作签约仪式，北京首创投资担保有限责任公司、北京中关村科技担保有限公司与北京市文化创意产业促进中心分别签署担保合作协议，成为北京市文化创意产业首批合作担保机构；9家文化创意企业与担保公司和银行分别签署担保协议和贷款协议，融资担保金额达1.02亿元。北京市文化创意产业融资担保工作机制正式启动。

2009年5月31日，中关村国家自主创新示范区领导小组印发了《关于扩大中关村信用贷款试点的意见》（中示区组发〔2009〕4号），对试点工作的原则、试点企业的范围、银行发放信用贷款、设立信用贷款风险补贴资金等提出了相关意见。8月7日，中关村管委会组织召开"中关村信用贷款试点工作第七次工作会"，确定9家银行成为首批中关村信用贷款试点银行。

2009年5月31日，中关村国家自主创新示范区领导小组印发了《关于中关村信用保险及贸易融资试点工作的意见》（中示区组发〔2009〕5号）。试点工作坚持"政府引导、市场运作、财政扶持、风险自担、信息共享、多方共赢"的原则，采取以保险促信用，以信用促融资的方式，发挥信用保险风险保障、融资推动、财务规划和市场拓展的功能，拓宽中关村科技型中小企业融资渠道，解决中小企业贸易融资难的问题。

2009年5月31日，北京市首家主要面向科技型中小企业和"三农"发放小额贷款的专业性贷款公司——北京市中关村小额贷款股份有限公司开业。该公司由北京中关村科技创业金融服务集团有限公司作为主发起人，联合北京市国有资产经营有限责任公司、北京超市发国有资产经营公司、北京世纪天泰投资有限公司、开联信息技术有限公司、启迪控股股份有限公司、北京数码视讯科技股份有限公司、时代集团公司共同发起设立的，注册资本为3亿元人民币。

2009 年 6 月 12 日，人民银行营业管理部、北京银监局、北京保监局、北京市金融局、中关村管委会联合召开中关村信用贷款和信保融资政策发布会及签约仪式，推出扩大信用贷款、开展信用保险和贸易融资以及"百家担保授信"试点工作。

2009 年 6 月 12 日，中国证监会发布《证券公司代办股份转让系统中关村科技园区非上市股份有限公司股份报价转让试点办法（暂行）》，对股份挂牌、股份转让、主办券商、信息披露等制定了相应办法。

2009 年 6 月 18 日，人民银行营业管理部与北京市发展改革委、北京银监局、北京市科委、北京市文化创意产业促进中心联合召开了"北京科技型、文化创意型中小企业信贷推进工作会"，辖内各银行类金融机构、部分担保机构的主要负责人，部分文化创意产业集聚区的代表以及北京市广播电影电视局、中关村管委会的代表等 100 余人参加了会议，北京银行、交通银行北京市分行作为辖内科技型、文化创意型中小企业信贷业务的先进典型分别作了经验介绍。

2009 年 6 月 22 日，中关村代办股份报价转让试点挂牌企业金融服务联盟成立。该联盟由券商、银行、深圳证券信息公司、评级机构、会计师事务所、律师事务所等专业中介服务机构组成，旨在对中关村代办挂牌企业实现增值金融服务。

2009 年 6 月 25 日，北京银行与北京市文化创意产业领导小组办公室签署文化创意产业集聚区建设战略合作框架协议，建立文化创意产业集聚区融资服务平台。

2009 年 6 月 30 日，华夏银行中小企业信贷部北京分部及中关村信贷中心、通州信贷中心正式挂牌开业。开业当日即审批贷款两笔，贷款金额共计 700 万元。

2009 年 7 月 2 日，人保财险北京市分公司与上海浦发银行北京分行举行"商业账款融资及服务方案"启动暨与中国人保业务合作签约仪式。针对商业企业国内赊销贸易中的应收账款难题，推出国内首单由银行买断购入企业应收账款，并整体投保的银保合作服务方案。

2009 年 7 月 3 日，人民银行营业管理部联合北京银监局印发了《关于金融支持首都文化产业发展的指导意见》（银管发〔2009〕144 号），文件要求各金融机构贯彻国家和北京市产业政策，充分认识做好文化创意产业金融服务工作的重要意义，大力推进文化产业发展，促进首都产业结构升级和经济发展方式转变。

2009 年 7 月 3 日，人民银行营业管理部举办 2009 年首都金融论坛。论坛的主题为"北京优势：文化创意与金融支持"。

2009 年 7 月 16 日，北京银监局印发了《关于辖内中资商业银行分支机构部分市场准入政策的调整意见（试行）》（京银监通〔2009〕67 号）。引领辖内银行业对高科技骨干企业重大科技项目建设、科技型中小企业等重点领域加强金融支持，同时对科技金融服务体系建设、科技金融产品创新开发等加大投入力度。

2009 年 7 月 24 日，北京农村商业银行与北京大学签署战略合作协议，意向性承诺给予北京大学及其下属企业 50 亿元人民币的授信额度，全面推进教育产、学、研一体化，促进高新技术产业持续健康发展。

2009 年 7 月 28 日，北京丽泽金融商务区开发建设指挥部办公室与 12 家银行签署了总额 600 亿元人民币的政银战略合作协议。根据协议，北京丽泽金融商务区与各银行将在信贷投放、金融产品创新、风险防控、建设项目共享等方面展开合作。

2009 年 8 月 8 日，经国务院批准，国内首家全国性的技术交易机构——中国技术交易所在中关村示范区成立。8 月 13 日，中国技术交易所挂牌仪式在北京中关村清华科技园举行。中国技术交易所的成立，不仅是建设中关村国家自主创新示范区的重要举措，是技术转移、技术交易模式的重大创新，同时也是北京市创新财政科技投入方式的大胆尝试。通过技术交易所多样化的技术交易模式，充分发挥财政科技投入的杠杆和增信作用，引导和鼓励金融机构以及其他民间资金参与科技创业投资，将实现科技与经济更加紧密的结合，为推进中关村国家自主创新示范区建设、促进全国科技发展提供更强大的科技服务支撑，为形成和完善以企业为主体、市场为导向、产学研相结合的技术创新体系发挥应有的作用。

2009 年 8 月 12 日，北京市文化创意产业领导小组办公室发布《北京市文化创意产业创业投资引导基金管理暂行办法》。北京市将安排 3 亿元作为"种子基金"，引导创业投资机构投资于符合文化创意产业重点支持方向的处于创业早期的文化创意企业，支持北京市文化创意产业的发展。

2009 年 8 月 21 日，北京市工商局与北京银行、交通银行北京市分行共同打造的商标质押融资平台正式启动，开创了以商标专用权抵押贷款、帮助企业融资的新途径。在未来 5 年内，两家银行将为北京市中小企业提供 300 亿元的商标权质押融资意向额度。

2009 年 9 月 8 日，中关村管委会印发《支持中关村国家自主创新示范区中小科技型企业投标承接重大建设工程项目的若干措施（试行）》（中示区组办发〔2009〕8 号），以支持中关村中小科技型企业的自主创新产品用于重大建设工程，帮助企业解决在投标承接重大建设工程项目中面临的突出困难。

2009 年 9 月 23 日，财政部、国家发展改革委、科技部、工业和信息化部、商务部、国资委、中国银监会、中国证监会、中国保监会联合印发《关于鼓励政府和企业发包促进我国服务外包产业发展的指导意见》（财企〔2009〕200 号）。文件指出，应综合运用财政、金融、税收、政府采购等政策手段，积极推动服务外包产业的快速发展。

2009 年 9 月 24 日，北京经济技术开发区管委会分别与农业银行、兴业银行、中国银行、建设银行、交通银行、光大银行、上海浦发银行、北京农村商业银行八家银行签署战略合作协议。根据协议，八家银行合计向开发区提供意向性授信额度 1 150 亿元，重点支持区内高科技、医药制造等产业建设。

2009 年 9 月 28 日，北京股权投资发展基金管理有限公司成立，该公司的设立，将有利于拉动投资、扩大就业、促进本市经济发展；加快产业升级，加大对首都高端产业发展的扶持力度，促进北京多层次资本市场体系的建立。

2009 年 10 月 23 日，中关村管委会、北京市金融局、人民银行营业管理部、北京银监局、海淀区政府联合印发《关于促进银行业金融机构在核心区设立为科技企业服务专营机构的指导意见》（中科园发〔2009〕51 号）。鼓励银行业金融机构在示范区核心区内设立专门为科技型中小企业服务的信贷服务机构，通过贷款风险补偿等多种方式支持各专营机构在示范区核心区开展科技金融创新试点。中国银行、工商银行、光大银行、华夏银行四家银行在中关村设立的中小企业服务专营机构举行了揭牌仪式。

2009年10月26日，北京市海淀区人民政府发布《关于促进海淀区科技型中小企业金融服务专营机构发展的暂行办法》（海行规发〔2009〕26号）。办法对专营机构必须具备的条件、对专营机构的政策支持、落实政策的有关程序等进行了具体规定。

2009年10月29日，国家发展改革委、财政部联合印发了《关于实施新兴产业创投计划、开展产业技术研究与开发资金参股设立创业投资基金试点工作的通知》（发改高技〔2009〕2743号）。文件决定实施新兴产业创投计划，扩大产业技术研发资金创业投资试点。利用国家产业技术研发资金，联合地方政府资金，参股设立创业投资基金试点。

2009年10月30日，北京市金融局与深圳证券交易所在深圳签订《北京市中小企业上市培育工作合作协议》。双方将通过合作共同加强中小企业后备上市资源培育，共同推动上市公司再融资和并购重组等工作，共同加强证券市场知识宣传和投资者教育工作。

2009年10月30日，创业板在深圳证券交易所挂牌交易，首批登录创业板的6家北京企业中，有5家来自中关村国家自主创新示范区，数量居全国之首。中关村创造了创业板上市上报材料数量第一、受理企业数量第一、过会企业数量第一、首批挂牌企业数量第一，四个第一的纪录，创业板中的"中关村板块"初步形成。

2009年11月5—8日，第五届北京国际金融博览会在北京展览馆举行。时任北京市市长郭金龙、时任人民银行行长助理郭庆平、时任中国银监会副主席郭立根、时任中国证监会副主席刘新华、时任中国保监会副主席李克穆等领导出席开幕式并发表演讲。本次博览会以"金融服务经济、金融服务企业、金融服务百姓"为宗旨，开设"中小企业金融专场"和"百姓金融专场"，同时设立"金融中心城市展区"，希望为金融机构与工商企业、市民百姓和各区域经济间搭建起一个高效的金融服务平台。此次博览会展览规模再创新高，参展机构总数超过130家，其中包括了30余家银行、40家基金管理公司、20余家证券期货公司以及30余家综合金融服务机构。

2009年11月5日，国家工商行政管理总局印发了《国家工商行政管理总局关于支持中关村科技园区建设国家自主创新示范区的意见》（工商办字

〔2009〕200 号）。当日，国家工商总局商标局和北京市工商局分别在中关村设立中关村办事处和中关村分局。11 月 24 日，北京市工商局印发《贯彻国家工商行政管理总局关于支持中关村科技园区建设国家自主创新示范区的意见》（京工商发〔2009〕133 号），允许中关村分局在中关村地区进行改革创新政策措施的试点。

2009 年 11 月 17 日，人民银行营业管理部发布《关于加强首都科技金融服务工作支持中关村国家自主创新示范区建设的指导意见》（银管发〔2009〕221 号），引导中外资银行积极支持国家自主创新示范区、国家自主创新示范区核心区建设，切实改善和加强科技金融服务工作，大力推进组织、机制和产品创新。

2009 年 11 月 20 日，中国银行北京市分行与中关村科技园区管理委员会签订《全面战略合作框架协议》，同时还启动了"认购股权贷款"业务，整合投资银行资源，为科技型中小企业提供最便捷的技术与资本对接的创新服务。认购股权贷款是指针对企业发展的不同阶段，商业银行可以为企业提供普通贷款，需要时投资银行又可为同一企业提供股权投资，有效满足企业的资金需求。

2009 年 11 月 23 日，全国首只中小企业集合票据——"北京市顺义区中小企业集合票据"在银行间市场发行。该产品采取集合顺义 7 家中小企业，发行规模为 2.65 亿元，发行利率为 4.08%。

2009 年 11 月 27 日，人民银行营业管理部与海淀区政府签署《推进首都科技金融综合改革试验区建设合作协议》，双方将在科技金融宣传、开展科技金融培训、组织科技金融调研、健全科技金融信用机制、制定科技金融相关政策等方面开展广泛深入的合作，共同推进自主创新的科技金融服务体系建设。

2009 年 11 月 27 日，中国进出口银行北京市分行与中国对外文化集团公司签署战略合作协议，标志着国家政策性银行助力国内大型文化企业集团及重点文化产业项目的序幕正式开启。

2009 年 12 月 8 日，中国技术交易所与以色列英飞尼迪资本管理有限公司、北京中关村创业投资发展中心签署合作协议，共同组建中关村国际技术引进投资基金。该基金规模为 1 亿元，以承诺出资方式，通过"技术转移、人才引进、产业化促进"相结合的方式，重点引进以色列、美国等国家和地区的国际先进技术在中关村落地转化，并由各出资人按基金的承诺出资比例分别对被投资项目进行股权投资。

2009 年 12 月 11 日，人民银行营业管理部与中关村管委会签署合作协议，双方将共同推动建立人民银行企业和个人征信系统与中关村企业信用信息公共服务平台的数据交换和信息共享机制，引导园区企业参与信用评级，强化信用评级机构及其从业人员的市场准入，推动中关村信用体系建设。双方还将继续推动中关村信用贷款、信用保险和贸易融资等工作，拓宽科技型中小企业融资渠道。

2009 年 12 月 12 日，中发君盛（北京）投资管理有限公司成立，标志着中国中小企业创业投资基金的募集工作正式启动。

2009 年 12 月 16 日，中关村创业金融服务平台正式启动。该平台由北京中关村科技创业金融服务集团有限公司统筹负责，设立统一的中关村企业融资服务申请通道，收集中关村企业融资需求，为企业量身打造融资方案和有效融资需求培育方案。

2009 年 12 月，北京国际信托有限公司与北京中小企业信用再担保有限公司联合推出了京城首个中小企业系列化信托产品。该信托产品采取滚动发行的方式，旨在为中小企业发展提供信托融资支持，拓宽中小企业融资渠道。首批主要面向怀柔区内三个重点中小企业，信托规模为 4 100 万元人民币。

2009 年 12 月 26 日，中关村国家自主创新示范区领导小组印发了《关于中关村国家自主创新示范区股权激励改革试点工作若干问题的解释》（中示区组发〔2009〕12 号）。就股权激励改革试点工作的条件、标准和方式等相关问题进行了解释。

四、中关村国家自主创新示范区时期

2010 年

2010 年 1 月 6 日，中国银监会批准北京银行筹建北银消费金融公司。该公司筹建初期注册资本金拟为 3 亿元人民币，经营范围主要是办理个人耐用消费品贷款和一般用途个人消费贷款。2010 年 3 月 1 日，北银消费金融公司正式对外营业。

2010 年 2 月 1 日，财政部、科技部印发《中关村国家自主创新示范区企业股权和分红激励实施办法》的通知（财企〔2010〕8 号），规定了在中关村国家自主创新示范区实施企业股权和分红激励政策，推动高新技术产业化。

2010 年 3 月 2 日，招商银行小企业信贷中心北京区域总部成立。该中心是中国银监会批准成立的国内首个拥有经销企业信贷业务专营资格的金融机构，按照"准子银行、准法人"模式构建，将营销推动、产品研发、贷款审批、风险管控等业务融于一体的离行式机构，总部设在苏州街。

2010 年 3 月 8 日，中国银监会、国家发展改革委、工业和信息化部、财政部、商务部、人民银行、工商总局发布《融资性担保公司管理暂行办法》（2010 年第 3 号），加强对融资性担保公司的监督管理，规范融资性担保行为，促进融资性担保行业健康发展。

2010 年 3 月 18 日，北京市金融工作会议召开。会议通报了 2009 年首都金融工作情况和 2010 年工作重点。时任北京市委常委、常务副市长吉林出席会议并讲话；时任北京市政协副主席黎晓宏就北京市即将出台的《关于加快转变经济发展方式，促进首都科技金融创新发展的意见（征求意见稿）》作了说明。2010 年，北京市金融工作的指导思想是：全面贯彻落实党的十七届三中、四中全会和中央经济工作会议精神，深入贯彻落实科学发展观，在市委、市政府统一部署下，紧紧围绕人文北京、科技北京、绿色北京行动计划，加快转变经济发展方式，进一步优化金融发展环境，进一步推动金融改革创新，进一步聚集金融要素资源，进一步完善金融服务经济社会发展的方式手段，进一步维护首都金融安全稳定，围绕提高首都国际化水平、建设世界城市的战略目标，加快建设具有国际影响力的金融中心城市。

2010 年 3 月 24 日，人民银行营业管理部办公室印发《中国人民银行营业管理部 2010 年科技金融工作方案》的通知（银管办〔2010〕21 号），通知从开展高新技术企业信贷政策导向评估、搭建"中小企业金融服务平台"宣传科技金融政策、编印《北京市科技型中小企业金融服务指南》等十五个方面对 2010 年科技金融工作制定了方案。

2010年3月31日，人民银行营业管理部、北京银监局、北京市金融局、中关村管委会、海淀区政府联合推出了"信贷创新中关村系列活动"，为中关村企业建立与各类金融机构的沟通机制，促进技术与资本的高效对接。活动由中关村科技创业金融服务集团有限公司整体组织，多家银行专营机构轮流作为承办单位开展银企交流活动。

2010年3月31日，中关村国家自主创新示范区举办银行专营机构金融创新产品推介会，活动中举办了"信贷创新中关村系列活动"启动仪式、推介银行信贷专营机构创新业务产品、认股权贷款签约仪式等。

2010年4月1日，中关村发展集团公司成立，注册资本为100亿元，主要负责引进重大项目和统筹产业布局；通过引进战略投资、发行中期票据及企业债、信托计划、上市等方式增强集团融资功能，支持企业做大做强。同时，受北京市政府委托，进行重大产业化项目股权投资并且管理政府重大项目股权投资资金，通过股权投资和股权激励相结合，支持重大产业化项目和成长性好的企业。

2010年4月21日，中关村国家自主创新示范区领导小组发布《中关村国家自主创新示范区"十百千工程"工作方案》（中示区组发〔2010〕7号），规定对企业提供综合融资支持，建立信用贷款、信用保险及贸易融资绿色通道，引导金融机构加大对企业的支持力度，给予企业40%的流动资金贷款贴息支持和50%的保费补贴；加大企业贷款风险补偿资金支持力度。

2010年5月7日，国务院发布《国务院关于鼓励和引导民间投资健康发展的若干意见》（国发〔2010〕13号），鼓励和引导民间资本进入金融服务领域，为民间投资创造良好环境。

2010年5月13日，中关村国家自主创新示范区重大科技成果转化、产业化股权投资和创新合作签约仪式召开。北京市级财政5年统筹安排300亿元，以股权投资等方式为重大项目落地提供资金支持，当日，首批股权投资项目签约。

2010年6月30日，中国技术交易所、北京国际信托有限公司、北京中关村科技担保有限公司和北京中小企业信用再担保有限公司共同发起中关村科技成果转化信托计划，帮助汉铭信通融资500万元，与汉铭信通一同受惠的还有北京至清时光环保工程技术有限公司、标旗世纪信息技术（北京）有限公司。

2010 年 7 月 15 日，中关村国家自主创新示范区领导小组发布《中关村国家自主创新示范区科技重大专项资金试点管理办法》（中示区组发〔2010〕16 号），规范和加强项目资金管理，提高资金使用效益。

2010 年 7 月 15 日，中关村国家自主创新示范区领导小组发布《中关村国家自主创新示范区科技重大专项项目（课题）经费间接费用列支管理办法（试行）》（中示区组发〔2010〕15 号），进一步规范了科技重大专项中间接费用列支的管理工作。

2010 年 7 月 19 日，中关村管委会发布《中关村国家自主创新示范区科技金融创新工程工作方案（征求意见稿）》征求意见的函（中科园函〔2010〕168 号），优化投融资环境，聚集整合金融服务资源，开展先行先试的科技金融创新试点。

2010 年 7 月 21 日，交通银行北京分行举办"携手金融资本，助力科技展业"——交通银行中小企业投贷一体化合作项目启动仪式，并为新成立的公主坟支行、慧忠里支行、酒仙桥支行 3 家中小企业金融服务中心揭牌。同时，与北京中关村科技创业金融服务集团有限公司、启迪创业投资有限公司、红杉资本中国基金等 7 家创业投资机构签订合作协议。

2010 年 7 月 30 日，中关村示范区昌平园知识产权融资服务平台启动仪式暨科技金融服务和产品推介会举行。中关村管委会、中关村昌平园管委会、中国技术交易所、北京晨光昌盛投资担保有限公司、北京银行等相关部门和昌平园 70 余家科技型中小企业参加。

2010 年 8 月 1 日，中关村管委会发布《中关村国家自主创新示范区科技型中小企业信用贷款扶持资金管理办法》（中科园发〔2010〕38 号），合作银行对有信用企业提供的无抵押、无担保的信用贷款；企业通过将合法拥有的专利权、商标权、著作权等知识产权作为主要质押物，从合作银行获取的知识产权质押贷款；企业通过信用保证和知识产权质押组合获取的贷款；可获得中关村信用贷款扶持资金。

2010 年 8 月 3 日，北京市科委发布《北京市重点实验室认定与管理暂行办法》（京科发〔2010〕411 号），规定提高整体服务水平，提供科技金融支持。鼓励孵化机构自身或推荐其入驻企业运用科技贷款、科技保险、代办股份转让系统、创业板等科技金融手段，享受相关科技金融政策与服务。

2010 年 8 月 10 日，中关村国家自主创新示范区领导小组发布《关于加快推进中关村国家自主创新示范区知识产权质押贷款工作的意见》（中示区组发〔2010〕19 号），意见提出要建立科技创新创业企业和信贷机构之间的沟通机制；加大对知识产权的登记和保护力度；丰富和完善知识产权质押贷款质权处置的实现途径。

2010 年 8 月 12 日，财政部、工业和信息化部、中国银监会、国家知识产权局、国家工商行政管理总局、国家版权局印发了《关于加强知识产权质押融资与评估管理支持中小企业发展的通知》（财企〔2010〕199 号），就知识产权质押融资与评估管理有关问题进行了明确，完善知识产权质押评估管理体系，推进知识产权质押融资工作，拓展中小企业融资渠道，支持中小企业创新发展。

2010 年 9 月 6 日，北京市工商局印发《北京市工商行政管理局中关村国家自主创新示范区企业股权激励登记试行办法》（京工商发〔2010〕94 号），办法对中关村国家自主创新示范区企业申请办理登记注册的股权激励方式、股权来源等进行了具体规定。

2010 年 9 月 15 日，由人民银行营业管理部与北京市文化创意产业促进中心、北京银监局等共同举办的"北京市中小企业金融服务平台"正式启动。"北京市中小企业金融服务平台"设立在"首都之窗"人民银行营业管部栏目、人民银行互联网官方网站人民银行营业管理部网页以及北京市中小企业网站下，汇集各部门的政策信息、调研信息，各银行的服务信息、信贷产品以及中介服务信息、中小企业信贷需求信息等。

2010 年 9 月 17 日，为庆祝 NYPC 卡贝基金成功入驻中关村，NYPC 卡贝基金在中关村 PE 大厦举办盛会，并邀请了国家外汇管理局、中关村管委会、中关村发展集团、北京市、海淀区相关领导，PE 行业知名机构、银行、证券公司、业内学者专家等。NYPC 卡贝基金是来自美国华尔街的知名股权投资机构，拥有长达三十年的投资银行从业经历及亚太地区投资经验，其国际精英管理团队所管理基金规模总计达 20 亿美元。团队参与的交易项目超过 160 亿元人民币，其中在中国的投资项目约为 34 亿元人民币。

2010 年 10 月 15 日，北京市科委发布《北京市科学技术奖励办法实施细则》（京科发〔2010〕538 号），具体规范了科学技术奖励实施程序，对北京市科学技术奖励的评审组织、推荐与受理、评审标准、评审、异议处理、监督与管理等事项作出了详细规定。

2010 年 10 月 20 日，北京市财政局印发《北京市文化创意产业发展专项资金管理办法实施细则》（京财文〔2010〕2170 号），专项资金以贷款贴息、项目补贴、政府重点采购、奖励、贷款担保、创业投资引导基金等方式支持北京市文化创意产业发展。

2010 年 10 月 21 日，北京市政府印发《关于推进首都科技金融创新发展的意见》（京政发〔2010〕32 号），坚持先行先试原则，完善科技金融体系，构建科技金融创新机制，促进科技与金融有机结合，加快首都科技金融创新发展，全面推进"人文北京、科技北京、绿色北京"建设，为建设中国特色世界城市奠定基础。

2010 年 10 月 28 日，杭州银行北京市分行专门为科技型中小企业设立的北京中关村支行正式开业。

2010 年 11 月 4—7 日，第六届北京国际金融博览会在北京展览馆举行。时任北京市市长郭金龙、时任北京市常务副市长吉林、时任人民银行行长助理郭庆平、时任中国证监会副主席刘新华等出席了开幕式。本届博览会以"金融发展、金融创新、金融服务"为主题，以"推动金融产业发展、宣传金融发展成果、促进金融产品创新、提升金融服务质量、传播金融理财知识"为宗旨。通过金博会的展览展示和系列论坛活动，全方位展示中国金融产业发展成果，宣传金融机构品牌和创新金融服务，加强国际间交流合作，搭建省市区域经济和金融的展示平台，搭建金融机构与企业、百姓之间的交流服务平台。

2010 年 11 月 8 日，农业银行北京市分行中小企业金融服务中心（海淀）暨中小企业信贷广场在中关村地区挂牌成立，这是农业银行系统率先设立的分行级中小企业专营机构。"中小企业信贷广场"采用金融组合模式，与担保公司、保险公司、评估机构和风险投资公司等多方联合，实行"同地办公、优势组合"，为各类中小企业提供多层次、多领域、全方位、"一站式"综合金融服务。

2010 年 11 月 18 日，北京文化创意产业投融资项目推介会在北京产权交易所成功举行。北京银行、交通银行北京市分行、工商银行北京市分行、农业银行北京市分行与文化创意企业共达成签约金额 41.65 亿元。

2010 年 11 月 21 日，北京市金融工作局、石景山区人民政府、北京银行举办"北京市石景山区文化创意中小企业 2010 年第一期集合票据"成功发行新闻发布会。该票据是由北京银行主承销的国内首只文化创意中小企业集合票据，已于 11 月 18 日成功发行上市，为北京三浦灵狐动画设计有限公司、北京超炫广告有限公司和北京丽贝亚建筑装饰工程有限公司三家企业募集资金共计人民币 4 800 万元，期限为 1 年。

2010 年 11 月 23 日，民生银行北京中关村西区支行正式挂牌"科技企业金融服务中心"特色支行。民生总行营业部与北京中关村科技创业金融服务集团有限公司签署战略合作协议，并与中关村管委会建立长效沟通机制，进一步加大对中关村科技园区内中小企业的扶持力度。

2010 年 11 月 26 日，由人民银行营业管理部、市金融局、市文创产业促进中心共同主办，北京银行承办的金融服务北京文化创意企业推进工作会在北京召开，时任人民银行营业管理部副主任姜再勇、时任北京市金融工作局书记霍学文、时任北京市文化创意产业促进中心主任梅松先后在会上就文化金融工作开展情况、文化创意产业政银企合作情况以及支持文化创意产业发展的相关政策等内容发表了讲话；北京银行等 4 家银行围绕金融支持首都文化创意产业发展的措施与成效等主题交流了经验等。

2010 年 11 月 30 日，中关村管委会印发《中关村国家自主创新示范区信用保险及贸易融资扶持资金管理办法》（中科园发〔2010〕42 号），中关村管委会按照先付后贴的原则，依据保险机构承保的企业应收账款情况，为企业提供资信调查费补贴和保费补贴，依据银行提供的贸易融资贷款情况，为企业提供贷款利息补贴，对单个企业的资信调查费用补贴、保险费补贴和贷款贴息实行年度总额控制。

2010 年 12 月 3 日，中国银行中关村科技型中小企业金融服务模式启动仪式在北京举行。时任北京市委副书记、市长郭金龙，市委常委赵凤桐出席启动仪式。中国银行、人民银行营业管理部、北京银监局、北京市金融工作局、中关村管委会等单位领导和科技专家顾问代表、中关村科技型中小企业代表参加了启动仪式。中国银行北京市分行与六家企业在启动仪式现场签订了合作协议。

2010 年 12 月 15 日，中关村管委会、北京市科委、北京市金融局、人民银行营业管理部、北京证监局、北京银监局、北京保监局印发《中关村国家自主创新示范区科技金融创新工程工作方案》（中科园发〔2010〕48 号），方案从工作思路、工作目标、支持措施、组织实施等方面作出了部署。

2010 年 12 月 16 日，科技部、人民银行、中国银监会、中国证监会、中国保监会印发《促进科技和金融结合试点实施方案》（国科发财〔2010〕720 号）引导和促进银行业、证券业、保险业金融机构及创业投资等各类资本创新金融产品、改进服务模式、搭建服务平台，实现科技创新链条与金融资本链条的有机结合，为从初创期到成熟期各发展阶段的科技企业提供差异化的金融服务。

2010 年 12 月 23 日，北京市第十三届人民代表大会常务委员会通过《中关村国家自主创新示范区条例》（北京市人民代表大会常务委员会公告第 12 号），条例提出，市和区、县人民政府及有关部门应当鼓励和支持各类金融机构在示范区开展金融创新，促进技术与资本的对接；支持商业银行、担保机构、保险机构和小额贷款机构开展针对示范区内企业的知识产权质押、信用贷款等业务；市和区、县人民政府及有关部门设立创业投资引导资金和基金，采取阶段参股、跟进投资、风险补助等多种方式，支持境内外创业投资机构在示范区开展不同阶段的投资业务。

2010 年 12 月 24 日，北京市科委、北京市发展改革委、北京市教委、北京市经济和信息化委、北京市财政局、中关村管委会发布《北京市关于进一步加强科技孵化体系建设的若干意见》（京科发〔2010〕721 号），鼓励孵化机构自身或推荐其入驻企业运用科技贷款、科技保险、代办股份转让系统、创业板等科技金融手段，享受相关科技金融政策与服务。

2010 年 12 月 31 日，北京市财政局、北京市国税局、北京市地税局、北京市科委、中关村管委会印发《关于贯彻落实国家支持中关村科技园区建设国家自主创新示范区试点税收政策的通知》（京财税〔2010〕2948 号），为方便企业享受优惠政策，对于符合条件的中关村示范区科技创新创业企业，可在规定期限内向主管税务机关申请一次性备案，享受示范区试点税收政策；加强对技术人员获得奖励情况、缴纳个人所得税情况、研发费加计扣除情况以及职工教育经费税前扣除情况的备案管理。

2010 年，中关村新增上市公司 39 家，创历史新高。其中，境内上市 26 家，包括主板 3 家、创业板 16 家、中小板 7 家；境外上市 13 家，包括美国纳斯达克 4 家，美国纽约证券交易所 9 家；已公开发行的 34 家企业融资额合计 445 亿元。2010 年末，中关村上市公司总数达 175 家，其中境内 103 家、境外 72 家，IPO 融资额合计近 1 600 亿元，30 家公司在境内创业板上市，已形成创业板中的"中关村板块"，创业板市值最高的前三家公司均来自中关村。

2011 年

2011 年 1 月 1 日，中关村管委会印发了《中关村国家自主创新示范区企业信用星级评定管理办法》（中科园发〔2010〕47 号）并正式施行，该办法保证了中关村企业信用星级评定计划的实施，规范了企业信用星级评定标准和流程。

2011 年 1 月，人民银行营业管理部与北京市质监局签署北京市建立信息共享机制合作框架协议，充分利用组织机构代码提高贷款卡服务质量，共同促进首都社会征信体系建设发展。

2011 年 1 月 10 日，财政部、科技部联合印发了《关于〈中关村国家自主创新示范区企业股权和分红激励实施办法〉的补充通知》（财企〔2011〕1 号），进一步明确中央级事业单位全资与控股企业股权和分红激励方案的审批主体及程序。

2011 年 1 月 26 日，北京市政府办公厅印发《中关村科技园区管理体制改革方案的通知》（京政办发〔2011〕4 号），提出了中关村科技园区管理体制改革的工作原则和主要内容，同时明确了改革后示范区领导小组、中关村管委会、各分园管理机构及其主要职责。

2011 年 2 月 22 日，财政部印发《关于在中关村国家自主创新示范区进行中央级事业单位科技成果处置权改革试点的通知》（财教〔2011〕18 号），明确了中央级事业单位科技成果处置的定义和中央级事业单位科技成果处置权限。

2011 年 2 月 22 日，国家发展改革委印发《中关村国家自主创新示范区发展规划纲要（2011—2020年）的通知》（发改高技〔2011〕367号），5月10日，北京市委、市人民政府印发了《关于贯彻落实〈国务院关于中关村国家自主创新示范区发展规划纲要（2011—2020年）的批复〉的实施意见》（京发〔2011〕11号），该纲要主要从提升持续创新基础能力、搭建产业创新发展平台、集聚整合核心创新要素、推进开放创新与合作等提出了发展规划，是贯彻落实《国务院关于同意支持中关村科技园区建设国家自主创新示范区的批复》精神的具体部署，是促进首都经济实现创新发展的行动纲领，是实施国家中长期科技规划纲要的重要举措。

2011年2月23日，中组部、人社部会同有关部门印发《关于支持留学人员回国创业意见》的通知（人社部发〔2011〕23号），支持留学人员回国创办企业，参与创新型国家建设，促进科技成果转化，有利于推动我国有企业业自主创新、提高我国自主创新能力，有利于以创业带动就业，对于推动我国现代化建设事业具有重要意义。

2011年2月28日，人民银行营业管理部印发了《2011年科技金融和文化金融工作实施意见》的通知（银管发〔2011〕35号），以推动首都经济发展方式转变为主线，提出组织开展贯穿全年的"科技金融创新服务年活动""文化金融系列活动"，进一步完善中小企业金融服务平台、信贷产品交流平台、统计信息共享平台，推动健全产品创新引导机制、银企互动对接机制、考核表彰激励机制、信用风险补偿机制，支持中关村国家自主创新示范区建设和首都文化创意产业发展。

2011年3月4日，中组部、国家发展改革委、教育部、科技部、工业和信息化部、公安部、财政部、人社部、商务部、人民银行、海关总署、国家税务总局、中国证监会、国家外国专家局、国家外汇管理局、北京市委、北京市政府联合印发了《中关村国家自主创新示范区建设人才特区的若干意见》（京发〔2011〕5号），决定在中关村国家自主创新示范区全面建设人才特区，要建设全新的创业孵化机制和健全与国际接轨的创业金融服务体系。

2011年3月15日，北京市政府印发《关于进一步促进科技成果转化和产业化的指导意见》（京政发〔2011〕12号），为进一步贯彻落实国务院关于建设中关村国家自主创新示范区批复精神，全面推进"科技北京"建设提出了指导意见。

2011年3月15日，中关村国家自主创新示范区领导小组办公室印发了《关于印发刘延东同志在贯彻落实国务院关于中关村"1+6"政策和规划纲要动员大会上的讲话的通知》（中示区组发〔2011〕4号）及《关于印发中关村国家自主创新示范区2011年工作要点的通知》（中示区组发〔2011〕5号），通知指出，中关村示范区在加快转变经济发展方式中起到了示范引领作用，成为了全国科技创新和高新技术产业发展的一面旗帜。通知还提出，要推动科技金融资源聚集和创新。

2011年3月19日，北京市政府印发了《北京市人民政府关于加快建设中关村科学城的若干意见》（京政发〔2011〕14号），意见指出要把中关村科学城建设成为国家高端人才集聚区、体制机制创新前沿阵地、科技成果转化的辐射源和战略性新兴产业策源地，意见还对深化股权激励改革试点、推广"孵化加创投"发展模式、扩大知识产权质押贷款规模等提出了相关意见。

2011年3月22日，浙商银行北京中关村支行开业，围绕中小企业金融服务的定位，推出中小高科技企业创投金融服务，引进创投资金、客户资源共享、配套融资、IPO资金监管等，并试水500万元以下的小企业和个体工商户贷款。

2011年3月30日，人民银行营业管理部联合北京市科委、北京市经济和信息化委员会、北京市农村工作委员会、北京市金融局、中关村管委会、北京银监局、北京市文化创意产业促进中心等单位共同举办了"信贷政策执行效果通报会暨'科技金融创新年'活动启动仪式"。"科技金融创新年"活动旨在推动北京市各银行持续扩大高新技术产业贷款规模、加大科技金融产品创新力度、做实做强科技金融专营机构，为北京建设具有国际影响力的科技金融创新中心奠定基础。"十一五"期间，北京市银行业累计向高新技术产业发放贷款3 799.3亿元；截至2010年末，北京市高新技术产业贷款余额为822亿元。

2011年4月14日，人民银行营业管理部制定并印发了《关于印发〈"科技金融创新年"工作方案〉的通知》（银管发〔2011〕77号），为人民银行营管部、相关政府部门、辖内商业银行制定了活动计划，并制定了相应的考核激励机制和实施步骤，主要目的是全面提升北京市银行科技金融服务效率和质量，推动高新技术产业贷款规模持续扩大、科技金融创新产品数量较快增长、科技金融专营机构做实做强，为北京建设具有国际影响力的科技金融创新中心奠定基础。

2011 年 5 月 4 日，财政部印发了《关于在中关村国家自主创新示范区开展中央级事业单位科技成果收益权管理改革试点的意见》（财教〔2011〕127号），意见明确了中央级事业单位科技成果收益包括的内容，科技成果按价值分段的收益分成额度，以及留归单位和上缴中央国库的比例等内容。

2011 年 5 月 9 日，北京市科委、北京市发展改革委、北京市教委、北京市经济和信息化委员会、北京市民政局、北京市财政局、北京市国资委、中关村管委会、北京市总工会、国家开发银行北京分行研究制定并印发了《关于促进产业技术创新战略联盟加快发展的意见的通知》（京科发〔2011〕303号），要深入实施"科技北京"行动计划，加快产业技术创新战略联盟发展，提升企业自主创新能力和产业竞争力，推进中关村国家自主创新示范区建设，实现世界城市建设目标。

2011 年 5 月 26 日，人民银行公布了首批获得支付企业许可证的企业名单，共有 27 家第三方支付企业获得牌照，北京地区有 9 家，其中，在中关村示范区的就包括北京商服通网络科技有限公司、钱袋网（北京）信息技术有限公司、北京银联商务有限公司、网银在线（北京）科技有限公司、北京拉卡拉网络技术有限公司等。该许可证全面覆盖了互联网支付、移动电话支付、银行卡收单、预付卡发行与受理、货币汇兑等众多支付业务类型。

2011 年 5 月 27 日，民生银行总行营业部与北京资信评级有限公司签署战略合作协议，积极参与中关村信用体系建设，并在中关村管委会和北京中关村企业信用促进会支持下，举办中关村国家自主创新示范区高科技企业信用融资座谈会，为现场 50 多家企业颁发绿色审批通道 VIP 服务卡，承诺为其提供"管家式"金融服务，近 70 家企业代表参加了此次活动。

2011 年 5 月 28 日，北京银行中关村分行挂牌，成为中关村自主创新示范区首家分行级银行机构。同日，北京银行启动"中小企业信贷工厂"商业模式，流水线操作贷款流程。

2011 年 5 月 30 日，首都创新资源平台综合办公室印发了《首都创新资源平台科技金融工作组工作机制（试行）的通知》（创新平台发〔2011〕12号），文件指出该机构主要负责协调金融机构开展符合科技企业特点的制度创新、产品创新、服务创新，推动场外交易市场落户中关村国家自主创新示范区，推动开展知识产权质押、信用贷款等科技金融创新业务，推动股权投资聚集和发展，支持企业在境内外资本市场上市和利用资本市场开展兼并重组。

2011年6月1日，中关村管委会印发了《中关村国家自主创新示范区创业投资风险补贴资金管理办法》（中科园发〔2011〕10号），明确了对创业投资机构和科技企业孵化器，根据其投资于中关村示范区初创企业的实际投资额，按一定比例给予补贴的专项资金的管理办法。

2011年6月16日，根据与国家开发银行签署的《开发性金融合作备忘录》，中关村管委会支持国家开发银行北京市分行在服务中关村发展规划实施过程中发挥主力银行作用，国家开发银行北京市分行通过规划先行，提供贷款、投资、债券、租赁、证券相结合的综合金融服务，并联合其他金融机构以组建银团等方式组织和引领社会资金，为加快中关村国家自主创新示范区基础设施建设、产业升级和战略性新兴产业培育、主体功能区建设、国际合作和企业"走出去"、保障性住房等民生工程、中小企业发展等领域，提供全面的融资支持。

2011年6月23日，兴业银行与人民银行营业管理部、北京银监局、北京市金融工作局及中关村管委会联合在北京举办"'兴业芝麻开花'助力科技型中小企业闯关新三板"主题推介会，通过"兴业芝麻开花"中小企业成长上市计划，为计划在主板、中小板和创业板上市的企业提供融资渠道，助力科技型中小企业闯关新三板。

2011年6月24日，北京市政府颁布了《中关村国家自主创新示范区企业登记办法》（北京市人民政府令第234号），对中关村内的企业登记行为进行了规范，其中，明确了关于科技成果出资和债权出资的规定、创业投资机构出资的规定、科技型企业经营范围核定原则等内容。

2011年6月28日，首都科技条件平台科技金融领域中心授牌大会在京举行。会上，科技金融领域中心与包括银行、证券、保险、投资、担保、会计师事务所和律师事务所等金融机构和中介机构的首批26家成员单位进行了签约。组建科技金融领域中心是北京市"促进科技和金融结合"工作的重要举措之一。

2011年7月，中国银行北京市分行在中关村一区多园内建立了朝阳支行、昌平支行、商务区支行、东城支行、海淀支行、丰台支行、开发区支行、大兴支行、顺义支行、通州支行、中关村中心支行共 11 家中小企业金融服务中心。此举是该行支持中关村科技型企业发展的又一重要举措。

2011 年 7 月 8 日，由中关村管委会联合北京中关村科技创业金融服务集团有限公司、北京中关村科技担保有限公司和北京国际信托有限公司组建的"中关村科技金融创新联盟"在中关村正式挂牌成立。"中关村科技金融创新联盟"成员将通过建立日常的信息沟通、联席会议和项目合作机制，为中关村示范区企业提供债权融资、股权融资、股份制改造、挂牌上市、并购重组、财富管理等系列化、全方位金融服务。

2011 年 7 月 14 日，中关村管委会印发了《中关村国家自主创新示范区大学科技园及科技企业孵化器发展支持资金管理办法（试行）》（中科园发〔2011〕22 号），制定了针对示范区大学科技园及科技企业孵化器发展支持资金在支持对象与条件、支持措施、申请与受理、监督与管理等方面的管理办法。

2011 年 7 月 15 日，杭州银行北京市分行联合工控行业门户网站工控网及速融投资担保有限公司推出了专门面向业内中小企业推出信贷服务——"工控贷"，为业内快速成长的中小企业搭建投融资服务平台，进一步推进企业与资本的对接。

2011 年 8 月 1 日，中关村管委会印发《中关村国家自主创新示范区科技型中小企业信用贷款扶持资金管理办法》（中科园发〔2010〕38 号）并正式执行，该办法主要目的是为促进中关村国家自主创新示范区重点企业进行贷款融资，完善和规范了有关扶持资金的管理。

2011 年 8 月 10 日，中关村管委会印发了《中关村国家自主创新示范区支持企业改制上市资助资金管理办法》（中科园发〔2011〕31 号），以加强对支持示范区企业改制上市资助资金的管理。

2011 年 8 月 12 日，民生银行总行营业部承办"信贷创新中关村系列活动"之助力中关村代办系统挂牌企业主动授信暨产品推介会，推出"新三板企业主动授信业务"，以信用授信方式为 55 家代办企业提供 5.36 亿元主动授信。海通证券、中国出口信用保险公司也针对中小企业金融服务与投资银行产品、企业上市直通车、中关村信保融资政策等进行了主题宣讲。

2011 年 8 月 22 日，北京市政府印发《北京市"十二五"时期中关村国家自主创新示范区发展建设规划的通知》（京政发〔2011〕44 号），规划中提出，要通过支持股权投资快速发展、利用好多层次资本市场融资、健全科技型中小企业金融服务体系、继续开展科技金融先行先试试点、完善科技金融服务环境等方法，建设国家科技金融创新中心。

2011 年 8 月 29 日，国家发展改革委、科技部印发了《关于加快推进民营企业研发机构建设的实施意见的通知》（发改高技〔2011〕1901 号），提出要积极推进大型民营企业发展高水平研发机构、支持中小民营企业发展多种形式的研发机构、完善支持民营企业研发机构发展的政策措施、建立国家和地方的联动工作机制。

2011 年 9 月 1 日，北京亚联财小额贷款有限公司揭牌仪式举行，这是北京市第一家中外合资小额贷款公司。亚联财小额贷款有限公司由亚洲联合财务有限公司与北京小额贷款投资管理有限公司合资设立，注册资本金为 5 亿元人民币。亚联财小额贷款有限公司引进风险管理理念和操作模式，通过设立营业门店、建立直销团队、开展电话营销及外包方式，向中关村一区十园中的"三农"、中小企业及个人发放无抵押、无担保的信用贷款，单笔贷款金额在 2 000 元~30 万元，贷款产品包括"薪易贷"、"楼易贷"和"生意贷"。

2011 年 9 月 1 日，中关村管委会印发了《中关村国家自主创新示范区股权质押贷款扶持资金管理办法》（中科园发〔2011〕36 号），该办法旨在做好中关村非上市股份公司进入证券公司代办股份转让系统进行股份报价转让试点工作，鼓励银行开展针对中关村代办股份转让系统挂牌企业的金融产品创新，完善和规范有关扶持资金管理。

2011 年 9 月 2 日，人民银行营业管理部印发了《关于建立中关村国家自主创新示范区科技金融工作监测体系的通知》（银管发〔2011〕187 号），拟在辖区内建立科技金融工作监测体系。2012 年 12 月 31 日，人民银行营业管理部、中关村管委会联合印发了《关于进一步扩大科技金融监测点工作的通知》（银管发〔2012〕338 号），进一步扩大科技金融监测点。

2011 年 9 月，中关村管委会印发了《中关村国家自主创新示范区并购支持资金管理办法》（中科园发〔2011〕33 号），对中关村国家自主创新示范区并购支持资金的支持对象、支持措施、申请和受理、监督与管理等内容进行了规范。

2011 年 9 月 8 日，中关村管委会印发了《中关村国家自主创新示范区战略性新兴产业中小企业创新资金管理办法》（中科园发〔2011〕39 号），用于挖掘、培养中关村国家自主创新示范区自主创新能力强、成长性好、能够吸引各类资源和具有投资价值的中小企业群体，探索中小企业股权激励办法，最大限度地发挥公共财政资金引导、激励和支持作用。

2011 年 9 月 21 日，中关村管委会印发了《关于支持中关村国家自主创新示范区新技术新产品推广应用的金融支持若干措施》（中科园发〔2011〕37 号），建立了支持新技术新产品推广应用的金融综合服务机制，对企业获得融资支持提出了相应措施。

2011 年 9 月 22 日，中关村国家自主创新示范区领导小组印发《中关村国家自主创新示范区优化产业布局指导意见》（中示区组发〔2011〕7 号），意见指出，要加快建设中关村科学城和未来科技城，重点打造电子信息、生物医药、新能源和节能环保、新能源汽车、新材料、高端装备、航空航天、文化创意八大具有国际竞争力的产业集群。

2011 年 9 月 23 日，中关村国家自主创新示范区领导小组印发了《中关村国家自主创新示范区社会组织登记管理办法》（中示区组发〔2011〕8 号），对示范区社会组织的登记、扶持发展、监督管理等制定了相应办法，促进和规范了中关村社会组织的发展。

2011 年 9 月 28 日，人民银行营业管理部联合北京市文化创意产业促进中心在北京雍和园文化创意产业集聚区举办了"金融服务走进北京市文化创意产业集聚区"活动。工商银行北京市分行、农业银行北京市分行、交通银行北京分行、北京银行等银行及 30 余家文化创意企业代表参加了活动。

2011 年 10 月 1 日，中关村管委会印发《中关村国家自主创新示范区企业担保融资扶持资金管理办法》（中科园发〔2011〕40 号），明确了该担保融资扶持资金主要支持中关村内"瞪羚"企业、留学人员创业企业，并对具体支持措施、企业申请和受理流程等制定了管理办法。

2011 年 10 月 12 日，国务院常务会议研究确定了六条金融和三条财政支持小型微型企业发展的政策措施，被称为财金"国九条"。该政策力促银企双赢，既定向放松了银行小微企业信贷的束缚，激发银行经营此项业务的积极性，也通过直接的税负调整扩大了小微企业的减税空间。

2011年10月，中关村管委会印发《中关村专利促进资金管理办法》（中科园发〔2011〕41号），对中关村专利促进资金的管理进行了规范。

2011年10月，中关村管委会印发《中关村技术标准资助资金管理办法》（中科园发〔2011〕42号），对中关村技术标准资助资金的管理进行了规范。

2011年11月3—6日，第七届北京国际金融博览会在北京展览馆举行。时任北京市市长郭金龙、时任人民银行副行长刘士余、时任中国银监会副主席周慕冰、时任中国证监会副主席刘新华共同出席金博会。本届展会继续以"金融发展、金融创新、金融服务"为目标，以"迈向世界城市的首都金融业"为主题，通过金博会的展览和系列论坛活动，全方位展示中国金融产业发展成果，宣传金融机构品牌，加强国际间交流合作，搭建省市区域经济和金融的合作平台，搭建金融机构与企业、百姓之间的交流服务平台。

2011年11月9日，北京文化创意产业投融资项目推介暨银企洽谈会在国粹苑中央展馆举行签约仪式。国家开发银行北京市分行等金融机构与北京十余家文化创意企业签订了信贷支持协议，签约项目共计16个，签约金额总计为85.07亿元。

2011年11月18日，中关村国家自主创新示范区领导小组印发《中关村科学城发展规划（2011—2015）》的通知（中示区组发〔2011〕10号），按照国家对中关村"建成具有全球影响力的科技创新中心"的使命要求和《北京市人民政府关于加快建设中关村科学城的若干意见》等对中关村科学城的发展要求，就中关村科学城的发展基础与面临形势、指导思想与发展目标、主要任务、发展路径、保障措施等作出了规划。

2011年12月2日，北京九尊能源技术股份有限公司等6家中关村示范区企业在深圳证券交易所中关村代办股份报价转让系统集体挂牌，至此中关村代办股份报价转让系统挂牌企业突破100家，达到101家，标志着试点工作取得阶段性成果。中关村代办股份转让试点在支持一批中关村示范区高新技术企业创新发展的同时，也为建设统一监管下的全国场外交易市场积累了经验，奠定了基础。2011年，中关村管委会分别与纳斯达克、纽约泛欧交易所、香港交易所、上海证券交易所签署战略合作协议，建立长期战略合作伙伴关系。合作双方将通过建立固定工作机制，强化全面合作，大力推动中关村国家自主创新示范区企业上市，借助资本市场加快发展、做强做大。中关村示范区境内外上市公司总数达到 200 家，其中，境内 122 家、境外 78 家。境内上市公司中，主板市场 50 家、中小板市场 28 家、创业板市场 44 家。

2011 年 12 月 5 日，北京银行与商务部签署《推动商圈小微企业融资发展战略合作协议》。根据协议，北京银行未来将为商务部全国重点商圈内的小型微型企业提供意向性授信 100 亿元人民币，全面支持商圈内商户的融资需求。北京银行在签约现场举行了中小企业事业部揭牌仪式，并正式发布针对小微企业的特色融资产品 "商户贷"，以组织架构创新和产品服务升级响应政策号召，全力支持小微企业发展。

2011 年 12 月 16 日，中关村软件园的 "科技金融服务超市" 服务网上线运营。该超市聚集了 80 余家金融机构，分为政策性融资、债券融资、股权融资、特色融资、融资中介 5 个板块，并与软件园主网站、政府相关部门、发展集团、各级各类金融机构和中介机构等网站互联，以超市货架形式向广大中小企业展示，让企业更方便地了解各银行机构为中小企业定制的个性化融资方案，提高融资的成功率。

2011 年 12 月 21 日，北京市财政局、中关村管委会印发了《中关村国家自主创新示范区发展专项资金管理办法》（京财文〔2011〕2858 号），明确了专项资金重点用于园区创新环境建设、支持中小企业创新创业孵化、培育高成长企业、做强做大企业、人才特区建设以及市政府确定重点扶持方向的其他支出，并对该专项资金的管理和使用制定了办法。

2012 年

2012 年 2 月 2 日，北京市财政局、北京市经济和信息化委员会转发财政部、工业和信息化部联合印发的《关于印发政府采购促进中小企业发展暂行办法的通知》（京财采购〔2012〕75 号），该办法提出，为使政府采购的政策功能得到发挥，促进符合国家经济和社会发展政策目标，推动产品、服务、信誉较好的中小企业发展，政府采购可通过采取预留采购份额、评审优惠、鼓励联合体投标和分包等措施，提高采购中小企业货物、工程和服务的比例。

2012 年 2 月 8 日，建设银行北京市分行在北京首家二级分行——中关村分行正式挂牌成立。中关村分行整合了建设银行原中关村海淀园区内 13 个支行和 18 个储蓄所。作为全功能银行，中关村分行除与政府合作开展传统银行业务之外，主要根据中关村园区内高科技中小企业集聚的特点，开展有针对性的服务，并与区内各类金融企业及中介机构开展合作，同时为高端客户人群提供私人银行服务。

2012 年 2 月 10 日，北京银监局印发《关于促进辖内银行业金融机构进一步改进小微企业金融服务的通知》（京银监通〔2012〕10 号），要求辖内银行业金融机构进一步加大小微企业信贷支持力度，做好小微企业服务规划；继续深化六项机制建设，提高小微企业服务管理水平；按照"四单原则"加快小企业金融服务专营机构建设等八项要求，促进辖内银行业金融机构完善小微企业金融服务，进一步优化小微企业融资环境。

2012 年 2 月 15 日，中关村管委会发出关于对《关于中关村国家自主创新示范区建设国家科技金融创新中心的意见》进行确认的函（创新平台办函〔2012〕7 号），旨在进一步强化金融对建设具有全球影响力的科技创新中心的支撑作用，加快建设国家科技金融创新中心。8 月 3 日，国家发展改革委、科技部、财政部、人民银行、国家税务总局、中国银监会、中国证监会、中国保监会、国家外汇管理局、北京市政府联合发布《关于中关村国家自主创新示范区建设国家科技金融创新中心的意见》（京政发〔2012〕23 号），对加快建设国家科技金融创新中心提出了意见。2013 年 4 月 11 日，中关村国家自主创新示范区领导小组印发了《北京市建设中关村国家科技金融创新中心重点任务分解实施方案（2013—2015 年）》的通知（中示区组发〔2013〕1 号），为深入贯彻实施《关于中关村国家自主创新示范区建设国家科技金融创新中心的意见》，保障各项重点工作任务顺利完成，该实施方案对重点任务进行了分工。

2012 年 2 月 21 日，北京市金融工作会议在北京国际饭店会议中心召开。会议由时任北京市政府副秘书长杨志强主持，时任北京市委常委、常务副市长吉林出席会议并讲话。人民银行、中国银监会、中国证监会、中国保监会、财政部等国家金融管理部门及相关部委、北京市金融服务工作领导小组、北京市打击非法集资和非法证券经营活动工作协调小组成员单位、各区县和部分在京金融机构有关负责人参加了会议。会议指出，践行北京精神，强化服务意识，进一步优化金融发展环境；强化推动金融创新的意识，在支持首都调整结构和培育新增长点、支持科技创新和文化创新双轮驱动、支持保障和改善民生等方面取得明显成效。

2012 年 2 月 28 日，北京市科委、人民银行营业管理部、北京银监局共同主办召开了"金融激励试点方案 2011 年发布会"。时任北京市科委刘晖委员主持会议，人民银行营业管理部、北京银监局、北京市银行业协会、北京市经济和信息化委员会、北京市食品药品监督管理局等有关单位负责人以及工商银行、建设银行、招商银行、北京银行、浦发银行、中关村担保等金融机构主要负责人出席了活动。"金融激励试点方案"自 2010 年启动以来成效显著。在政府、商业金融机构、信用评级机构、风险投资公司等多方共同推动下，通过财政引导、信贷支持、资本直接投资等多种手段，形成了以"金融激励试点方案"为契机，引导金融机构大力支持北京生物医药产业的良好金融环境，实现了金融资源与实体经济的结合。北京生物医药行业贷款总额由 2009 年实施前的 9.6 亿元增加到 2011 年的 34.2 亿元，平均增幅达到128%，两年累计发放 61 亿元贷款，先后共支持了 172 家生物医药企业，为"G20 工程"2010 年突破 500 亿元，2011 年达到 700 亿元的产业目标给予了有力的金融支撑。发布会上，工商银行、北京银行、招商银行、浦发银行获得"金融激励试点方案 2011 年度最佳商业银行"称号；中关村担保获得"金融激励试点方案 2011 年度最佳融资性担保机构"称号；德福投资有限公司获得"金融激励试点方案 2011 年度最佳投资机构"称号。

2012 年 2 月，中关村管委会开展了以聚集企业信用资源，对接银行金融服务产品为主题的系列活动，制定并推出了"中关村小微信用企业集合信贷促进计划"。该计划以年销售额 5 000 万元以下的优质会员企业群体为重点，由相关中介组织集合小微企业分散的融资需求，并对企业进行信用和财务管理辅导，从中选取"合格融资企业"，向银行等金融机构发出集合信贷包招标邀请函进行推荐，由银行择优发放无抵押、无担保的信用贷款，每笔最高不超过 500 万元。

2012 年 3 月 16 日，建设银行北京中关村分行办理了其第一笔外币境外代付业务，金额为 560 万美元。境外代付是一种短期融资方式，是根据进口商资信状况，在进口商出具信托收据并承担融资费用的前提下，由境内分行指示境外银行代进口商在信用证、进口代收等结算方式下支付进口款项。

2012 年 3 月 20 日，北京市人民检察院、北京市高级人民法院、北京市公安局、北京市司法局、北京市民政局、中关村管委会联合印发了《关于为中关村国家自主创新示范区发展提供司法保障的工作意见》（京检发〔2012〕55 号），意见提出要加大对中关村示范区知识产权的司法保护力度。

2012 年 3 月 27 日，建设银行中关村分行与北京宝铭汇通科技有限公司签订首笔股权投资选择权服务合同，建设银行拥有在约定时间和价格从融资公司处获得约定股权的权利。该协议为北京宝铭汇通科技有限公司额度授信1 500 万元，首笔发放半年期、500 万元"订单通"融资贷款。"订单通"融资贷款指建设银行向战略性新兴产业中的特定优质客户提供的，用于完成订单生产的融资服务。

2012 年 4 月 12 日，工商银行北京市分行与中关村管委会共同举办"信贷创新中关村"工商银行专场暨中小企业科技金融服务走进中关村活动仪式，双方签订了《战略合作框架协议》。工商银行北京市分行意向授予中关村示范区高科技企业 500 亿元授信额度，并现场与 6 家企业达成了合计 5 亿元的授信意向。活动仪式上，工商银行北京市分行发布了《工商银行科技型中小企业金融服务方案》，该方案包括"创业之路""成长之路""上市之路""卓越之路"系列金融产品，内容涵盖融资、结算、投行、个人金融、私人银行、电子银行等综合金融服务。

2012 年 4 月 13 日，浦发银行北京分行在北京新世纪日航酒店举行"浦发银行北京分行特色支行授牌仪式暨'吉祥三宝'产品推介会"，授予中关村支行、电子城支行小微企业服务特色支行。

2012 年 5 月 9 日，由海淀区政府、北京市金融局、人民银行营业管理部、北京银监局主办，海淀区金融服务办公室、海淀区经济和信息化办公室、海淀区工商联承办的"搭建中小微融资平台，促进政金企和谐发展——海淀区促进中小微企业融资对接活动"启动暨签约仪式在中关村西区朔黄发展大厦举行。海淀区政府相关部门、各街道、园区、协会组织，中小微企业共约 150 人参加了启动暨签约仪式。浦发银行北京分行、北京银行中关村分行等 8 家银行就创新型信贷产品与企业签订了授信协议，并向企业推出了"海淀区中小微企业融资创新服务示范平台"首批信用类、权益类贷款产品。

2012年5月23日，北京市证监局、上海证券交易所、深圳证券交易所、北京市金融局、中关村管委会在北京会议中心召开了2012年北京企业上市工作大会暨拟上市企业培训启动仪式。时任北京市委常委、常务副市长吉林出席并讲话。北京市拟上市企业联盟正式成立，并签署《北京证监局、上海证券交易所、深圳证券交易所、北京市金融工作局、中关村管委会关于建立五方企业上市联席会议机制的备忘录》，五方将共同研究推动北京地区以及中关村国家自主创新示范区企业上市。会后，召开了北京市企业上市工作顾问委员会委员第一次专题座谈会和中关村代办股份转让系统挂牌企业专题培训会。

2012年5月，民生银行总行营业部正式启动"小微金融专业化支行"建设工作，全年共建成4家总行级"小微金融专业化支行"和16家分行级"小微金融专业化支行"。

2012年6月8日，交通银行北京分行与北京市中小企业信用再担保有限公司共同举办"创新·创业·创模式——小微企业金融加速器合作项目"启动仪式。双方联合推出"小微企业金融加速器合作项目"及此项合作中"展业通—创业一站通"创业园小微企业金融服务平台合作方案，并与中关村留学人员创业园协会、清华科技园玉泉慧谷园区、中关村东升科技园、创新工场、联想之星等科技创业园、特色孵化器管理机构签订合作协议，首批获得融资担保支持的创业园小微企业还进行了现场签约。

2012年6月19日，中关村管委会、人民银行营业管理部、北京银监局、北京市国税局、北京市地税局、北京市发展改革委、北京市商务委员会、北京市金融局、海淀区政府联合印发了《关于印发〈关于中关村国家自主创新示范区促进融资租赁发展的意见〉的通知》（中科园发〔2012〕33号），为进一步发挥融资租赁支持战略性新兴产业发展的作用，提出了鼓励在中关村新设和引进融资租赁企业、对融资租赁企业给予购（建、租）房补贴、鼓励融资租赁企业面向中关村企业开展业务、鼓励融资租赁企业根据战略性新兴产业创业企业的特点不断创新融资租赁经营模式、支持行业组织和融资租赁中介机构发展等意见。

2012年6月26日，北京市财政局修订了《中关村国家自主创新示范区现代服务业试点扶持资金管理办法》（京财经一〔2012〕1250号），对中关村国家自主创新示范区现代服务业试点扶持资金管理的工作机制、项目管理、资金支持重点、资金支持方式和额度等内容进行了明确。

2012年6月26日，中关村管委会、人民银行营业管理部、北京市经济和信息化委员会在北京世纪金源大饭店联合举办"信用中关村"系列活动暨2012中关村信用双百企业表彰大会。会上，表彰发布了2011—2012年103家"最具影响力信用企业"和107家"最具发展潜力信用企业"，以及599家中关村信用星级企业。中关村企业信用促进会与合作信用服务机构、金融机构共同签署《信用与科技金融服务企业融资发展合作协议》，北京银行、工商银行、民生银行、中国银行、招商银行与10家企业签署了总额近1亿元的信用贷款协议。

2012年7月8日，国务院正式批准中国证监会在中关村非上市股份公司进入证券公司代办转让系统进行股份报价转让试点的基础上，在京设立全国中小企业股份转让系统有限责任公司，作为全国性场外交易市场的运营管理机构。9月20日，全国中小企业股份转让系统有限责任公司在京注册。该公司采取公司制，注册资本、实收资本均为30亿元，股东包括上海证券交易所、深圳证券交易所等六家中国证监会直属机构。公司主要从事组织安排非上市股份公司股份的公开转让，为非上市股份公司融资、并购等相关业务提供服务，为市场参与人提供信息、技术和培训服务。

2012年7月12日，中信银行总行营业部与中国出口信用保险公司签署协议，面向北京地区中小出口企业合作推出"无担保"融资服务。根据协议，中小出口企业先投保中国出口信用保险公司的出口信用保险，再向银行申请应收账款融资，无须抵押土地或房产等资产，就可便捷地获得银行融资，同时还可保障收汇风险。

2012年7月16日，宁波银行北京分行下辖第一家支行——中关村支行开业。

2012年7月19日，人民银行营业管理部与海淀区经信办签署《海淀区中小企业信用体系试验区征信服务合作协议》。根据协议，人民银行营业管理部在海淀园企业服务大厅开设征信服务窗口，在人民银行规定的范围内，为相关企业提供贷款卡新办及信用报告的查询等服务，并逐步拓展服务内容，适时开展相关诚信宣传活动。12月5日，征信服务窗口正式对外办公，直接为园区企业提供办理贷款卡行政许可相关业务的一站式的服务。

2012年8月21日，由北京市委宣传部、北京市金融局共同起草的《关于金融促进首都文化创意产业发展的意见》经批准正式对外公布。意见指出，北京将加快完善创新文化创意产业直接融资体系，争取将中关村代办股份转让系统挂牌企业范围扩大到文化创意产业园区。"十二五"末，北京争取新增文化创意上市公司50家。

2012年8月30日，建设银行北京中关村分行为北京四方继保自动化股份有限公司办理100万元6个月知识产权质押担保的"知贷通"新型信贷产品贷款。

2012年9月10日，由北京市商务委员会、北京市商联组建的"北京市中小商贸企业融资服务平台"正式启动。该平台主要针对已形成的160个规模商圈内的中小企业降低贷款"门槛"，共吸引了工商银行、北京银行、民生银行、建设银行、邮政储蓄银行和首创投资担保、中关村科技担保、晨光昌盛投资担保、燕鸿投资担保、中小企业信用再担保公司共同参与。

2012年9月12日，国家开发银行支持企业科技创新发展工作会议在北京香格里拉酒店举行。国家开发银行北京分行、国开证券与中关村管委会签署《建设国家科技金融创新中心开发性金融合作协议》，进一步发挥中关村组织协调优势、国开证券资本市场投融资服务优势、国家开发银行北京分行中长期信贷服务优势，向"中关村非上市科技企业股权交易市场"挂牌及备案企业、已上市或拟上市企业提供"债贷结合""债贷投结合"的结构化组合融资服务，以持续、稳定的综合融资支持、努力培育具有成长潜力的中关村高科技企业做强做大。

2012年9月17日，北京市商务委员会和中国出口信用保险公司签署《北京市小微企业出口信用保险统一投保协议》。根据协议，北京市为2011年度出口规模在100万美元（含）以下，且2012年有外贸出口业绩的小型微型企业统一投短期出口信用保险。

2012年9月21日，中关村管委会印发了《中关村国家自主创新示范区融资租赁支持资金管理办法》（中科园发〔2012〕48号），针对中关村示范区企业融资租赁支持资金的支持对象、支持措施、支持资金的申请和受理制定了相应的管理办法。

2012 年 9 月 28 日，由海淀区政府、北京市金融局主办，海淀区金融办承办的"北京市中小微企业融资对接会暨海淀区科技金融政策发布会、海淀区科技金融综合服务平台发布会"在中关村展示中心举行。会上，工商银行、建设银行、北京银行、浦发银行、民生银行等就创新型信贷产品与企业签订了授信协议。软件园、全球网通过线下实体超市和线上网络平台发布科技金融政策、对接金融机构和科技中小微企业。浦发银行、交通银行的中小企业金融服务专营机构揭牌，至此海淀区共有 15 家中小企业金融服务专营机构。最后，海淀区金融办就促进中小微企业融资支持措施进行了解读。

2012 年 9 月 28 日，广发银行在北京的首家特色小微支行——海淀支行正式开业，该支行是一家致力于为中小企业提供专属服务的专业支行，主推"快融通"中小企业授信业务，产品适用于年销售收入在 500 万 ~5 000 万元的企业，单一客户的授信额度最高可达 1 000 万元。

2012 年 10 月 10 日，中关村示范区发布小微信用企业集合信贷促进计划，该计划针对年销售额在 500 万 ~1 000 万元的中关村信用促进会会员企业（信用良好企业），组织有关中介机构，通过对企业信贷需求调查征集、企业信用、财务管理辅导、信用评级、财务规范指导，对企业贷款需求打包集合，进而解决企业有效信贷需求。

2012 年 10 月 13 日，国务院发布《国务院关于同意调整中关村国家自主创新示范区空间规模和布局的批复》（国函〔2012〕168 号），同意对中关村国家自主创新示范区空间规模和布局进行调整，实行统筹规划、分步实施。12 月 25 日，北京市委、市政府印发了《关于贯彻落实〈国务院关于同意调整中关村国家自主创新示范区空间规模和布局的批复〉的实施意见》（京发〔2012〕16 号），旨在加快将中关村国家自主创新示范区建成具有全球影响力的科技创新中心和高技术产业基地。

2012 年 10 月，北京银监局与中关村管委会、北京市银行业协会联合举办了"2012 年北京地区外资银行服务中关村国家科技金融创新中心建设活动"，活动的目的在于引导辖内外资银行在谋求自身发展的同时，加大对国家及北京市重点扶植领域和实体经济的支持力度。同时，外资银行也可以通过承担更多的社会责任树立良好的公众形象，从而实现在中国市场的长期、稳健发展。

2012 年 11 月 11 日，北京银行发布《北京银行科技金融三年发展规划》，提出加快科技金融发展的主要指标，实现科技企业信贷业务增速不低于全行信贷业务平均增速；未来三年累计为科技企业投放不低于 1 000 亿元的信贷支持；重点培育不低于 1 000 家高成长型科技企业；以中关村分行为阵地，以海淀园支行为标杆，累计建设科技企业专营支行不少于 20 家。

2012 年 11 月 27 日，中关村科技租赁（北京）有限公司成立，该企业是中关村发展集团下属子公司，是经商务部和国家税务总局批准的国有控股内资融资租赁试点企业，是国内首家科技租赁公司，主要为科技企业提供高效金融服务及设备租赁解决方案。

2012 年 11 月 30 日至 12 月 3 日，第八届北京国际金融博览会在北京展览馆举办。时任北京市副市长张工、时任人民银行副行长李东荣、时任中国银监会主席助理阎庆民、时任中国证监会副主席刘新华、时任中国保监会副主席陈文辉出席开幕式并致辞。本届博览会以"金融服务实体经济 支持首都创新发展"为主题，邀请了金融机构、企业集团、首都经济和金融中心城市等参加，并组织了中国金融年度论坛、中国国际资本市场论坛、金融名家大讲坛、金融理财大讲堂、首都市民理财月等一系列主题活动。

2013 年

2013 年 1 月 18 日，科技部印发了《关于印发国家高新技术产业开发区"十二五"发展规划纲要的通知》（国科发高〔2013〕23 号），从国家高新区"十二五"发展的基础与形势、总体战略、重点任务、保障措施等方面制定了发展纲要。纲要中指出要从推动引导基金体系建设、推动服务平台建设、完善投融资环境三方面完善科技金融体系，改善企业融资环境。

2013 年 1 月 23 日，中国银监会、国家知识产权局、国家工商行政管理总局、国家版权局印发了《关于商业银行知识产权质押贷款业务的指导意见》（银监发〔2013〕6 号），对商业银行等金融机构办理知识产权质押贷款的程序、条件、制度等进行了明确的规定。

2013 年 1 月 28 日，国务院办公厅印发了《关于强化企业技术创新主体地位 全面提升企业创新能力的意见》（国办发〔2013〕8 号），意见旨在深化科技体制改革加快国家创新体系建设，意见中提出，要完善支持企业技术创新的财税金融等政策。

2013 年 2 月 5 日，国务院印发了《国务院关于推进物联网有序健康发展的指导意见》（国发〔2013〕7 号），意见旨在推进我国物联网有序健康发展，意见中指出，要加强财税政策扶持、完善投融资政策等。

2013 年 3 月 21 日，"2013 年北京市金融工作会议"在北京国际饭店举行，会议通报了 2012 年首都金融业发展情况，部署了 2013 年金融工作。会议由时任北京市政府副秘书长杨志强主持，时任北京市委常委、常务副市长李士祥出席会议并讲话，在京金融管理部门、市政府有关部门、各区县和部分在京金融机构有关负责同志参加了会议。2013 年北京市金融工作将继续紧密围绕服务、创新、监管三条主线开展。在服务首都金融业发展方面，把政策的提升和落实作为重要抓手，把优化金融发展环境作为全市金融工作的第一要务。在推动金融创新方面，以科技金融创新和文化金融创新为重点，为加快首都经济发展方式转变提供有力支持。在加强地方金融监管方面，加强体系、制度和能力建设，不断改进金融风险防范、化解和处置的工作机制。

2013 年 3 月 29 日，人民银行营业管理部印发《中国人民银行营业管理部关于大力推进 2013 年科技金融和文化金融工作的通知》（银管发〔2013〕107 号），就 2013 年商业银行推进科技金融和文化金融工作从总体工作要求、组织协调保障、具体工作安排、督查管理要求等方面作出了安排和要求。

2013 年 4 月 25 日，时任北京市政府按照副市长陈刚同志对《关于报送中关村国家科技金融创新中心建设具体工作措施（送审稿）的请示》一文的批示，组织北京市发展改革委、北京市科委、北京市经济和信息化委员会、北京市财政局、北京市人力社保局、北京市国资委、北京市地税局、北京市工商局、北京市金融局、北京市国税局、中关村管委会、人民银行营业管理部、北京外汇管理部、北京证监局、中关村发展集团召开会议，专题研究了中关村国家科技金融创新中心建设相关市级政策突破的建议，会议议定事项包括关于国有创业投资企业转让所持创业企业股权、示范区引进新设融资租赁公司、小额贷款公司经营范围扩展事宜、建立科技企业信用数据库事宜等。2013 年 6 月 13 日，北京市政府汇总会议形成意见，向陈刚同志上报了《关于中关村科技金融工作协调会议议定事项的报告》。

2013 年 4 月 26 日，北京保监局与中关村管委会、北京市金融局联合组织开展了"保险机构走进中关村"活动。辖区内 20 余家保险公司、保险中介机构参观了中关村国家自主创新示范区展示中心、中关村软件园，并与部分中关村企业代表进行了座谈。

2013 年 5 月 8 日，中关村管委会印发《中关村"展翼计划"工作方案》的通知，方案明确了"展翼计划"企业条件、对企业的支持措施、对合作担保机构的支持措施、业务主体及职责等。方案主要目的是为进一步引导担保、银行等金融机构加强对中关村示范区中小微企业的服务，切实缓解企业因信用信息不完善、抵质押物不足等原因形成的融资难问题，推动部分中小微企业跨越首次融资障碍。

2013 年 5 月 13 日，中关村管委会向北京外汇管理部印发了《关于对〈支持中关村示范区企业境外投资和并购工作方案（修订稿）〉征求意见的函》(中科园函〔2013〕173 号)，方案中提出要构建支持中关村企业境外投资和并购的信贷和保险等综合金融支持体系、要设立中关村境外投资和并购引导基金等金融支持措施。5 月 23 日，外汇管理局北京外管部发出《关于〈支持中关村示范区企业境外投资和并购工作方案（修订稿）〉征求意见的复函》(京汇〔2013〕119 号)，对《方案》中涉及外汇管理的内容无异议。

2013 年 5 月 16 日，上海银行北京分行成立小企业金融服务中心，并分别与清控资产管理有限公司、北京金高科技有限公司、华视影视投资有限公司签署了银企合作协议。北京小企业金融服务中心的成立，既是上海银行贯彻落实银监会关于进一步改进小企业金融服务要求的重要举措，也是上海银行北京分行服务首都经济发展的最新实践。建立专业化、批量化、流水线式"信贷工厂"为核心的经营模式，积极发展科技金融、绿色信贷和文化金融，将成为中心成立后的重要着力点。

2013 年 5 月 24 日，北京银监局与北京市经济和信息化委员会、北京保监局、北京市金融局联合印发《关于开展中小企业知识产权质押贷款保证保险共保试点工作的指导意见》，支持银行业金融机构创新采用保证保险共保方式支持小微企业发展。

2013 年 6 月 1 日，中国证监会印发《资产管理机构开展公募证券投资基金管理业务暂行规定》(证监会公告〔2013〕10 号)，适当降低了证券公司、保险资产管理公司、私募证券基金管理机构三类机构直接开展公募基金管理业务的门槛，增加了符合条件的股权投资管理机构、创业投资管理机构等其他资产管理机构也可以申请开展基金管理业务的规定。

2013年6月25日，人民银行办公厅印发了《关于高校毕业生就业创业金融服务工作意见》（银办发〔2013〕142号），改进和完善小额担保贷款政策，进一步加大对高校毕业生自主创业的支持力度，重点做好劳动密集型行业和吸纳高校毕业生就业企业的金融支持和服务，大力推动适合高校毕业生就业创业需求特点的金融产品和服务方式创新，切实做好对高校毕业生就业创业金融政策的宣传和落实，鼓励各金融机构为高校毕业生提供见习机会和就业岗位。

2013年7月1日，国务院办公厅印发了《国务院办公厅关于金融支持经济结构调整和转型升级的指导意见》（国办发〔2013〕67号），要求发挥金融对经济结构调整和转型升级的支持作用，发挥市场配置资源的基础性作用，发挥金融政策、财政政策和产业政策的协同作用，优化社会融资结构，持续加强对重点领域和薄弱环节的金融支持，切实防范化解金融风险。

2013年7月8日，由北京市金融局、北京市融资担保业协会主办的北京市融资性担保行业企业战略合作联盟签约仪式在新大都饭店国际会议中心多功能厅举行。北京首创融资担保有限公司与18家担保公司达成合作关系，初步形成了"1+18"的担保联盟格局，中关村科技融资担保有限公司与5家融资担保公司签约形成"1+5"担保企业联盟，并与2家市场化运营的资产管理公司签约合作。

2013年7月9日，建设银行与清华大学签署了《清华大学—中国建设银行战略合作协议》。2014年4月15日，建设银行北京中关村分行与清华大学经管学院签署创新创业孵化合作备忘录，确定建设银行北京中关村分行作为清华大学 x-lab 创新创业孵化平台的合作银行。

2013年7月29日，财政部、国家税务总局印发了《关于暂免征收部分小微企业增值税和营业税的通知》（财税〔2013〕52号），自2013年8月1日起，对增值税小规模纳税人中月销售额不超过2万元的企业或非企业性单位，暂免征收增值税；对营业税纳税人中月营业额不超过2万元的企业或非企业性单位，暂免征收营业税。

2013 年 7 月 30 日，中关村知识产权服务业联盟成立大会暨知识产权融资战略合作签约仪式成功举行。7 家银行与北京市知识产权局签署了 50 亿元知识产权融资战略合作协议。此次战略合作协议的签署，标志着知识产权质押贷款进入了一个全新阶段。

2013 年 8 月，中国保监会与北京市政府正式签订战略合作备忘录，计划经过 10 年的努力把石景山区建设成保险创新示范区和保险文化引领区。11 月 19 日，保险产业园正式揭牌。保险产业园位于中关村科技园区石景山园北 I 区、南区和新首钢高端产业综合服务区，总建设用地约 100 公顷，建筑规模 200 万 ~300 万平方米。

2013 年 8 月 8 日，国务院办公厅印发了《国务院办公厅关于金融支持小微企业发展的实施意见》（国办发〔2013〕87 号），确保实现小微企业贷款增速和增量"两个不低于"的目标，加快丰富和创新小微企业金融服务方式，着力强化对小微企业的增信服务和信息服务，积极发展小型金融机构，大力拓展小微企业直接融资渠道，切实降低小微企业融资成本，加大对小微企业金融服务的政策支持力度，全面营造良好的小微金融发展环境。

2013 年 8 月 9 日，中关村互联网金融行业协会正式成立，首批发起成立协会的会员单位共 33 家，包括京东商城、当当网等电商平台，拉卡拉、易宝支付、钱袋网等第三方支付企业，好贷网、天使汇等互联网金融平台机构。

2013 年 8 月 30 日，北京市金融局、北京市委宣传部会同市财政局、北京市国有文化资产监督管理办公室、人民银行营业管理部、北京银监局、北京证监局、北京保监局等部门共同举办的"2013 首都文化金融服务季——文创企业融资交流对接活动"正式启动。首都文化金融服务季期间，由商业银行、证券公司、保险公司、交易场所、信托、融资性担保公司以及相关专业增信机构等组成的"金融协同服务团"，走进文化创意产业集聚区，进行融资工具、融资渠道及融资知识的宣讲培训及现场交流，并与参会文创企业进行现场融资意向对接。

2013 年 9 月 7 日，北京市政府印发了《关于强化企业技术创新主体地位全面提升企业创新能力的意见》（京政发〔2013〕28 号），加快完善多元化投入机制。支持金融机构设计符合企业需要的金融产品，鼓励银行创新信贷产品种类，发展知识产权质押贷款，扩大企业贷款范围和规模。在战略性新兴产业重点发展领域实施金融激励政策，根据银行对企业的信贷支持力度和服务业绩，政府财政资金给予贷款风险补偿。

2013年9月23日，海淀区政府印发了《关于报送外汇管理试点政策实施方案的函》（海淀函〔2013〕217号），海淀区结合近期国家外汇管理局正在研讨外汇管理改革方向的探索创新，特申请将中关村示范区和新区作为外汇管理政策先行先试的试点区域，并报送了试点工作方案。人民银行营业管理部高度重视，经过深入调研，陆续出台了一系列涉及中关村示范区的境外并购外汇管理、外债宏观审慎的政策。

2013年9月29日，科技部、财政部、国家税务总局联合印发了《关于在中关村国家自主创新示范区开展高新技术企业认定中文化产业支撑技术等领域范围试点的通知》（国科发高〔2013〕595号），对中关村国家自主创新示范区从事文化产业支撑技术等领域的企业，按规定认定为高新技术企业的，减按15%的税率征收企业所得税。

2013年9月29日，财政部、国家税务总局联合印发了《关于中关村国家自主创新示范区有限合伙制创业投资企业法人合伙人企业所得税试点政策的通知》（财税〔2013〕71号），规定了有限合伙制创业投资企业采取股权投资方式投资于未上市的中小高新技术企业的应纳税所得额结转抵扣优惠。

2013年9月29日，财政部、国家税务总局联合印发了《关于中关村国家自主创新示范区技术转让企业所得税试点政策的通知》（财税〔2013〕72号），具体规定了技术转让所得享受企业所得税优惠政策试点的范围。优惠政策为居民营企业业在一个纳税年度内，取得符合条件的技术转让所得不超过500万元的部分，免征企业所得税；超过500万元的部分，减半征收企业所得税。

2013年9月29日，财政部、国家税务总局联合印发了《关于中关村国家自主创新示范区企业转增股本个人所得税试点政策的通知》（财税〔2013〕73号），对示范区中小高新技术企业以未分配利润、盈余公积、资本公积向个人股东转增股本时，个人股东一次缴纳个人所得税确有困难的，经主管税务机关审核，可分期缴纳，但最长不得超过5年。

2013年9月30日，中共中央政治局以实施创新驱动发展战略为题举行第九次集体学习，这次集体学习首次走进中关村，采取调研、讲解、讨论相结合的形式进行。本次集体学习强调，全党全社会都要充分认识科技创新的巨大作用，敏锐把握世界科技创新发展趋势，紧紧抓住和用好新一轮科技革命和产业变革的机遇，把创新驱动发展作为面向未来的一项重大战略实施好。并指出，面向未来中关村要加大实施创新驱动发展战略力度，加快向具有全球影响力的科技创新中心进军，为在全国实施创新驱动发展战略更好发挥示范引领作用。

2013年10月24—27日，北京市金融局和北京市发展改革委、顺义区政府共同组织的"2013首都绿色金融展会暨金融支持首都绿色融资对接会"在中国国际展览中心顺义新馆举行。工商银行北京市分行、建设银行北京市分行、农业银行北京市分行、民生银行总行营业部、北京银行及中关村担保、首创担保7家机构分别与京煤集团、北京环境交易所、北京能源投资（集团）有限公司、中国节能协会节能服务产业委员会等14家节能环保单位举行了签约仪式，签约额近200亿元人民币。

2013年10月31日至11月3日，第九届北京国际金融博览会在北京展览馆举办。本届展会通过各类主题活动，突出"中国金融业创新与发展"主题，宣传金融业改革创新业绩，展示金融机构的创新产品和服务，提升金融业支持实体经济能力，促进区域金融合作和首都金融国际化发展，搭建中外金融业高端交流平台，搭建金融与实体经济的合作平台，搭建金融机构与企业、百姓之间的服务平台。

2013年11月12日，北京市财政局、北京市国税局、北京市地税局、中关村管委会转发《财政部 国家税务总局关于中关村国家自主创新示范区有限合伙制创业投资企业法人合伙人企业所得税试点政策的通知》（京财税〔2013〕2295号），规定了有限合伙制创业投资企业采取股权投资方式投资于未上市的中小高新技术企业的应纳税所得额结转抵扣优惠。

2013年11月12日，北京市财政局、北京市地税局、中关村管委会转发《财政部国家税务总局关于中关村国家自主创新示范区企业转增股本个人所得税试点政策的通知》（京财税〔2013〕2298号），对示范区中小高新技术企业以未分配利润、盈余公积、资本公积向个人股东转增股本时，个人股东一次缴纳个人所得税确有困难的，经主管税务机关审核，可分期缴纳，但最长不得超过 5 年。

2013 年 11 月 12 日，北京市财政局、北京市国税局、北京市地税局、中关村管委会、北京市科委、北京市商务委员会转发《财政部 国家税务总局关于中关村国家自主创新示范区技术转让企业所得税试点政策的通知》（京财税〔2013〕2315 号），具体规定了技术转让所得享受企业所得税优惠政策试点的范围。优惠政策为民营企业在一个纳税年度内，取得符合条件的技术转让所得不超过 500 万元的部分，免征企业所得税；超过 500 万元的部分，减半征收企业所得税。

2013 年 11 月 21 日，中关村管委会印发了《中关村国家自主创新示范区技术创新能力建设专项资金管理办法》（中科园发〔2013〕43 号），创新专项资金从中关村示范区专项资金中列支，并按照年度预算进行安排，主要支持企业及产业联盟围绕专利、技术标准、商标和购买科技中介服务开展的创新活动，促进企业提升技术创新能力，加快科技服务业发展。

2013 年 11 月 21 日，中关村管委会印发了《中关村国家自主创新示范区社会组织发展支持资金管理办法》（中科园发〔2013〕44 号），为推动中关村国家自主创新示范区体制机制创新，促进社会组织健康发展，营造有利于中关村示范区发展的创新创业环境，设立中关村示范区社会组织发展支持资金，为中关村示范区发展服务的非营利性法人，包括社会团体、民办非企业单位和基金会，提供资金支持。

2013 年 11 月 28 日，海淀区政府办公室印发了《北京市海淀区核心区中小微企业助力计划（2013—2015 年）》（海行规发〔2013〕7 号），完善海淀区企业信用信息服务平台。归集人民银行征信中心的金融信用信息以及分散在工商、法院、政府各专项资金执行部门和其他投融资机构的监管信用、涉诉信用、评级信用等各类信用信息，建设覆盖核心区科技型中小微企业的信用信息数据库。首批推进银行信用贷款、知识产权质押融资、小微企业小额信贷、融资担保、贷款全流程服务、供应链金融服务、科技金融超市服务、动态监测与分析服务等试点。

2013 年 11 月 29 日，人民银行营业管理部与中关村管委会联合启动"中关村零信贷小微企业金融服务拓展活动"，计划将通过半年时间，推动各银行及担保公司以名录内企业为目标客户，在风险可控前提下加大业务拓展力度。

2013 年 11 月 29 日，人民银行营业管理部和中关村科技园区管理委员会主办了"中关村零信贷小微企业金融服务拓展活动"启动会，人民银行营业管理部积极发挥窗口指导作用，与中关村管委会合力搭建银企、银政对接平台，为各银行办理业务提供绿色通道；中关村管委会将充分发挥财政杠杆作用，为银行和企业提供政策倾斜；各银行将信贷业务与结算业务、国际业务、投行业务有效衔接，给予企业差异化的金融综合服务，进一步加大产品、组织、机制创新力度，有针对性地开展名录企业营销；各担保、再担保等中介机构为名录内企业贷款优先提供服务。

2013 年 12 月 13 日，北京市金融局与天津市金融办正式签署《京津金融合作协议》。京津两地将按照政府推动与市场运作相结合、互利共赢与优势互补相结合、总体推动与重点推进相结合的合作原则，在优化金融资源配置、加强科技金融创新合作、深入开展金融要素市场领域合作、推动区域信用体系建设、加强金融信息和人才交流、促进跨区域金融监管合作与交流以及探索建立金融一体化综合改革试验区等方面展开交流与合作。

2013 年 12 月 25 日，中关村国家自主创新示范区领导小组印发了《关于支持中关村互联网金融产业发展的若干措施》（中示区组发〔2013〕4 号），大力支持互联网金融企业在中关村注册设立，引导互联网金融企业在中关村聚集发展，加强对互联网金融企业的孵化和服务，鼓励互联网企业开展科技与金融相结合的技术创新和商业模式创新，鼓励和推动金融机构通过互联网开展业务创新，完善支撑服务体系，优化互联网金融发展环境，加强信用体系建设，完善风险控制和信用评价机制，发挥行业协会的作用，推动行业自律和规范发展，探索监管新模式，有效控制风险，加强组织推动，形成政策合力。

2013 年 12 月 26 日，首都金融服务商会成立，时任工商银行北京市分行行长王珍军任会长，会员单位涵盖银行、证券、保险、投资、担保等 101 家金融机构。国内首台服务于普通市民的个人信用报告自助查询机正式落户北京农商银行朝阳支行望京分理处，这是人民银行在全国金融机构布放的首台个人信用报告自助服务机。

2013 年 12 月 26 日，北京市金融局联合人民银行营业管理部、北京银监局、中关村管委会等七部门联合下发的《关于支持中关村国家自主创新示范区推广中关村商业承兑汇票融资模式的指导意见》(京金融〔2014〕48号),以中关村高科技企业为基础,在中关村地区开展商业承兑汇票业务,培育并依靠企业自身应用,打造中关村信用品牌,建立中关村企业小微企业商业信用体系。由北京中关村科技融资担保有限公司为中关村示范区高新技术企业提供中关村商业承兑汇票担保授信服务。

2013年12月26日,中关村国家自主创新示范区领导小组《中关村国家自主创新示范区小微企业信贷风险补偿资金管理办法(试行)》(中示区组发〔2013〕5号),鼓励银行和保险机构合作,开展小额保证保险贷款,建立市场化的风险分担机制。

2013年12月28日,北京区域性股权交易市场平台——北京股权交易中心有限公司("四板"市场)正式启动,首批50多家企业正式上线挂牌;同时,3家中小企业与有关中介机构签约,拟发行中小企业私募债,融资规模2.5亿元。

2014年

2014年1月3日,国家外汇管理局北京外汇管理部印发《关于〈中关村国家自主创新示范区境外并购外汇管理试点操作方案〉备案的报告》(京汇〔2014〕4号),北京外汇管理部认为在中关村国家自主创新示范区开展境外并购外汇管理政策试点条件已成熟,拟于2014年1月6日正式开始试点,将《操作方案》和《操作细则》报总局备案。具体内容包括试点企业可先境外并购后取得境外直接投资主管部门核准或备案,延长并购资金境外留存期限最多8个月。

2014年1月7日,人民银行、科技部、中国银监会、中国证监会、中国保监会、知识产权局印发《关于大力推进体制机制创新 扎实做好科技金融服务的意见》(银发〔2014〕9号),大力培育和发展服务科技创新的金融组织体系、加快推进科技信贷产品和服务模式创新、拓宽适合科技创新发展规律的多元化融资渠道、进一步深化科技和金融结合试点。2014年1月20日,人民银行营业管理部转发了《关于大力推进体制机制创新 扎实做好科技金融服务文件的通知》(银管发〔2014〕57号)。

2014年1月7日，为贯彻落实《国务院关于同意支持中关村科技园区建设国家自主创新示范区的批复》，充分发挥资本市场和证券期货行业服务中关村科技园区的优势，推动中关村科技园区创新发展，中关村管委会与北京证监局签署了《关于促进资本市场支持服务中关村发展的合作备忘录》。双方将在加大对企业的服务力度、引导中介机构在园区开展服务、开展业务和人员的交流和培训、建立数据、政策和金融风险信息的共享机制等多个方面深度合作。

2014年1月9日，北京市政府办公厅印发《北京市人民政府办公厅关于印发加快推进高等学校科技成果转化和科技协同创新若干意见（试行）的通知》（京政办发〔2014〕3号），制定高等学校在校学生创业支持办法。降低门槛，简化流程，支持在校学生休学创办科技型企业，创业时间可视为参加实践教育的时间，并根据学校实际计入相关实践学分。支持学生以创业的方式实现就业，凡到中关村科技企业孵化器或大学生创业基地创业的学生，给予房租减免、创业辅导等支持。设立学生创业项目天使投资配套支持资金，高等学校教师作为天使投资人投资的学生科技创业项目，可按照教师实际投资额度的50%申请政府股权投资的配套支持；政府股权退出时，按照原值加同期银行活期存款利息，可优先回购给创业团队及对该项目进行天使投资的教师。

2014年1月24日，中关村管委会、北京市发展改革委、北京市财政局、北京市国有资产监督管理委员会、北京市金融局联合印发《北京市属国有创投企业持有和转让所持中关村国家自主创新示范区创业企业股权管理办法（试行）》（中科园发〔2013〕51号），鼓励国有创投企业运用全部或部分资产对创业企业特别是战略性新兴产业进行投资，可从已实现的投资收益中提取一定的比例，作为对管理人员的业绩激励。

2014年1月28日，北京股权交易中心首只中小企业私募债成功发行。本次债券发行人为北京艾莱发喜食品有限公司，发行规模1亿元，期限2年，票面年利率7.5%，由北京银行承销。本期债券完成认购并在北京股权交易中心所属的北京股权登记管理中心集中登记后，可以在北京股权交易中心进行转让交易。

2014年2月19日，北京银行与小米科技有限责任公司在北京银行大厦签署移动互联网金融全面合作协议，双方将在移动支付、便捷信贷、产品定制、渠道拓展等多方面进行合作。

2014年2月20日，中关村大数据交易产业联盟成立暨中关村数海大数据交易平台正式启动。中关村大数据交易产业联盟是在中关村管委会指导下，由工业和信息化部电信研究院、中关村互联网金融协会、京东商城、亿赞普、拉卡拉等50余家单位参与组建的国内首个面向数据交易的产业组织。中关村数海大数据交易平台是在中关村管委会等部门支持下，由中关村大数据交易产业联盟负责承建的国内首个重点面向大数据的数据交易服务平台。该平台将按国家法律法规要求，在确保数据不涉及个人隐私、不危害国家安全，同时在获得数据所有方授权的前提下，为数据所有者提供大数据变现的渠道，为数据开发者提供统一的数据检索、开发平台，为数据使用者提供丰富的数据来源和数据应用。中关村管委会还出台了《加快培育大数据产业集群推动产业转型升级的意见》，根据该意见，中关村示范区将从加快培育中关村大数据产业集群、提升大数据对经济社会发展的带动作用等六个方面大力推动大数据技术和应用创新，打造全球大数据创新中心，促进传统产业转型升级。

2014年2月26日，国务院印发《关于文化创意和设计服务与相关产业融合意见》（国发〔2014〕10号），提高文化产业创意水平和整体实力，推动文化创意和设计服务与相关产业深度融合。要求加强文化产业投融资体系推进工程，发挥文化产业、金融、财政政策协同作用，深化文化金融合作，引导金融资本支持文化创意和设计服务发展；根据文化创意和设计服务企业特点和资产特性，创新文化金融服务体制机制，创新文化金融产品和服务；加大文化金融人才培训力度，提升文化创意和设计服务企业的投融资能力；推进文化金融合作改革试点工作，探索创建文化金融合作试验区；实施"文化金融扶持计划"，发挥财政对文化金融合作的引导带动作用。

2014年3月25日，北京银行举办"北京银行与中关村互联网金融行业协会战略合作签约仪式暨小微贷产品发布会"。活动现场，北京银行发布"推动互联网金融业务发展六项举措"，并与中关村互联网金融行业协会签署战略合作协议，与广联达、卡联、天使汇、91金融等机构签署业务合作协议，同时发布了一款为小微企业量身定制的、基于账单流水实现融资的信用贷款产品——小微贷。

2014 年 4 月 14 日，北京市政府关于印发《北京技术创新行动计划（2014—2017 年）》的通知（京政发〔2014〕11 号）。北京市科委、北京市金融局牵头组织开展以下重点工作：一是完善首都科技创新投融资体系，创新科技金融产品和服务，促进科技与金融资本对接，完善多层次资本市场，促进科技成果转化和产业化。二是建立和完善以财政资金为引导、社会资金为主体的创业资本筹集机制和市场化的创业资本运作机制，引导社会投资积极参与，促进创新创业。

2014 年 4 月 15 日，农业银行北京市分行参加 2014 中国（北京）国际技术转移大会，与北京市科学技术委员会签署全面战略合作协议。双方将在新能源与新材料、现代农业发展、北京市国际科技合作基地、对公及个人金融等领域开展深入合作。

2014 年 4 月 15 日，建设银行北京中关村分行与北京市科委签署"全面战略合作协议"，双方约定建立联动工作机制，围绕北京市战略性新兴产业，重点国别、重点领域，充分发挥各自优势，通过创新合作模式和金融产品，搭建科技金融服务平台，在科技合作相关政策制定、科技合作重点企业项目培育，国际科技合作重大项目建设等具体工作层面，抓出实效，共同为科技型企业创造良好的投融资环境。

2014 年 4 月 18 日，北京市政府办公厅印发《关于在中关村国家自主创新示范区深入开展新技术新产品政府采购和推广应用工作的意见》（京政办发〔2014〕24 号），进一步增强政府采购和推广应用在支持企业成为创新主体方面的作用，建立健全组织机构，明确职责分工，加强采购活动监管，加强督查和督办。

2014 年 4 月 29 日，财政部、国家税务总局、人社部印发了《关于继续实施支持和促进重点群体创业就业有关税收政策的通知》（财税〔2014〕39 号），个体经营户限定了纳税扣减限额，部分类型企业给予特定税种的税收优惠或减免。

2014 年 5 月 8 日，人民银行营业管理部与北京市国有资产监督管理办公室签署《文化金融战略合作协议》，双方就拓宽文化企业融资渠道、开展文化金融合作试验区建设、推进文化企业信用体系建设、搭建政银企合作平台四方面 16 项具体工作开展全面深入合作达成重要共识。

2014 年 5 月 12 日，中关村管委会、北京保监局、人民银行营业管理部、北京银监局、北京市金融局印发了《中关村国家自主创新示范区小额贷款保证保险试点办法》(中科园发〔2014〕17 号)。企业以自身信用作为保险标的投保，获得保险公司为企业还款能力提供保险，并以此获得银行贷款的业务；当借款人因故不能如期还款时，保险公司依据保险合同约定承担相应的经济赔偿责任；给予符合条件的企业和金融机构补贴支持。

2014 年 5 月 19 日，全国股份转让系统证券交易及登记结算系统正式投入运行。2013 年 12 月 30 日发布的《全国中小企业股份转让系统股票转让细则（试行）》(股转系统公告〔2014〕40 号)、《全国中小企业股份转让系统证券代码、证券简称编制管理暂行办法》(股转系统公告〔2013〕47 号)也于即日起正式实施。

2014 年 5 月 27 日，北京保监局、中关村管委会、人民银行营业管理部、北京银监局、北京金融局联合主办的"信贷创新中关村"系列活动——中关村小额贷款保证保险政策发布暨银行保险合作签约仪式在中关村软件园举行。活动现场，中关村管委会联合相关部门发布了《中关村国家资助创新示范区小额贷款保证保险试点办法》，主要针对小微企业和相关金融机构给予重点支持。

2014 年 5 月 30 日，国家税务总局、财政部、人社部、教育部、民政部印发了《关于支持和促进重点群体创业就业有关税收政策具体实施问题的公告》(国家税务总局公告 2014 年第 34 号)，规定了不同主体税款减免顺序及额度、程序。

2014 年 6 月 4 日，中关村管委会印发了《中关村国家自主创新示范区企业改制上市和并购支持资金管理办法》(中科园发〔2014〕27 号)，给予符合条件的改制上市和并购的相关主体支持资金资助。

2014 年 6 月 6 日，工商银行北京市分行举办以"通力携手、助利创赢"为主题的新三板金融论坛，推出新三板股权质押贷款产品。

2014 年 6 月 9 日，北京市政府办公厅印发《加快推进科研机构科技成果转化和产业化的若干意见（试行）》的通知（京政办发〔2014〕35 号)，优化科技金融服务环境。鼓励在京金融机构为科研机构科技成果转化和产业化提供知识产权质押贷款、股权质押贷款、科技企业信用贷款等科技金融服务；可以通过风险备偿、业务补助、贷款贴息等方式，将市财政经费用于支持科技服务机构、金融机构、科技企业开展融资对接、产品和服务创新；引导民间资本依法设立科技成果转化创投基金，支持科研机构科技成果转化和产业化。

2014 年 6 月 12 日，中关村创业大街揭牌开街，从过去全国闻名的图书一条街，变身为创业服务机构集聚的创业一条街，这是全国首个以创业服务为特色定位的集聚区。中关村创业大街整合了国家、北京市和区内支持创新创业的政策资源，引导入驻机构提供更加高端、专业、品牌化的全链条服务，构建完善的创业生态环境。

2014 年 6 月 18 日，北京银行与中关村管委会签署《全面战略合作协议》。

2014 年 6 月 25 日，中国银行北京市分行上地支行通过"中征应收账款融资服务平台"与小微企业客户北京金瑞华某科技有限公司成功续做一笔 400 万元的应收账款项下融资业务，成为"平台"试运行以来北京地区的首笔融资，有效满足了小微企业的实际用款需求。

2014 年 6 月 27 日，海淀区委、区政府印发了《关于进一步加快核心区自主创新和战略性新兴产业发展的意见》（京海发〔2014〕10 号），要求优化创新创业的金融支撑，支持各类金融机构发展，鼓励引导科技金融特色机构面向科技型中小微企业开展金融产品创新和服务创新，拓宽中小微企业融资渠道、降低融资成本；加快建立支持科技创新的信贷风险补偿机制，促使金融机构加大对早期创新项目的金融服务力度；支持企业上市挂牌、融资交易及并购重组，鼓励企业积极运用资本市场快速发展壮大。

2014 年 6 月 30 日，海淀区政府办公室印发《海淀区技术创新项目市场化评价实施细则》（海行规发〔2014〕11 号），涉及的市场化评价支持资金从核心区自主创新和产业发展专项资金中安排。

2014 年 6 月，工商银行北京市分行与北京中关村科技融资担保有限公司合作，推出了"结算贷"小微信贷产品，用于支持科技型小微企业，满足科技企业短期融资需要。

2014 年 8 月 30 日，财政部、国家税务总局、科技部印发《关于中关村国家自主创新示范区有关股权奖励个人所得税试点政策的通知》（财税

〔2014〕63 号），示范区内高新技术企业和科技型中小企业转化科技成果，以股份或出资比例等股权形式给予本企业相关人员的奖励，获得奖励人员在获得股权时、取得按股权的分红时、转让股权时均有相应的税收优惠。

2014 年 9 月 1 日，中关村管委会印发《中关村国家自主创新示范区天使投资和创业投资支持资金管理办法》（中科园发〔2014〕41 号），对在中关村示范区开展天使投资的天使投资机构，根据其投资于中关村示范区企业的实际投资额，按一定比例给予补贴的专项资金，对在中关村开展创业投资的创业投资机构和科技企业孵化器，根据其投资于中关村示范区初创企业的实际投资额，按一定比例给予补贴的专项资金。

2014 年 9 月 23 日，中关村管委会印发《关于支持中关村国家自主创新示范区"瞪羚"重点培育企业发展的若干金融措施（修订）》（中科园发〔2014〕46 号），鼓励银行为"瞪羚"重点培育企业提供担保贷款、信用贷款、知识产权质押贷款、股权质押贷款、并购贷款、小额贷款保证保险、信用保险及贸易融资等多种方式的贷款支持，并实行快捷审批程序。

2014 年 9 月 23 日，中关村管委会印发《金融支持中关村国家自主创新示范区中小科技型企业投标承接重大建设工程项目的若干措施》（中科园发〔2014〕47 号），规定合作担保公司根据企业签订的重大建设工程项目合同，加快担保审批流程，执行优惠担保费率。银行为企业提供担保贷款，实行快捷贷款审批程序和优惠的贷款利率。各银行可根据申请企业的实际情况制定贷款利息标准，但享受本措施支持的信用贷款的上浮幅度不得超过银行同期贷款基准利率的 30%。企业承接重大建设工程项目，在银行开立投标保函、履约保函、预付款保函的，中关村管委会给予企业保函手续费、评审费、担保费等综合成本 20% 的补贴。

2014 年 9 月 25 日，中关村管委会印发《中关村国家自主创新示范区中小微企业小额贷款支持资金管理办法》（中科园发〔2014〕49 号），规定由中关村管委会合作的小额贷款机构对符合条件的中关村中小微企业提供的小额贷款，给予企业贴息。

2014 年 9 月 25 日，中关村管委会印发《中关村国家自主创新示范区中小微企业银行信贷创新融资支持资金管理办法》（中科园发〔2014〕50 号），要求支持银行等金融机构不断加强对中关村企业的信贷融资创新，促进中关村国家自主创新示范区中小微企业通过多种方式获得融资发展。银行、保险等机构为符合条件的中小微企业提供的信用贷款、知识产权质押贷款、股权质押贷款、信用保险及贸易融资等类型的信贷融资可申请贷款补贴。

2014年9月25日，中关村管委会印发《中关村国家自主创新示范区中小微企业担保融资支持资金管理办法》（中科园发〔2014〕51号），中关村管委会为符合条件的企业提供担保融资支持和直接融资支持，形式主要为贴息和补贴。

2014年9月26日，财政部、科技部、知识产权局印发《关于开展深化中央级事业单位科技成果使用、处置和收益管理改革试点的通知》（财教〔2014〕233号），要求建立符合科技成果转移转化规律的市场定价机制；试点单位可通过协议定价、技术市场挂牌交易、拍卖等方式确定成果交易、作价入股的价格；实行协议定价的，应当在本单位公示成果名称、拟交易价格，在此基础上确定最终成交价格。

2014年9月26日，平安银行北京分行向中关村国家自主创新示范区产业集群项目授信100亿元，其中首期有效额度5亿元。

2014年10月9日，国务院印发《关于加快科技服务业发展的若干意见》（国发〔2014〕49号），要求深化促进科技和金融结合试点，探索发展新型科技金融服务组织和服务模式，建立适应创新链需求的科技金融服务体系。鼓励金融机构在科技金融服务的组织体系、金融产品和服务机制方面进行创新，建立融资风险与收益相匹配的激励机制，开展科技保险、科技担保、知识产权质押等科技金融服务。支持天使投资、创业投资等股权投资对科技企业进行投资和增值服务，探索投贷结合的融资模式。利用互联网金融平台服务科技创新，完善投融资担保机制，破解科技型中小微企业融资难问题。

2014年10月30日至11月2日，第十届北京国际金融博览会在北京展览馆召开。时任人民银行副行长易纲、时任中国银监会副主席王兆星、时任中国证监会副主席姚刚、时任中国保监会副主席周延礼等领导出席开幕式。本届展会以"中国金融业改革和发展"为主题，重点展示了金融改革与创新、金融服务实体经济和小微企业、产业金融发展、科技金融创新和互联网金融、金融服务首都经济等内容，并推出中国金融业创新峰会、中国保险行业年度峰会和中国资本市场峰会等中国金融年度高端论坛，以及涵盖金融安全、理财知识、风险防范、投资者权益等方面的近 20 项、百余场"金融惠民生"系列活动。

2014 年 11 月 16 日,国务院印发《关于创新重点领域投融资机制鼓励社会投资的指导意见》(国发〔2014〕60 号),文中提到,公共服务、资源环境、生态建设、基础设施等重点领域需要进一步创新投融资机制,充分发挥社会资本特别是民间资本的积极作用。

2014 年 11 月 21 日,国务院办公厅印发《关于促进国家级经济技术开发区转型升级创新发展的若干意见》(国办发〔2014〕54 号),要求创新投融资体制。继续鼓励政策性银行和开发性金融机构对符合条件的国家级经开区基础设施项目、公用事业项目及产业转型升级发展等方面给予信贷支持;允许符合条件的国家级经开区开发、运营企业依照国家有关规定上市和发行中期票据、短期融资券等债券产品筹集资金;支持国家级经开区同投资机构、保险公司、担保机构及商业银行合作,探索建立投保贷序时融资安排模式;鼓励有条件的国家级经开区探索同社会资本共办"区中园"。

2014 年 11 月 28 日,教育部印发《关于做好 2015 年全国普通高等学校毕业生就业创业工作的通知》(教学〔2014〕15 号),要求要加大对大学生自主创业资金支持力度,多渠道筹集资金,广泛吸引金融机构、社会组织、行业协会和企事业单位为大学生自主创业提供资金支持。建设一批大学生创业示范基地,继续推动大学科技园、创业园、创业孵化基地和实习实践基地建设,高校应开辟专门场地用于学生创新创业实践活动,教育部工程研究中心、各类实验室、教学仪器设备等原则上都要向学生开放。实施好新一轮大学生创业引领计划,落实创业培训、工商登记、融资服务、税收减免等各项优惠政策,鼓励扶持开设网店等多种创业形态。完善大学生创业服务网功能,提供项目对接、政策解读和在线咨询等服务。

2014 年 12 月 16 日,中国技术交易所与海淀区国有资产投资经营有限公司在国家知识产权局和海淀区人民政府的指导下构建了中国首家"五位一体"知识产权金融服务体系,即中技知识产权金融服务体系。该体系针对科技型中小企业轻资产、高风险、高成长、高收益的特点,以及在融资过程中经常面临的知识产权评估难、质押难、处置难问题,量身定制了"知识产权和股权质押"融资产品,并通过"评保贷投易"五位一体化创新运营模式,提供了系统性解决方案。中技知识产权金融服务体系的建立，抓住了中关村科技企业知识产权强的区位特色和优势，通过核心层与联盟层的紧密合作，构建了一套适合科技型中小微企业的金融服务体系，是在科技金融服务创新方面的一次有益实践。

2014年12月17日，海淀区政府、中关村管委会印发了《关于建设中关村国家自主创新示范区科技金融一条街的实施意见》（海行规发〔2014〕18号），要求加大资源整合力度，在科技金融一条街聚集一批优质的银行、投资、证券、保险、融资租赁等金融机构的总部和互联网金融领域的行业领军企业以及会计师、律师、资产评估、知识产权代理等各类科技中介服务机构，鼓励各类金融机构在科技金融一条街设立专门为科技企业服务的专营机构。加强对入驻金融机构的综合服务。实施对入驻金融机构的房租补贴政策。积极争取国家金融创新试点。加强信用体系建设，建设信用首善之区。规范发展互联网金融，打造中国互联网金融创新中心。

2014年12月22日，中关村科技园区管理委员会举办中关村留创企业推介会，助力小企业融资。参加重点推介的有沐金农（北京）科技有限公司、靠谱鸟、北京众善科技有限公司等企业，它们的代表进行了推介，主要阐述了项目情况、核心团队情况、融资需求等。行业涉及互联网金融、大数据等电子信息类产业，是中关村园区科技创新型企业的典型代表。

2014年12月23日，北京市科委、北京市发展改革委、北京市经济和信息化委员会、北京市住房和城乡建设委员会、北京市质监局、中关村管委会印发《北京市新技术新产品（服务）认定管理办法》（京科发〔2014〕622号），要求开展新技术新产品（服务）认定管理工作，推动新技术新产品（服务）应用，服务经济发展、城市建设和民生改善，发挥市场端拉动作用，提升全社会自主创新能力。

2014年12月26日，由金融时报社主办，中国社科院金融研究所联办的"2014首届金融时报年会暨中国金融机构金牌榜颁奖盛典"在北京召开，中关村科技租赁有限公司从全国1 500余家融资租赁公司中脱颖而出，被评为"年度最佳融资租赁公司"，工银金融租赁有限公司等其他5家公司分获融资租赁类其他奖项。

2014年12月26日，北京银行首家智能银行正式启动。

2014 年 12 月 30 日，中关村管委会印发《中关村国家自主创新示范区债务性融资机构风险补贴支持资金管理办法》（中科园发〔2014〕59 号），对相关合作银行或者担保公司给予债务性融资风险补贴资金支持。

2015 年

2015 年 1 月 12 日，为深入贯彻党的十八大和十八届二中、三中全会精神，落实《北京技术创新行动计划（2014—2017）》精神，进一步强化北京作为全国科技创新中心的核心功能定位，加快中关村国家自主创新示范区建设，充分发挥市场在资源配置中的决定性作用，进一步盘活首都优势科技资源，降低企业创新投入成本，聚焦科技创新活动，促进小微企业与高等学校和科研院所之间的产学研用合作，北京市决定实施科技创新券制度，由市财政局牵头与市科委共同组织实施。

2015 年 1 月 21 日，北京中关村互联金融信息服务中心有限公司揭牌成立。该公司是由海淀区国有资产投资经营有限公司携手中科金财、中投国泰等企业共同出资组建并控股，将围绕金融信息服务进一步助力海淀区域科技金融发展。

2015 年 2 月 26 日，中关村管委会印发《关于支持中关村示范区中小微企业利用中关村股权交易服务集团创新发展的意见》（中科园发〔2015〕11 号），引导和支持中关村国家自主创新示范区中小微企业利用中关村股权交易服务集团等区域性股权交易市场实现创新发展。

2015 年 2 月 27 日，中关村管委会、人民银行营业管理部、北京市经济和信息化委员会印发了《关于进一步加强中关村国家自主创新示范区信用体系建设的意见》（中科园发〔2015〕13 号），要求强化信用体系对建设国家科技金融创新中心的支撑作用，加快中关村示范区小微企业信用体系试验区建设，推动中关村建设信用首善之区。

2015 年 3 月 2 日，国务院办公厅印发《关于发展众创空间推进大众创新创业的指导意见》（国办发〔2015〕9 号），要求完善创业投融资机制。发挥多层次资本市场作用，为创新型企业提供综合金融服务；开展互联网股权众筹融资试点，增强众筹对大众创新创业的服务能力；规范和发展服务小微企业的区域性股权市场，促进科技初创企业融资，完善创业投资、天使投资退出和流转机制；鼓励银行业金融机构新设或改造部分分（支）行，作为从事科技型中小企业金融服务的专业或特色分（支）行，提供科技融资担保、知识产权质押、股权质押等方式的金融服务。

2015 年 3 月 2 日，人民银行营业管理部、国家外汇管理局北京外汇管理部印发《中国人民银行营业管理部关于设立中国人民银行中关村国家自主创新示范区中心支行（国家外汇管理局中关村国家自主创新示范区中心支局）的通知》（银管发〔2015〕40 号），中国人民银行中关村国家自主创新示范区中心支行（国家外汇管理局中关村国家自主创新示范区中心支局）成立。2014 年 5 月 14 日，《中国人民银行关于设立中国人民银行中关村国家自主创新示范区中心支行（国家外汇管理局中关村国家自主创新示范区中心支局）的批复》（银函〔2014〕108 号）印发，批复设立中国人民银行中关村国家自主创新示范区中心支行（国家外汇管理局中关村国家自主创新示范区中心支局）。

2015 年 3 月 2 日，人民银行中关村中心支行举行"人民银行中关村中心支行（外汇局中关村中心支局）履职及金融创新发展调研座谈会"。时任北京市人民政府副市长张工，时任人民银行副行长范一飞，时任国家外汇管理局副局长、人民银行营业管理部主任李超，时任中关村管委会副主任杨建华，时任北京市金融工作局党组书记霍学文、副局长栗志纲，时任海淀区委书记隋振江，时任区政府区长孙文锴、时任人民银行营业管理部副主任单强、贺同宝以及海淀区相关委办局负责人出席活动。

2015 年 3 月 2 日，中关村科技金融街正式开街。科技金融街位于中关村西区，以海淀中街为纵轴线，丹棱街为横轴线，北起北四环，南到海淀南路，东至中关村大街，西临苏州街。在中关村科技金融街建设过程中，遵循"政府引导、市场化运作"的总体思路，营造良好的发展环境，积极引入高端科技金融机构，中关村科技金融街已推出中关村金融大厦、中关村互联网金融中心大厦等科技金融聚集载体。开街后，深圳证券交易所中关村上市基地、蚂蚁云金融、中关村互联网金融研究院、中关村互联网金融服务中心、融 360、拉卡拉、有利网等一批科技金融行业领先机构入驻街区。

2015 年 3 月 5 日，北京市财政局、北京市经济和信息化委员会印发《北京市中小企业发展基金管理办法》的通知（京财经一〔2015〕305 号），重点支持科技创新、新兴服务业等首都特色产业，以及因市场失灵或市场配置资源不足而影响中小企业发展领域。

2015年3月6日，建设银行北京中关村分行清华园支行成功完成清华控股有限公司2015年首期10亿元超短期融资债券发行工作。

2015年3月10日，国务院办公厅印发《关于创新投资管理方式建立协同监管机制的若干意见》（国办发〔2015〕12号），要求坚持依法行政、简政放权、放管并重，进一步转变政府投资管理职能，创新投资管理方式；依托互联网和大数据技术，建设信息共享、覆盖全国的在线审批监管平台，建立透明、规范、高效的投资项目纵横联动协同监管机制，实现"制度＋技术"的有效监管，确保既放权到位、接住管好，又服务到位、监管有效，促进市场秩序更加规范，市场活力充分释放。

2015年3月10日，根据《国家外汇管理局关于在部分地区进行外债宏观审慎管理试点的批复》（汇复〔2015〕57号）、《国家外汇管理局关于发布〈外债登记管理办法〉的通知》（汇发〔2013〕19号）等规定，国家外汇管理局北京外汇管理部印发《中关村国家自主创新示范区核心区外债宏观审慎管理外汇改革试点实施细则》（京汇〔2015〕43号），整合了现有外汇管理部门外债管理相关规定，详细规定了试点企业资格管理、外债签约登记、提款、结汇、还本付息和注销登记等全流程操作，并制定了相应的风险防范措施。企业通过比较境内外融资方式，自主决定融资币种、期限、方式，拓宽了企业的融资渠道，降低了企业的融资成本，优化了企业的融资结构，有效改善了高新技术企业及初创期企业融资难、融资贵问题。2015年8月14日，北京外汇管理部向国家外汇管理局提出了关于微调中关村外债宏观审慎管理外汇改革试点政策的请示，2015年10月27日、2015年11月18日，北京外汇管理部分别修订了实施细则。据统计，截至2015年末，绝大多数企业的外债签约利率低于2%，考虑到担保及手续费等其他成本，其综合成本比境内贷款平均降低200~300个基点，参与试点业务企业1年可节约财务成本合计约3.04亿元人民币。

2015年3月13日，中共中央、国务院印发《关于深化体制机制改革加快实施创新驱动发展战略的若干意见》（中发〔2015〕8号），发挥金融创新对技术创新的助推作用，培育壮大创业投资和资本市场，提高信贷支持创新的灵活性和便利性，形成各类金融工具协同支持创新发展的良好局面。

2015年3月18日，工商银行北京市分行中关村小微金融业务中心正式成立，并同时发布了科技行业"创业通"产品，进一步加大对小微企业金融服务支持。此次发布的"创业通"产品具有低门槛、无抵押、速度快等特点，由工商银行北京市分行与中关村科技担保、北京市再担保合作推出，主要针对北京创业基地、孵化器、中关村示范区内的创业企业，是工商银行为初创企业量身打造的一款信贷产品。

2015年3月18日，中国银行北京市分行与布鲁塞尔分行密切联动，成功为中小企业新模式客户北京绿色金可生物技术股份有限公司（以下简称绿色金可）发放流动资金贷款50万欧元，完成北京地区首笔中小微企业外债宏观审慎管理外汇试点业务。

2015年3月19日，中关村管委会印发《关于支持中关村国家自主创新示范区集成电路产业发展的若干金融措施》（中科园发〔2015〕17号），建立支持集成电路产业发展的金融综合服务机制，促进产业资本和金融资本的有机结合。

2015年3月30日，人民银行中关村中心支行召开面向全市金融机构的履职情况通报会。全市75家金融机构综合部门及国际业务部门负责人约150人参加会议。会议向金融机构通报了人民银行中关村中心支行主要职责和履职初期业务重点，着重介绍了中关村外债宏观审慎管理试点政策，并就下一步在中关村开展科技金融、人民币结算账户管理、征信管理、跨境人民币和外汇管理等工作提出相关要求。

2015年4月14日，中关村发展集团领创金融系列产品发布会在北京举行。北京人民广播电台报道中关村发展集团支持科技创新创业产品发布会。2015年4月20日，中关村发展集团推出"领创金融"系列产品。

2015年4月20日，中关村管委会印发《中关村国家自主创新示范区国际化发展专项资金管理办法》（中科园发〔2015〕20号），支持中关村示范区内企业、行业协会以及产业联盟等相关单位开展国际合作，实施国际化战略，完善和规范有关扶持资金管理。

2015年4月22日，建设银行北京中关村分行辖内上地支行成功办理了建设银行试点区外债业务，以内保内贷模式为用友网络科技股份有限公司开立融资性备用信用证，通过建设银行亚洲发放境外贷款2 570万欧元。内保内贷业务是由担保银行根据境内企业申请，以其为被担保人向境外融资行开出融资性保函或备用信用证，境外融资行据此向其提供融资的业务。

2015年4月27日，国务院印发了《关于进一步做好新形势下就业创业工作的意见》（国发〔2015〕23号），要求引导银行业金融机构针对小微企业经营特点和融资需求特征，创新产品和服务；发展政府支持的融资性担保机构和再担保机构，完善风险分担机制，为小微企业提供融资支持；落实支持小微企业发展的税收政策，加强市场监管执法和知识产权保护，对小微企业亟须获得授权的核心专利申请优先审查；发挥新型载体聚集发展的优势，引入竞争机制，开展小微企业创业创新基地城市示范，中央财政给予综合奖励；创新政府采购支持方式，消除中小企业享受相关优惠政策面临的条件认定、企业资质等不合理限制门槛。

2015年4月28日，互联网金融风险防范论坛在北京召开，该论坛由中国政法大学金融创新与互联网金融法制研究中心主办。由该中心作为主要发起人的互联网金融风控实验室正式揭牌成立，是国内首家互联网金融风控实验室。

2015年5月7日，北京市政府印发了《关于加快首都科技服务业发展的实施意见》（京政发〔2015〕25号），实施创业支持工程，完善创业孵化服务体系，深化科技金融服务创新。

2015年5月7日，时任中共中央政治局常委、国务院总理李克强先后来到中国科学院和北京中关村创业大街考察调研。总理强调，推动大众创业、万众创新是充分激发亿万群众智慧和创造力的重大改革举措，是实现国家强盛、人民富裕的重要途径，要坚决消除各种束缚和桎梏，让创业创新成为时代潮流，汇聚起经济社会发展的强大新动能。10月19日，李克强来到中关村全国"双创"周活动主会场，与创业者共同按键启动中关村"双创"信息服务平台——"网上会客厅"，这是全国首个专门服务于创新创业的网络众扶平台。总理强调，当前，我国发展进入新常态，正处在发展方式和新旧动能转换的关键期，要以大众创业、万众创新这一结构性改革激发全社会创造力，打造发展新引擎。

2015年5月8日，国务院印发《中国制造2025》（国发〔2015〕28号），完善金融扶持政策，深化金融领域改革，拓宽制造业融资渠道，降低融资成本。积极发挥政策性金融、开发性金融和商业金融的优势，加大对新一代信息技术、高端装备、新材料等重点领域的支持力度。

2015年5月8日，原北京股权交易中心（北京区域性股权市场、四板市场）正式更名为中关村股权交易服务集团，全面融入中关村科技金融体系。更名后北京四板市场正在努力打造交易中心、登记中心和投资中心三大平台，服务于首都双轮驱动战略和中关村中小微企业发展。中关村股权交易服务集团还与邮储银行、北京银行以及天使汇、36氪等10家中关村创新型孵化器进行了战略合作协议签约。北京四板市场作为区域性股权市场，2013年末正式开业，目前与新三板、深圳证券交易所都已签署战略合作协议。

2015年5月8日，中国邮政储蓄银行与北京中关村科技园区管理委员会签订战略合作协议，邮储银行授予中关村示范区及园区科技企业200亿元授信额度，双方将在园区建设、中小企业信息管理系统建设、科技金融创新、小微企业一体化金融服务等方面开展合作。同时，邮储银行北京分行与中关村股权交易服务集团有限公司签订战略合作协议，双方将在融资产品创新、中小微企业孵化、投资者开发等方面加强合作，共同推动区域性股权市场发展，服务中小微企业。

2015年5月14日，北京市中小企业公共服务平台正式开通运营，该平台通过政府搭台、市场化运作的方式，带动社会服务机构为中小企业提供一站式的公共服务，帮助它们解决政策、融资、场地、人才等方面的困难。

2015年5月20日，中关村管委会印发《中关村国家自主创新示范区一区多园协同发展支持资金管理办法》（中科园发〔2015〕27号），支持在中关村政策范围内开展生态园区、科技新城、特色产业基地和创新社区建设的开发建设或运营管理单位；人才公共租赁住房的项目投资、建设或管理单位；中关村科学城建设项目投资主体或运营管理单位；开展各分园土地一级开发、基础设施以及持有型厂房、楼宇建设等相关单位；开展存量空间资源盘活改造的投资建设或运营管理单位。

2015年5月21日，建设银行北京中关村分行辖内永丰路支行办理中关村分行首笔特色中小微金融产品"税易贷"业务，新增发放额480万元。"税易贷"是建设银行通过与税务部门合作，批量获取小微企业纳税信息，或针对在建设银行开立纳税账户的小微企业，进行批量筛选、精准营销，对按时足额纳税的小微企业发放的，用于短期生产经营周转的可循环的人民币信用贷款业务。

2015年6月9日，财政部、国家税务总局印发《关于推广中关村国家自主创新示范区税收试点政策有关问题的通知》（财税〔2015〕62号），拓展有限合伙制创业投资企业法人合伙人企业所得税政策；股权奖励个人所得税政策；技术转让所得企业所得税政策；企业转增股本个人所得税政策的试点范围。

2015年6月11日，国务院印发《关于大力推进大众创业万众创新若干政策措施的意见》（国发〔2015〕32号），要求搞活金融市场，实现便捷融资，优化资本市场，创新银行支持方式，丰富创业融资新模式；扩大创业投资，支持创业起步成长；发展创业服务，构建创业生态。

2015年6月18日，国务院办公厅印发《进一步做好新形势下，就业创业工作重点任务分工方案的通知》（国办函〔2015〕47号），要求加强财税、金融、产业、贸易等经济政策与就业政策的配套衔接，建立宏观经济政策对就业影响评价机制。加快创业板等资本市场改革，强化全国中小企业股份转让系统融资、交易等功能，规范发展服务小微企业的区域性股权市场；开展股权众筹融资试点，积极探索和规范发展互联网金融，发展新型金融机构和融资服务机构。将小额担保贷款调整为创业担保贷款，明确支持对象、标准和条件，贷款最高额度统一调整为10万元；健全贷款发放考核办法和财政贴息资金规范管理约束机制，完善担保基金呆坏账核销办法。

2015年6月19日，人民银行中关村中心支行联合中关村管委会、海淀区金融办、资本项目处举办第一期"中关村金融创新讲坛"，向海淀区38家银行和中关村园区近150家企业宣介外债宏观审慎管理试点业务、中关村境外并购试点业务、直接投资外汇改革以及中关村"1+4+1"政策、海淀区支持中小微企业发展政策，并现场解答了银行和企业的问题。

2015年6月26日，工商银行举办科技金融主题签约暨工银启明星品牌发布会，正式推出"工银启明星"科技金融服务品牌，工商银行北京市分行与中关村管委会签订《战略合作协议》，在未来三年内，工商银行北京市分行将为中关村示范区企业发展、产业园区建设等方面提供不少于人民币

1 000 亿元的意向性综合授信额度支持，促进示范区经济持续协调发展。

2015 年 6 月，北京市银行业协会发起成立中关村国家自主创新示范区金融业务服务工作委员会，会员单位涵盖 31 家中外资银行机构。委员会成立的目的是，不断提升中关村示范区金融综合服务水平，同时加强区域内金融机构之间的交流、合作与自律，督促各成员单位进一步加大对中关村示范区的资源投入力度，不断开展产品创新、提升服务质量，从而将中关村示范区金融服务打造成北京市乃至全国科技金融服务的标杆。

2015 年 7 月 8 日，中关村管委会印发关于修改《关于支持高等学校科技人员和学生科技创业专项资金管理办法（试行）》的通知（中科园发〔2015〕36 号），对专项基金实行总额控制，专门用于引导高等学校开展科技成果转化和科技协同创新，支持高等学校科技人员和学生科技创业的资金。

2015 年 7 月 14 日，中关村管委会印发《中关村国家自主创新示范区社会组织发展支持资金管理办法》的通知（中科园发〔2015〕38 号），更详细规定了社会组织的内涵。原《中关村国家自主创新示范区社会组织发展支持资金管理办法》（中科园发〔2013〕44 号）同时废止。

2015 年 7 月 18 日，人民银行、工信部、公安部、财政部、国家工商总局、法制办、中国银监会、中国证监会、中国保监会、网信办印发《关于促进互联网金融健康发展的指导意见》（银发〔2015〕221 号），按照"依法监管、适度监管、分类监管、协同监管、创新监管"的原则，确立了互联网支付、网络借贷、股权众筹融资、互联网基金销售、互联网保险、互联网信托和互联网消费金融等互联网金融主要业态的监管职责分工，落实了监管责任，明确了业务边界。

2015 年 7 月 29 日，北京市教委、北京市财政局印发《大学生就业创业项目管理办法》的通知（京财教育〔2015〕1367 号）（京教学〔2015〕4 号），要求为大学生就业创业提供场地、经费、服务等多方面支持，增强大学生的就业创业意识，整体提升北京地区大学生就业创业服务能力。

2015 年 7 月 29 日，北京股权交易中心、北京股权登记管理中心与京北众筹战略合作签约暨京北众筹项目四板市场展示与路演在北京中关村国家自主创新示范区展示中心举行。此次会议中，京北众筹正式与北软天使、英诺天使、京北投资、洪泰基金等八大领头机构签约。它们将确保京北众筹平台上优质项目来源，并逐步构建成相关投资生态链，充分发挥平台对项目的推介效用以及对投资人引导教育作用。在募集总额方面，作为中关村股权众筹联盟发起单位之一，京北众筹在上线之后就成功为"易起查""债全网"等项目募集 1 500 万元。

2015 年 8 月 17 日，北京银行互联网金融中心支行开业，成为国内首家以"互联网"命名的金融机构。该支行坐落于中关村核心区海淀区科技金融街，是北京银行依托互联网平台、探索符合中小微企业特点金融产品与服务方式的特色支行。该支行成立后，为入驻中关村互联网金融中心大厦的互联网金融企业，以及周边具有互联网特色、基于 IT 技术的创新科技型企业，提供更加具有特色的信贷金融服务。

2015 年 8 月，中关村国家自主创新示范区金融业务服务工作委员会召开成立大会。该委员会是北京市银行业协会发起，为进一步响应国家"大众创业、万众创新"的号召，推动科技与金融的进一步融合而成立的。多家商业银行强强联合，共同服务中关村科技企业。中关村国家自主创新示范区金融业务服务工作委员会由北京地区 31 家中外资银行机构组成，涵盖了为中关村区域科技企业服务的众多银行。

2015 年 9 月 15 日，国务院办公厅印发《关于同意建立推进大众创业万众创新部际联席会议制度的函》（国办函〔2015〕90 号），进一步加强统筹协调，形成工作合力，经国务院同意，共同推进大众创业万众创新蓬勃发展，建立推进大众创业万众创新部际联席会议制度。

2015 年 9 月 15 日，中关村管委会印发《中关村国家自主创新示范区技术创新能力建设专项资金管理办法》（中科园发〔2015〕52 号），创新专项资金主要支持内容包括企业和产业联盟围绕专利、技术标准、商标和购买科技中介服务开展的创新活动。

2015 年 9 月 15 日，中关村管委会印发《中关村国家自主创新示范区股权激励代持股专项资金管理办法（试行）》（中科园发〔2015〕54 号），制定了专项资金的支持方向和适用范围。其中，包括企业以协议方式将股权有偿出售给激励对象，激励对象购买企业股权；高校和科研机构以科技成果作价入股方式新设立企业，激励对象在获得股权奖励的同时以现金出资方式认购新设立企业的股权；北京市重大科技成果转化和产业项目统筹资金以股权投资方式投资形成的股权退出时，被投资企业的科技人员、经营管理团队购买该股权。

2015 年 9 月 23 日，国务院印发《关于加快构建大众创业万众创新支撑平台的指导意见》（国发〔2015〕53 号），要求积极开展实物众筹；稳步推进股权众筹；规范发展网络借贷。一是建立健全监管制度，适应新业态发展要求，建立健全行业标准规范和规章制；二是加快信用体系建设，引导四众平台企业建立实名认证制度和信用评价机制，健全相关主体信用记录，鼓励发展第三方信用评价服务；三是深化信用信息应用，鼓励发展信用咨询、信用评估、信用担保和信用保险等信用服务业，建立健全守信激励机制和失信联合惩戒机制；四是创新金融服务模式，引导天使投资、创业投资基金等支持四众平台企业发展，支持符合条件的企业在创业板、新三板等上市挂牌，鼓励金融机构在风险可控和商业可持续的前提下，积极发展知识产权质押融资，大力发展政府支持的融资担保机构，加强政府引导和银担合作，综合运用资本投入、代偿补偿等方式，加大财政支持力度，引导和促进融资担保机构和银行业金融机构为符合条件的四众平台企业提供快捷、低成本的融资服务。

2015 年 9 月 28 日，中关村管委会、海淀区政府联合印发《中关村国家自主创新示范区集成电路设计产业发展资金管理办法》（中科园发〔2015〕55 号），支持集成电路设计企业加大新产品研发力度；重点支持集成电路设计企业开展新产品批量验证的流片和掩模板制作；支持集成电路设计企业不断加大研发投入；支持为集成电路设计领域创业企业搭建孵化服务平台；支持为集成电路设计领域创业企业搭建孵化服务平台；支持集成电路企业、产业技术联盟、专业机构联合产业链上下游企业或用户单位，共同搭建共性技术服务平台和产业促进服务平台。

2015 年 9 月 29 日，国家工商总局印发《工商总局关于促进中关村国家自主创新示范区创新发展的若干意见》，支持中关村示范区探索信用监管新模式，探索大数据监管；探索网络交易监管新模式；推进信用体系建设。

2015 年 10 月 12 日，中国银行北京市分行首家中小企业 SBU "中银中小企业知春路服务中心"揭牌（SBU 指"中小企业战略服务单元"，由 4 位客户经理组成，专门从事中小型高新科技企业金融服务，给与受信客户数和贷款余额数无考核的优惠政策，着力培养了解高新科技行业的专业化客户经理）。

2015年10月19日，北京市政府印发《关于大力推进大众创业万众创新的实施意见》（京政发〔2015〕49号），探索建立工商登记部门与区域性股权市场的股权登记对接机制，支持创业企业开展股权质押融资；鼓励机构间私募产品报价与服务系统在京发展，为创业企业拓展融资渠道。创新金融机构支持方式，探索投贷联动融资模式，抓紧推动相关试点落地；加快发展普惠金融，探索完善银行、保险、证券、信托、创业投资等机构间的合作模式，构建包括科技信贷、科技保险、集合融资、融资租赁在内的创业金融服务体系，鼓励银行业金融机构向创业企业提供一站式、系统化的金融服务。

2015年10月20日，全国"双创周"主会场首发了"中关村创新创业服务平台"，其运用大数据技术，致力建设一个全要素的线上创新创业生态系统，融合了政策、技术、人才、金融、知识产权等208个服务机构的近千项服务。中关村"天使投资＋合伙人制＋股权众筹"成为主流创业模式，股权众筹成为普通大众创新创业有效方式。

2015年10月23日，人民银行中关村国家自主创新示范区中心支行成功举办了第二期"中关村金融创新讲坛"。本期讲坛以"聚焦融资模式创新驱动科技企业发展"为主题，旨在加强人民银行中关村中心支行与相关政府部门、辖内金融机构的沟通联络，传导各项金融政策，促进科技金融融资模式创新，驱动科技型企业发展。

2015年10月29日—11月1日，第十一届北京国际金融博览会在北京展览馆举行。时任北京市副市长张建东、时任人民银行行长助理殷勇等领导出席了活动开幕式。本届金博会以"新常态，新金融，新功能"为主题，全面展示我国金融业及首都金融业"十二五"规划实施成果。首次展示了金融服务京津冀协同发展、"一带一路"发展战略情况，重点展示了我国金融业改革与创新重大成果及金融服务于首都经济社会发展取得的成就，金融支持构建首都高精尖经济结构、政府投融资体制改革和治理"城市病"有关情况，以及金融支持政治中心、文化中心、国际交往中心和科技创新中心建设取得的阶段性成果，进一步展示科技金融、文化金融、绿色金融、民生金融、互联网金融发展和区域金融协同发展等进展状况。

2015年11月16日，北京中关村企业信用促进会召开以"创业信用·创业金融"为主题的"2015（首届）信用中关村高峰论坛暨第一届京津冀信用体系共建合作研讨会"。

2015 年 11 月 16 日，首届京津冀信用体系合作共建研讨会在京召开，北京、天津、河北三地共同发表了《京津冀社会信用体系合作共建宣言》，并签署《京津冀社会信用体系合作共建框架协议》。

2015 年 11 月 24 日，国家开发银行北京分行与中关村管委会签署《支持京津冀协同发展开发性金融合作协议》、与中关村发展集团签署《开发性金融合作协议》，积极推动中关村科技金融创新、服务国家京津冀协同发展战略和北京产业转型升级，将中关村打造成全球科技创新中心。

2015 年 12 月，农业银行北京市分行经农业银行总行、北京银监局审批同意，将知春路支行升格为中关村分行（二级分行）。农业银行中关村分行的成立，为中关村园区内的各类优质企业，尤其是科技型企业、社会公众和重大基础设施项目、科技创新配套项目提供了有力的金融支持，标志着农业银行在中关村地区的发展进入一个新的历程。

2015 年 12 月 12 日，"2015 中关村大数据日"活动在中关村自主示范区展示中心盛大开幕。活动首次举办了中关村大数据展，全面展示"十二五"期间中关村大数据产业的创新成果。一是首次发布大数据产业发展路线图和企业分布图，路线图从提升创新能力、聚集创新资源、搭建创新平台、优化空间布局、完善公共服务、创新政策体系六个方面提出了具体路径；二是发布了北京大数据企业分布图收录了百度、京东、小米、滴滴、金山、亚信、用友、曙光等中关村大数据重点企业 157 家；三是发布了京津冀大数据产业布局图，提出"十三五"期间要重点建设"以北京中关村数据研发服务——天津数据装备制造——张家口、承德数据存储"为主线的"京津冀大数据走廊"。

2015 年 12 月 17 日，中关村管委会印发《中关村国家自主创新示范区创业服务平台支持资金管理办法》的通知（中科园发〔2015〕61 号），对中关村创新型孵化器（含中关村创业加速器）、中关村特色产业孵化平台、中关村海归人才创业服务机构，以及市级以上大学科技园等创业服务机构进行资金支持。

2015 年 12 月 19 日，国家外汇管理局北京外汇管理部修订印发《中关村国家自主创新示范区核心区外债宏观审慎管理外汇改革试点实施细则》(京汇〔2015〕318号),修订了企业借用外币外债资金的结汇后的用途、最低外债额度等。

2015年12月29日,中关村管委会、北京市质监局印发《关于印发标准化试点示范单位培育工作方案(2015—2017年)的通知》(中科园发〔2015〕64号),对试点、示范单位及负责人承担标准化专业技术委员会工作,参加或组织实质性国际标准化会议,开展标准前瞻布局、标准和专利协同创新以及标准示范推广等高端推进工作给予专项资金支持。

参考文献

REFERENCES

[1]《北京市金融年鉴》编辑部.北京市金融年鉴 [M].北京：中国金融出版社，1980—2015.

[2] 楼文龙.北京银行业支持中关村国家自主创新示范区特色服务汇编 [M].北京：中国金融出版社，2011.

[3] 姚文平.互联网金融 [M].北京：中信出版社，2014.

[4] 郭勤贵.互联网金融商业模式与架构 [M].北京：机械工业出版社，2014.

[5] 谢平，邹传伟，刘海二.互联网金融手册 [M].北京：中国人民大学出版社，2014.

[6] 黄震，邓建鹏.论道互联网金融 [M].北京：机械工业出版社，2014.

[7] 贾康.建设科技型中小企业金融服务体系的政策优化 [M].北京：经济科学出版社，2015.

[8]《北京志·中关村科技园区志》编委会.北京志·中关村科技园区志 [M].北京：北京出版社，2016.

[9] 中关村科技园区管理委员会.中关村科技园区年鉴 [M].北京：京华出版社，2009—2016.

[10] 陆昊 . 思考中关村 [M]. 北京：中国经济出版社，2002.

[11] 杨波 . 国际化的科技投融资体系建设研究 [M]. 北京：经济科学出版社，2013.

[12] 郭戎，付剑峰，张明喜等 . 科技投融资丛书：中国的科技投资 [M]. 北京：经济管理出版社，2013.

[13] 翟华云 . 区域科技金融发展水平与高新技术企业融资效率研究 [M]. 北京：中国社会科学出版社，2016.

[14] 薛薇 . 科技创新税收政策国内外实践研究 [M]. 北京：经济管理出版社，2013.

[15] 周春浩，盛立军，蓝骏等 . 成长企业股权融资操作与案例 [M]. 北京：中华工商联合出版社，2007.

[16] 贾康 . 我国科技金融服务体系研究（上）：建设科技型中小企业金融服务体系的政策优化 [M]. 北京：经济科学出版社，2015.

[17] 贾康 . 我国科技金融服务体系研究（下）：建设科技型中小企业科技金融服务体系的实践开拓 [M]. 北京：经济科学出版社，2015.

[18] 熊熊，邹高峰，张小涛 . 科技型中小企业担保融资案例分析 [M]. 北京：科学出版社，2016.

[19] 毛道维，毛有佳 . 科技金融的逻辑 [M]. 北京：中国金融出版社，2015.

[20] 谈毅 . 上海科技金融产品与服务创新研究 [M]. 上海：上海交通大学出版社，2015.

[21] 于国庆 . 科技金融：理论与实践 [M]. 北京：经济管理出版社，2015.

[22] 牛维麟，牛希铎 . 中关村品牌成长录 [M]. 北京：中国人民大学出版社，2009.

[23] 李健，马亚等 . 科技金融：理论进展与滨海金谷的构建 [M]. 北京：中国金融出版社，2014.

[24]. 阙方平，曾繁华，王飞 . 中国科技金融创新与政策研究 [M]. 北京：中国金融出版社，2016.

[25] 李善民等 . 科技金融：理论、实践与案例——兼论广东科技金融结合的机制与对策 [M]. 北京：中国经济出版社，2015.

[26] 刘九如，熊伟等.创新力场——中关村软件园的发展探索 [M].北京：电子工业出版社，2015.

[27] 赵朝义.首都标准化：中关村科技园区实证研究 [M].北京：科学出版社，2011.

[28] 中关村管委会.创新中关村——见证中关村改革创新历程（1981—2012 年）[M].北京：北京出版社，2014.

[29] 赵昌文.科技金融文集 [M].北京：中国金融出版社，2014.

[30] 芦锋，韩尚容.我国科技金融对科技创新的影响研究——基于面板模型的分析 [J].中国软科学，2015（6）：139-147.

[31] 肇启伟，付剑峰，刘洪江.科技金融中的关键问题——中国科技金融 2014 年会综述 [J].管理世界，2015（3）：164-167.

[32] 张玉喜，赵丽丽.中国科技金融投入对科技创新的作用效果——基于静态和动态面板数据模型的实证研究 [J].科学学研究，2015（2）：177-184+214.

[33] 翟华云，方芳.区域科技金融发展、R&D 投入与企业成长性研究——基于战略性新兴产业上市公司的经验证据 [J].科技进步与对策，2014（5）：34-38.

[34] 付剑峰，邓天佐.科技金融服务机构支持科技型中小企业融资发展的案例研究 [J].中国科技论坛，2014（3）：154-160.

[35] 刘文丽，郝万禄，夏球.我国科技金融对经济增长影响的区域差异——基于东部、中部和西部面板数据的实证分析 [J].宏观经济研究，2014（2）：87-94.

[36] 王朝平，石俊马，兰定成.武汉市科技金融现状及发展对策 [J].科技进步与对策，2013（20）：35-40.

[37] 季菲菲，陈雯，袁丰，孙伟.高新区科技金融发展过程及其空间效应——以无锡新区为例 [J].地理研究，2013（10）：1899-1911.

[38] 吴翊琳，谷彬.科技金融服务体系的协同发展模式研究——中关村科技金融改革发展的经验与启示 [J].中国科技论坛，2013（8）：134-141.

[39] 刘斌.我国高科技园区科技金融发展实施策略的比较研究 [J].上海金融，2013（4）：110-112+97+119.

[40] 邓天佐，张俊芳. 关于我国科技金融发展的几点思考 [J]. 证券市场导报，2012（12）：16-24.

[41] 王宏起，徐玉莲. 科技创新与科技金融协同度模型及其应用研究 [J]. 中国软科学，2012（6）：129-138.

[42] 胡苏迪，蒋伏心. 科技金融理论研究的进展及其政策含义 [J]. 科技与经济，2012（3）：61-65.

[43] 徐玉莲. 区域科技创新与科技金融协同发展模式与机制研究 [D]. 哈尔滨：哈尔滨理工大学，2012.

[44] 徐玉莲，王玉冬，林艳. 区域科技创新与科技金融耦合协调度评价研究 [J]. 科学学与科学技术管理，2011（12）：116-122.

[45] 肖泽磊，韩顺法，易志高. 我国科技金融创新体系的构建及实证研究——以武汉市为例 [J]. 科技进步与对策，2011（18）：6-11.

[46] 曹颢，尤建新，卢锐，陈海洋. 我国科技金融发展指数实证研究 [J]. 中国管理科学，2011（3）：134-140.

[47] 洪银兴. 科技金融及其培育 [J]. 经济学家，2011（6）：22-27.

[48] 周昌发. 科技金融发展的保障机制 [J]. 中国软科学，2011（3）：72-81.

[49] 游达明，朱桂菊. 区域性科技金融服务平台构建及运行模式研究 [J]. 中国科技论坛，2011（1）：40-46.

[50] 中关村管委会网站：http://www.zgc.gov.cn/。

[51] 中关村科技园区海淀园管理委员会网站：http://www.zhongguancun.com.cn/。

[52] 中关村企业信用促进会网站：http://www.ecpa.org.cn/index.shtml。

[53] 中国政府网：http://www.gov.cn/。

[54] 中关村志鉴平台：http://yqz.zgc.gov.cn/control/main。

后记

POSTSCRIPT

为厘清中关村金融发展脉络，了解中关村金融发展的广度与深度，深入认识金融对中关村发展的支撑作用，本课题小组在人民银行人事司的指导下，营业管理部相关处室的大力支持下，通过查找党中央、国务院、国家部委、北京市、中关村和区县及分园区有关政策和相关新闻媒体网站的重大活动报道，翻阅人民银行营业管理部档案资料、《北京金融年鉴》、中关村志鉴定等素材，结合辖区商业银行提供的大量资料，完成了《中关村金融发展历程与脉络》。

《中关村金融发展历程与脉络》梳理了从 1980 年起至 2015 年金融在中关村发展历程中的关键事件及相关重要政策，基本涵盖了银行、证券、保险等全金融市场在中关村的发展脉络；同时，考虑到金融与经济的紧密关系，也将认为对中关村金融发展有重大影响的产业政策、财政政策等纳入其中。本课题小组由李玉秀担任总策划，张西娟、戴兵、梁珊珊负责总撰，戴兵、穆毓负责第一篇，刘瑾、杨荻、范川云负责第二篇，杨荻、范川云负责第三篇。

由于时间久远、部分信息可获得性不足，书中难免会有疏漏之处，敬请批评指正，我们会进一步修改和更新。